Slaves, Bones and Bronze:
Decolonizing Historiography

奴隷・骨・ブロンズ

――脱植民地化の歴史学

井野瀬久美恵

世界思想社

はじめに

「ミセス」の「コロンブス」大炎上

Mrs. Green Apple（以下「ミセス」）という三人組のロックバンドがある。若者に絶大な人気があり、YouTubeのチャンネル登録数は三九〇万人を超える（二〇二四年一〇月二八日現在）。二〇二三年には日本レコード大賞を受賞した。

二〇二四年六月一二日、コカ・コーラのキャンペーンソングとして、彼らの新曲「コロンブス」がリリースされた。と同時に、そのミュージック・ビデオ（以下MV）がネット上で大炎上した。翌日、映像監督を務めた「ミセス」のメンバーは即座に謝罪声明を出し、MVは公開停止となった。コカ・コーラ社は「事前視聴していない」として、いっさいの関与を否定した。

件のMVは、時代が異なる三人のヨーロッパの「偉人」――コロンブス、ナポレオン、ベートーベンに扮した「ミセス」の三人が、南の小さな島を訪れるという設定ではじまる。その島で「類人猿たち」と遭遇した三人は、それぞれに彼らの「啓蒙」に乗り出す。ベートーベンは楽器の演奏、ナポレオンは乗馬、そしてコロンブスは読み書きや卵の立て方を教育。人力車を引くという労働も教えた。

夜になると、三人は類人猿たちとビデオ映画を観賞して感動を分かち合い、ホームパーティを開いて楽しく飲み騒いだ。その後、類人猿たちが寝静まったのち、三人が密かに島を離れるところでMVは終わる。

このMVから容易に推測できることは、コロンブスを「新大陸の発見者」として礼賛し、そこに開かれた三つの大陸（ヨーロッパ、アフリカ、南北アメリカ）の関係性――奴隷貿易や奴隷制、植民地主義を通じて確立されたヨーロッパの優位を、肯定的に捉えるナラティヴである。

実際、MVには、このナラティヴに沿ったイメージがふんだんに描き込まれている。濃淡さまざまな色の着ぐるみを着た類人猿は、先住民、あるいはアフリカからの黒人奴隷を暗示する。乗馬を教えるナポレオンに、類人猿たちは軍隊式の敬礼で応える。コロンブスが卵を立てる机の上には、船の模型や望遠鏡、地球儀などが散らばり、類人猿たちがもの珍しそうに手に取る。みんなで見る映画のタイトルは「モンキー・アタック」。負傷して倒れた白いハチマキの類人猿を、赤いハチマキをした別の類人猿が抱きかかえるシーンが大写しにされると、そこに「名誉の負傷」という歌詞がかぶさり、皆が感涙にむせぶ。赤いハチマキは、アメリカやカナダなど北米大陸の先住民を示す俗語、レッドスキンを否が応にも連想させよう。

植民地主義や人種主義といった欧米中心のマスターナラティヴを、ここまであからさまに、二一世紀の日本の若者がグローバルに発信したことに驚きを隠せない。

「ミセス」メンバーの謝罪文によると、このMVは、「年代別の歴史上の人物、類人猿、ホームパーティ、楽しげな」という四つのキーワードで作られたというのだが[1]、数多く存在する歴史上の人物のなかで、なぜコロンブスだったのか。「新大陸発見五〇〇周年」の一九九二年以降、先住民の搾取や虐殺、奴隷化、植民地化への口火を切った人物として、コロンブスが問題視されてすでに三〇年を超える。二〇二〇年五月以降、世界各地に拡散した「ブラック・ライヴズ・マター（ＢＬＭ）」運動のなかで、コロンブス像が最も多く引き倒されたことは、日本でも注目を集めた[2]。しかも、ＢＬＭ運動の主たる担い手は、「ミセス」の三人と同じＺ世代（一九九〇年代後半以降の生まれ）の若者である。なのになぜ？

「ミセス」の音楽は実に魅力的で、歴史研究者の声が届かないところ、特に若い世代に、彼らの音楽は強く支持されている。だからこそ、「なぜ？」という思いが今なお尾を引く。私たちの周囲に、いまだ脱することが難しい欧米中心の価値観、歴史観が漂っているのだろうか。島の「類人猿」の視点で歴史上の三人の白人を見直すという発想は、彼らにも難しいことだったのだろうか[3]。

「私の想定」と「学生たちの前提」のずれ

本書は世界思想社ＷＥＢマガジンで連載していたエッセイをまとめたものである。「過去につながり、今を問え！」と題する連載のきっかけは、ここ一〇年余り、大学の講義で覚えた私の違和感にあった。一言でいってしまえば、講義をする「私の想定」と受講する「学生たちの前提」とのずれ、ギャップが大きくなってきたのである。その意味を、エッセイを綴りながら考えてみようと思った。

ここでいう「私の想定」とは、大学入学以前に学んだ歴史理解＝「学生たちの前提」が、私の講義を聴いてひっくり返る、ないしは、高校までの学びとは違う見方があることを知って目からウロコが落ちる、といった状況をいう。そこには、「日本は○○条約を結んだ」とか「欧米列強は帝国主義の時代に突入した」といった教科書記述のような表現では見えない、ひとつの国のなかの多様性に気づくことも含まれる。ブログやSNSで誰でもネット上に記録を残すことができる現代とは異なり、過去には声も言葉も残せなかった人びとがたくさんいた。彼ら／彼女らの叫びをどうやって聴けばいいのか、それも考えたいひとつである。大学時代にそうした気づきをたくさん得てほしい。それが自身の経験に基づく私の願いでもあった。

ここで簡単な自己紹介をさせていただこう。

私の専門はイギリス近代史で、時代でいえば、一八世紀後半の経済成長期（教科書でいうところの「世界初の産業革命」）から第一次世界大戦（一九一四〜一九一八）までの間が主な関心である。この時期、イギリスは、産業技術力、貿易や海外投資といった経済力、島国の発展に不可欠な軍事力（特に海軍）を駆使して、七つの海、五つの大陸に植民地を拡大した。そのなかで創り、創り直されてきたのが、私たちが「イギリス的」だと思うモノや事柄である。紅茶好きやガーデニングといった文化も、動物愛護運動も、サッカーやラグビー、バドミントンに代表されるスポーツのルール化も、そして君主制を支える儀礼や王室一家《ロイヤルファミリー》への敬愛も、すべてこの時期に私たちが知るかたちへと変化した。「イギリス的」という感性は、人やモノの移動、技術や文化の移転などを通じて、島国から帝国への変化と分かちがたく結びついている。

そんな時空間への関心が、その時代を生きた人びとへの好奇心へと変化したのは、社会史や民衆史、ジェンダー史や文化史など、歴史学研究の「新しい風」を受けたからである。なかでも、一九八〇年代から九〇年代初頭にかけてフランスで行われた「記憶の場」という一大プロジェクトは、私に歴史学研究の変化を強く印象づけた。

当時第一線で活躍していた歴史家が一二〇人余りも加わったこのプロジェクトは、エッフェル塔やアルザスといった文字通りの「場所」はもとより、三色旗、ジャンヌ・ダルク、ユダヤ人、ツール・ド・フランス、ラ・マルセイエーズ（フランス国歌）などを、国民や民族、共和国フランスを考える「記憶の場」として分析した。そこから見えてくるのは、私たちが学校で教わる内容は歴史のすべてを語っていないという単純な事実であり、記録と記憶の「間」に横たわる、時にとてつもない距離感である。人びとの「記憶」は多声で多層であり、同じものを見ても、そこから紡ぎ出される「物語」は多様、多彩であって、ひとつの枠組みに収まるものではないからだ。

それを端的に示すのが「記念日」である。身近なところでは、日本の敗戦と関わる「八月一五日の神話」が思い浮かぶ。日本がいかに狭いとはいえ、この日の記憶は、その日どこにいたか、何をしていたか、誰といっしょだったかによって、一様ではないはずだ。なのになぜ私たちは、この日を「終戦記念日」として、一律、一様に顕彰するのだろうか。

記録から記憶へ、いや記録と記憶の「間」を意識することで、歴史学研究は、何が起こったかのみならず、それがどう認識され、どのように記憶されて今に伝わり、今の私たちが創られたのかへと、探究の矛先を大きく変え始めた。この変化の真っただ中で英文学科から西洋史学科に学士入学し、その後大学院へと進んだ私は、当初から、「公式の歴史」のなかに自分の居場所を持たなかった人びとに惹かれた。「公式の歴史」とは「正史として記述された歴史」であり、「教科書で教えられる歴史」

と言い換えてもいいだろう。そこに居場所のない人びとの属性――階級、ジェンダー、民族、人種など――を交差させながら、記述されなかった人びとの声を想像し、耳を傾けようとすることは、「歴史的事実とはいったい何なのか」を問い直すことにもつながるだろう。

私が講義を通じて学生たちに伝えたいのもこのこと――実際に起こったこととそれがどう認識されたのかの「間」を意識し、見えない／書かれていないことに思いをはせながら、物事の本質に迫る姿勢であった。

ところが、ここ一〇年余りのうちに、学生たちとの対話が難しくなってきた。あるとき、ＢＬＭ運動の影響で名作映画『風と共に去りぬ』の配信が停止したという話をしたのだが、学生たちは「それが何か?」という表情を浮かべてきょとんとしている。その様子に、私は悟った。そうか、君たちは南北戦争を描いたこの映画を知らないんだね……。

「学生たちの前提」を想定する限界にぶち当たった私は、しばし頭を抱えた。はて、どうすれば学生たちに、過去と対話する時のワクワク感を伝えられるのだろうか。

ＩＴ時代に「前提」はない

そのような事態になったのは、大学受験で世界史という科目が日本史や地理に比べて敬遠されつづけたせいだけではないだろう。二〇年近く前、「世界史未履修問題」（二〇〇六年）の発覚の折には「世界史を受講させる」ための対策が急がれたが、その後も事態はほとんど変わっていない。歴史教育をめぐる試行錯誤から、世界史、日本史の二本柱で歴史（少なくとも近代以降の歴史）を考える発想の転換が議論され、二〇二二年度からは「歴史総合」という新しい科目が実施されている。その後の「探究科目」は、従来通り、世界史と日本史に分断されたままだが、「歴史総合」を経験した後の「探究」に期待したい。

それ以上に「私の想定」と「学生たちの前提」とを乖離させたものは、IT革命のようだ。パソコンでもスマホでも、ネットにつないで検索キーワードを二つ、三つ入力すれば、現在だろうと過去だろうと、出来事の概要、関係者の解説、問題点や後世の評価などがざざっと出てくる。それがすぐさま、「学生たちの前提」に欠けているものを補完する。しかも、今や歴史資料は、データ化とその公開が国家や地域のプロジェクトとして推進されており、研究者でなくても広く利用が可能である。つまり、もはや誰もが過去の事実を簡単に知り、語ることができる時代なのである。いうなれば、私が「学生たちの前提」だと思ってきたことは、彼らの頭のなかではなく、ネット上にあるのだ！　ネット上にある「前提」を講義の組立てに「想定」しても、何の意味もない。そうか、と、私の方こそ目からウロコである。もはや、歴史を語るのは歴史家、歴史研究者だけではないし、歴史を語る場も、研究や教育の場に限られない。

では、ネット上を浮遊する膨大な情報とともに在る私たちが過去について見るべきもの、考えるべきこととは何なのだろうか。

突然の過去——知の脱植民地化に向けて

歴史とは「現在と過去との不断の対話」だと、イギリスの歴史家Ｅ・Ｈ・カーはいう。問いかける

「現在」が変われば、「過去」に対する見方も変わる。その意味で、過去は死なない、なくならない。過去は、現在の出来事や今を生きる人びとの記憶と呼応しながら、ふとした瞬間に顔をのぞかせる。それは、私たちが何かの拍子に、ふと昔の出来事を思い出すのにも似ている。私たちはみな、どこかに過去を抱きながら、今を生きている。だから、過去を考えることは、現在を、未来を、別の角度から見つめることにほかならない。

ただし、「何かの拍子」でどんな過去がいつやって来るのか、予測するのは難しい。だから、問わねばならない。数多の過去の記憶のなかで、なぜ今、唐突に「その記憶」が思い出されたのか。そうやって想起された過去は、今の私に、私たちに、何を伝えようとしているのか。

過去は突然、私たちの眼前に立ち現れる。先が読めないのは、未来だけではない。過去もまた、予測不可能なのである。そして、本書の各章をつないでいるのは、まさにこの感覚――突然の過去、なのである。

一九世紀末にイギリスの港町ブリストルに建てられたこの町の名士、「慈善家」として記憶されてきたエドワード・コルストンのブロンズ像は、二〇二〇年のBLM運動のなか、「奴隷商人」として倒された。二〇一一年、温暖化による海岸浸食が進むカナダのガスペ半島で発見された人骨は、一九世紀半ばに起きたアイルランドのジャガイモ飢饉の記憶を呼び覚ました。DNA解析技術の飛躍的向上は、奴隷のルーツをたどることを可能にし、大西洋上で展開された奴隷貿易・奴隷制の暴力的構造を今に伝える。一九九〇年代に高揚した先住民族の権利運動は、カリブ海域の先住民絶滅説に疑問を投げかけ、先住民女性が果たした役割に光を当てた。一九世紀末にイギリス軍が略奪し、大英博物館などに所蔵されているベニン・ブロンズは、その返還問題をめぐって、二一世紀の欧米博物館を激しく揺さぶっている。

これらの過去を二一世紀前後に突然思い起こさせたものとは何か。私はそれを、「知の脱植民地化」だと考えている。この言葉は日本ではまだ広く知られていないが、かたちを変えながら、世界中で確実に影響を広げつつある動きである。「現在と過去との不断の対話」である歴史学という学問において、この対話を「脱植民地化する」とはどういうことなのだろうか。本書はそんな試行錯誤の書である。

本書を編むにあたり、連載を読み返しながら、「奴隷・骨・ブロンズ」というタイトルが浮かんだ。世界的ベストセラーとなったジャレド・ダイアモンドの『銃・病原菌・鉄』（日本語訳は草思社、二〇〇〇年）からの連想である。恐れ多いと思いつつ、これ以上に本書を語る言葉はないとも思う。筆者の欲目はご容赦いただき、楽しんでお読みいただきたい。

【注】

（1）https://mrsgreenapple.com/news/detail/20374

（2）たとえば『読売新聞』デジタル版二〇二〇年六月一一日や『朝日新聞』二〇二〇年九月一〇日などを参照。

（3）井野瀬久美恵「コメント　今、マスターナラティヴの編み直しはなぜ必要なのか」『歴史学研究』第一〇五四号、二〇二四年一〇月増刊号、二八～三一頁。なお、Mrs. Green Apple は二年連続、二〇二四年一二月にも日本レコード大賞を受賞した。

目次

【凡例】
★引用における［　］は筆者による注を示す。
★注や参考文献にあるウェブサイトは、すべて二〇二四年一二月二〇日に最終アクセスした。

Chapter 1

ブリストルのコルストン像、引き倒される！

エドワード・コルストン像（2016年2月12日筆者撮影）

イギリスとアイルランド

1　BLM運動がたぐり寄せる過去

BLM運動

二〇二〇年五月二五日、アメリカ、ミネソタ州ミネアポリス近郊で、アフリカ系アメリカ人のジョージ・フロイドが麻薬所持の疑いで路上拘束され、白人警官によって九分近くも頸部を圧迫されたあげく、死亡した。その一部始終はSNSでリアルタイムに拡散され、「黒人の命は大切」を叫ぶブラック・ライヴズ・マター（以下BLM）の抗議の声はアメリカ全土へ、そして世界中に広がった。以後、コロナ禍のなかで浮き彫りにされた社会のさまざまな格差と相まって、BLMの叫びはあらゆる場に響き渡った。

見逃せないのは、この運動が、欧米諸国の「過去」に対して、広く異議申し立てしていることである。言い換えれば、BLMは過去とつながろうとする運動でもある。

BLMの始まりは、二〇二〇年のジョージ・フロイドの死の七年前に遡る。二〇一三年七月、フーディ（フード付スウェット）姿の一七歳の黒人高校生、トレイボン・マーティンを射殺した（二〇一二年二月）被告、自警団員のジョージ・ジマーマンに、「正当防衛で無罪」との判決が下った。この判決に憤った三人の女性活動家、パトリス・カラーズ、アリシア・ガルザ、オーパル・トメティによって、BLMは、SNS上のハッシュタグ、「#BlackLivesMatter」として立ち上がった。

もちろん、それ以前から、刑事司法制度における人種差別《レイシズム》の改革を訴える声はあった。だが、黒人に対する警察の暴力はあとを絶たず、二〇一五年から二〇二〇年の五年間だけでも、警官に殺された約五〇〇〇件の犠牲者のうち、黒人は白人の二倍以上だと、元ワシントン・ポスト紙記者のウェスリー・ラウリーは分析している（『ニューズウィーク』二〇二〇年七月七日号）。

ジョージ・フロイドの死から四か月後の二〇二〇年九月、コロナ禍のなかで行われた全米オープンテニスに出場した大坂なおみ選手は、一回戦から優勝戦までの七つの試合に、七つの異なる名前が記された黒いマスクをつけた（「大坂なおみが日本語ツイートに込めた思い　移民国家アメリカ・スポーツ界と黒人アスリートの歴史」『東京新聞』二〇二〇年九月一五日）。ブレオナ・テイラー（二〇二〇年三月死亡、以下同）、イライジャ・マクレーン（二〇一九年八月）、アマード・アーベリー（二〇二〇年二月）、トレイボン・マーティン（二〇一二年二月）、ジョージ・フロイド（二〇二〇年五月）、フィランド・キャスティル（二〇一六年七月）、タミル・ライス（二〇一四年一一月）——彼らは、人種差別という理不尽さゆえに命を失った犠牲者のごく一部に過ぎない。それでも、彼らを、「黒人」や「アフリカ系アメリカ人」ではなく、個人の名前で記憶することの重要性は、このマスクをつけて勝ち上がった大坂選手の優勝とともに、人びとの心に届いたと感じる。

若者たちは異義申し立てする

ＢＬＭ運動についてはすでに多くの記事が書かれ、雑誌で特集され、書籍が何冊も出版され、ドキュメンタリーも制作されている。それらが一致して注目するのは、この運動の参加者に際立つ若者の存在である。一九八〇年代から九〇年代前半に生まれたミレニアル世代（Y世代）とともに、一九九〇年代後半から二〇〇〇年代に生まれたZ世代が、運動の中核を担っている。彼らは、現在の人種差別の問題を、社会構造の中に埋め込まれ、組み込まれた問題として捉え、その根源に、奴隷貿易や奴隷制、そして植民地主義《コロニアリズム》という欧米の歴史を明確に認めた。

ヨーロッパが世界史の主役にのし上がっていく一八世紀後半から二〇世紀にかけての近代、ヨーロッパ諸国がアジアやアフリカなどで展開した奴隷制や植民地支配は、「人種」概念とその言説によって支えられていた。「自由、平等、友愛！」を叫んだフランス革命と同時代の欧米諸国では、人間を身体的特徴で分類し、白人を頂点として序列化する疑似（似非）科学が進み、植民地支配の拡大とともに、その序列を固定化させる言説を世界各地に定着させた。二一世紀の若者たちは、現代の人種差別の根っこにあるものをヨーロッパ近代に見定め、その時代が編み出した人種概念の虚偽を暴こうとしているように見える。

それゆえに、若者たちの批判の矛先が、現代の政治家以上に、各地の公共空間を彩る歴史的な彫像やモニュメントへと向けられたのも、至極当然のことであった。

アメリカでは、大西洋上を奴隷貿易・奴隷制へと開いたクリストファー・コロンブス像、奴隷制廃止に反対した南軍のロバート・E・リー将軍像などが真っ先に標的となった。首都ワシントンでは、エイブラハム・リンカン大統領の奴隷解放記念碑（一八七六年に解放黒人らが設置）について、「ひざまずく元奴隷を見下ろす」という構図が問題視されて撤去が求められ(1)、その複製であるボストンのリンカン像も撤去された(2)。二〇二一年一月下旬、サンフランシスコ教育委員会は、奴隷を所有していた初代大統領ジョージ・ワシントンとともに、先住民族の抑圧に関係したとして、リンカンの名も公立学校名から削除することを決定した。

ヨーロッパに飛び火したBLM運動でも、たとえばベルギーでは、私有するアフリカのコンゴ現地人に対する虐待で、レオポルド二世像が血を思わせる赤いペンキで染まった。

奴隷貿易の拠点を複数抱え、アフリカやアジアに多くの植民地を有したイギリスでも、歴史上の人物の「身上調査」が熱心に行われた。アメリカ同様、国内各地の偉人や英雄の彫像や記念碑に対して、人種差別的な行為や発言、奴隷貿易との関わり、プランテーションの所有とその実態などが厳しく問われ、抗議の落書きや撤去要請が相次いだ。その口火を切ったのは、かつて奴隷貿易で栄えたイングランド西部の港町、ブリストルの目抜き通りにそびえたつブロンズ像であった（本章の扉参照）。

2　引き倒されたコルストン像

引き倒され、転がされ、海に沈められる

そのブロンズ像——エドワード・コルストン（一六三六～一七二一）の像が引き倒されたのは、二〇二〇年六月七日、ジョージ・フロイドの死から二度目の日曜日であった。

当時、イギリスでは、五月二八日のロンドン、アメリカ大使館前でのデモを皮切りに、六月二一日までの三週間余りにわたって、週末になると各地で、BLM、並びに「人種差別に立ち上がれ（Stand Up To Racism）」というSNS上の集まりを中心に、人種差別に抗議するデモが行われていた。六月七

日は、新型コロナウイルス感染による死者数が、第二次世界大戦中のドイツ空軍によるイギリス大空襲（ザ・ブリッツ）の犠牲者数四万三〇〇〇人を超えようとする時期であった（六月五日には四万人を超えていた）。各都市の当局がロックダウン（都市封鎖）によって集会を禁止するなかで、フロイドの死に対する抗議集会やデモが全国で計画、組織、実行された。若者たちは無料でマスクや消毒液を配り、ソーシャル・ディスタンシングを守るなど、「秩序ある抗議行動」を呼びかけた。警察は、若者たちを暴徒化させないよう、あえて介入を控えた。

二〇二〇年六月七日、ブリストル市中心部に集まった抗議参加者は一万人を超えた。あれから四年余りがたった今なお、閲覧可能な膨大な数の画像や動画がネット上を浮遊し、当時の様子を克明に伝える。ひとりの若者が台座によじ登り、コルストン像の頭部と足元にロープを結びつけ、膝を像の頸部に当てて強く押すポーズをとった。窒息死したジョージ・フロイドへのオマージュだろう。若者が台座から跳び降りると、デモ参加者たちはロープを強く引っぱった。台座をはずれたコルストン像が、正面から一気に倒れる。歓喜の声を上げながら像に駆け寄った群衆たちは、像を何度も踏みつけ、顔や胸、足などに赤や青のスプレーを吹きつけた。その後、コルストン像は、数名の若者に転がされながら、メインストリートを南下した。周囲では若者たちが笑いながら大声ではやし立て、その様子もまた、動画に収められた。

やがて像は、ブリストル港湾部に到着した。かつて奴隷船が停泊していた桟橋近くでも、鈴なりになった人びとが像のゆくえを見守った。コルストン像は海中に投棄されて沈んでいき、まもなく見えなくなった。

引き倒され、転がされ、海に沈められたコルストン像。その一部始終は、フロイドの死と同様に、SNSで世界中に拡散された。SNSにアップされた無数の画像や動画のそこここに、倒れ落ち、海中に投棄されたコルストン像に向かって歓声を上げ、スマートフォン片手に飛び跳ねる若者たちの姿が記録されている。主を失った台座の上にもつぎつぎと抗議デモ参加者がよじ登り、思い思いのポーズで写真や動画を撮り、ネット上に続々とアップしていった。それらを、当時のイギリス内務大臣プリティ・パテルは「ヴァンダリズム（非文化的蛮行）」と呼び、憤った。

その一方で、この日のブリストル市内で目立った被害は報告されていない。負傷者も逮捕者も出なかったし、市庁舎や商店が襲われることもなかった。抗議デモ自体には介入せず、市民と町の安全を守ることに注力した地元のエイボン・サマセット警察の判断を評価する向きもある。ジャマイカ人の父を持つブリストル市長（当時）マーヴィン・リースは、コルストン像の引き倒しという行為自体は許されないとしながらも、BLM運動の若者たちの心情には理解を示し、「ヴァンダリズム」という内務大臣の言葉を非難している。

人種差別主義者の像を探せ！

コルストン像は、フロイドの窒息死に抗議するBLM運動の若者たちによって引き倒された、イギリスで唯一の像である。なぜなら、コルストン像のように過去の人種差別的言動が問題視された彫像の多くは、コルストン像の命運に鑑みて、管理団体が自発的に撤去、ないしは防御柵設置といった対策を講じたため、彫像そのものが倒されることはなかったからである。その意味でも、コルストン像の引き倒しは、二〇二〇年のＢＬＭ運動を象徴する出来事であった。

たとえば、コルストン像が引き倒された六月七日、ロンドンの議会前広場のウィンストン・チャーチル像は、台座に刻まれたチャーチルの名前の下に「人種差別主義者だった（was a Racist）」とスプレーで落書きされた。ロンドン市は急ぎ周囲をパネルで覆った。その後、チャーチル像を「自警」する右翼の若者とＢＬＭ運動に賛同する若者がにらみ合う一幕もあったと聞く。

同じ議会前広場のマハトマ・ガンジー像は、イギリスで数少ない非白人の彫像にもかかわらず、像の前の路上に「人種差別主義者」と、やはりスプレーで落書きされた。「インド独立の父」といわれるガンジーは、イギリスで弁護士資格を取り、一九世紀末から第一次世界大戦にかけての十数年余りを南アフリカで活動したが、この間にアフリカ系黒人に対する差別的発言があったことが問題視されたと思われる。

コルストン像同様、今回の抗議行動以前から奴隷貿易との関わりを問われ、非難の的となってきた像のひとつに、ロンドン・ドックランド博物館の前に建つロバート・ミリガン（一七四六〜一八〇九）像がある。ジャマイカに二つの砂糖プランテーションを所有し、五〇〇人を超える奴隷を抱えたミリガンは、西インドとの交易拠点となるロンドンの港湾施設、ウエスト・インディアン・ドック建設の中心人物でもあった。スプレーで赤く塗られた顔を黒い布ですっぽりと覆われたミリガン像には、「Black Lives Matter」と手書きされた段ボールの切れ端が貼りつけられた。博物館を運営するタワー・ハムレッツ評議会は、コルストン像が引き倒された二日後の六月九日、ミリガン像の撤去を決断。像が金属ロープで釣り上げられ、台座からはずされる様子もまた、リアルタイムでＳＮＳ配信さ

諷刺雑誌『パンチ』（1892年）に描かれたセシル・ローズ。右足を南アフリカのケープタウン、左足をエジプトのカイロに置き、手にした電線、背中の銃で、大英帝国の植民地戦略を可視化している。

れ、撤去の瞬間、集まった多くの若者からは、コルストン像が引き倒された時と同じような大歓声が上がった。

　引き倒しを恐れて、早々に周囲を木枠やパネルで覆った像の中には、トマス病院の創設者ロバート・クレイトン（一六二九〜一七〇七）やガイズ病院の創設者トマス・ガイ（一六四四〜一七二四）がいた。二人とも当時奴隷貿易を独占していた企業に投資しており、それが病院設立の資金源ともなった。病院を運営する慈善財団はいずれも、創設者の像を敷地内の目立たない場所に移し、事態が落ち着いた後、出来事の顛末を記す掲示板を設置した。

　ロンドンだけではない。オクスフォードでは、オリオル・カレッジのファサードに掲げられたセシル・ローズの石像をめぐって、学生たちが抗議の声をあげた。セシル・ローズ（一八五三〜一九〇二）は南アフリカの鉱山採掘で巨富を築き、ケープ植民地の首相も務めた人物で、「帝国主義」を象徴する人物として知られる。「ケープからカイロまで」アフリカ大陸を縦断する当時のイギリスの植民地政策を体現したローズの諷刺画を、世界史の教科書などで目にした読者もいるだろう。彼はオクスフォード大学に多額の寄付を行っており、ローズ奨学金制度も彼の遺産が元となって今に続いている。

　実はローズ像をめぐっては、二〇一五年三月、南アフリカのケープタウン大学では、正門近くの大きなローズ像の撤去を求める学生運動、「ローズ・マスト・フォール（ローズ像は倒されねばならない）」運動が起こっており、同年秋にはオクスフォード大学にも飛び火していた。二〇二〇年はその再燃といえる。加えて、「ローズ・マスト・フォール」運動に触発されて、ガーナの首都アクラにあるガーナ大学で「ガンジー・マスト・フォール」運動が起こっていたといえば、先述したロンドンのガンジー像前の落書きに多少のリアリティが加わるだろうか。ちなみに、ガーナ大学当局は、二〇一八年一二月、こっそりとガンジー像を撤去している。

他にも、イングランド北部の都市リーズでは、ヴィクトリア女王像に「ＢＬＭ」「奴隷所有者」「殺人者（murderer）」との落書きがなされた。エディンバラ市当局もまた、ＢＬＭ運動の拡大のなか、「奴隷貿易廃止を遅らせた」として批判を浴びてきたヘンリ・ダンダス（初代メルヴィル子爵、一七四二〜一八一一）の像、通称メルヴィル記念碑に関して、この像を戴く四二メートル余りの柱を奴隷貿易の犠牲者を追悼する記念碑に変えることを提案した。

かくのごとく、コルストン像が引き倒された六月七日以降、ＢＬＭ抗議デモの若者たちは、イギリス各地で「人種差別主義者」の彫像の一斉点検を開始し、そのリストをウェブ上で公開した[3]。世界周航で知られるエリザベス一世時代の海賊フランシス・ドレイク（一五四三頃〜九六）。国王チャールズ一世を処刑したピューリタン革命で「共和国」イングランドの護国卿となり、英領西インド諸島の基盤を築いたオリバー・クロムウェル（一五九九〜一六五八）。太平洋航海で知られるジェイムズ・クック（通称キャプテン・クック、一七二八〜七九）。「スコットランド啓蒙の父」といわれるデヴィッド・ヒューム（一七一一〜七六）も、ヨーロッパ中心的な言葉遣いが問題視され、二〇二〇年九月、エディンバラ大学は早くも、学内で最も高い建物「デヴィッド・ヒューム・タワー」を「ジョージ・スクエア四〇」へと改称することを決めた。さらには、二度首相を務めて穀物法廃止（一八四六）に尽力した保守党のロバート・ピール（一七八八〜一八五〇）も、四度首相となった自由党のW・E・グラッドストン（一八〇九〜九八）も、父が奴隷所有者であったことから、若者たちの弾劾を逃れることはできなかった。

世界史を彩る有名人が並んだ要検証リストからは、若者たちが自国の過去と人種差別との関係を追及しようとする熱意が伝わってくる。今の日本の若者たちが、歴史的不公正・不正義と関わる影像をあぶり出し、抗議のペンキをぶっかけ、撤去を要請し、自分たちで引き倒すことなど、起こり得るだろうか。

かくして、引き倒しと海中投棄というコルストン像がたどった運命は、公共空間に置かれた影像という「記憶のかたち」の再検証を、イギリス政府や各行政体、管理財団などに促すことになった。だが、BLMの抗議運動をふりかえっても、依然として解けない謎がある。なぜコルストン像が真っ先に引き倒されたのだろうか。そもそも、エドワード・コルストンとは誰なのか。

3　博愛主義者の記憶

コルストンとは誰か

博愛主義者《フィランソロピスト》、ブリストルの商人で州長官［地方行政官］を務めたウィリアム・コルストンの長男――『国民人名辞典』初版（一八八五～一九〇〇）は、エドワード・コルストン（一六三六～一七二一）の項目をこんなふうに始めている。イギリス全体を網羅する初めての人名辞典が編集された時期、コルストンは「フィランソロピスト」――利他的な奉仕活動家、慈善家と記憶されていた。この辞典の編纂時期は、台座に刻まれたコルストン像の設置年「一八九五年」ともぴったり一致しており、コルストンの顕彰理由もここにあると推測される。

　コルストン自身は、その生没年からわかるように、一七世紀後半から一八世紀初頭にかけてのイギリスを生きた人間である。この時期のイギリスでは議会と国王の対立が激化し、その過程で二つの政治革命が起こった。ひとつは、コルストンが物心つく一六四〇年代のピューリタン革命で、国王チャールズ一世の処刑（一六四九）は、彼が一三歳のときだった。王党派だった父が議会派によってブリストルを追われ、コルストンもまたロンドンに移った。国王不在の共和国時代（一六四九～六〇）、ロンドンで教育を受け、商人としての徒弟修業を終えた彼は、その後、スペインやイタリアなどとワインや布地を商う海外貿易に従事した。

イギリスの画家ジョナサン・リチャードソン（「エルダー」と呼ばれた父の方）によるエドワード・コルストンの肖像画（1704年）。ブリストル市参事会が所有するこの絵画は、新市庁舎がオープンした1953年以来、市長の応接間にかけられていたが、コルストン像が引き倒されたことを受けて、2020年6月18日、取り外された。

　チャールズ二世が王政復古（一

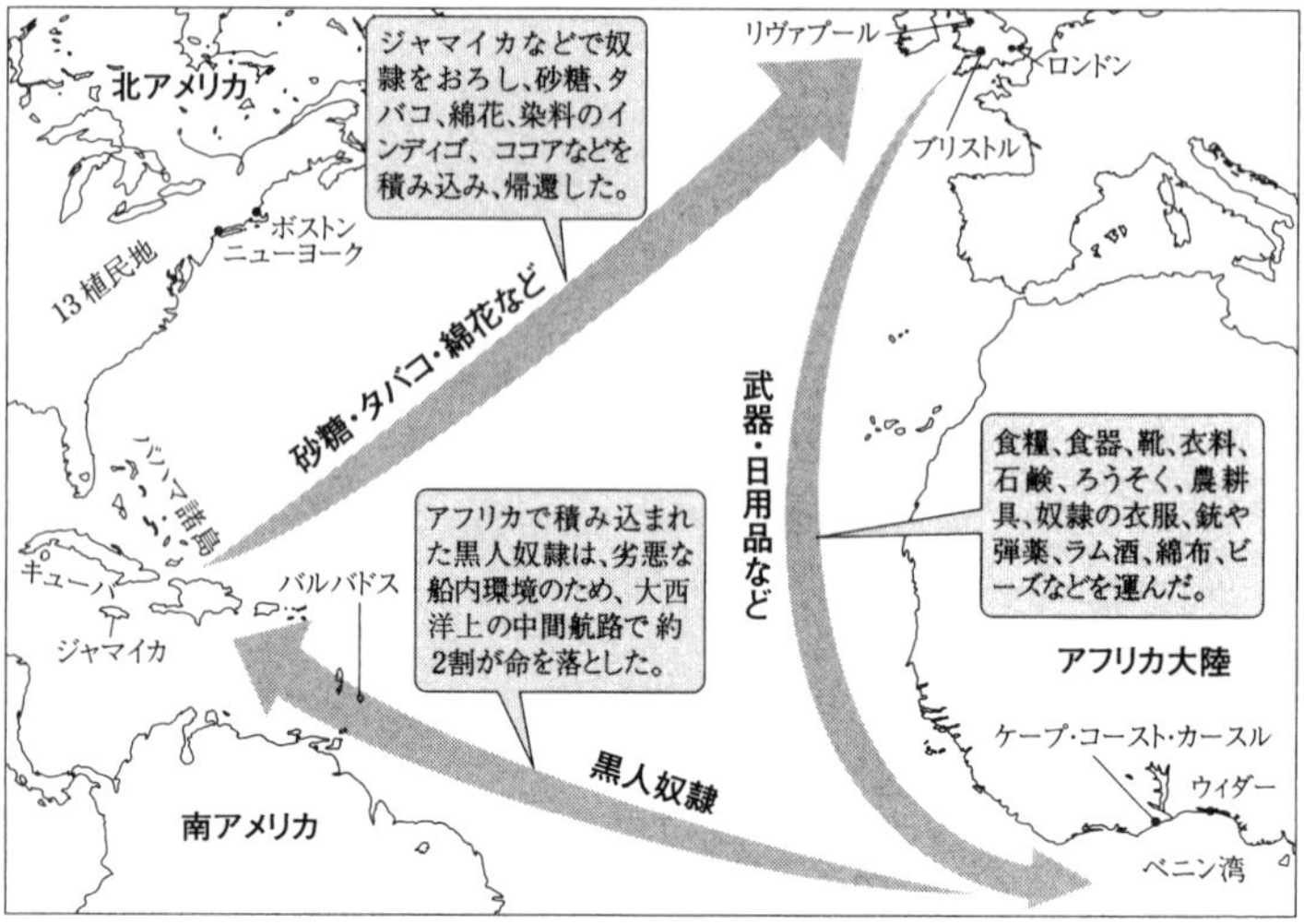

大西洋上の三角貿易（井野瀬久美恵『大英帝国という経験』講談社学術文庫、2017年、149頁）

六六〇）でイギリスに帰国すると、コルストンの父もブリストルに戻ったのち、一六八一年に死亡。四〇代半ばのコルストンは父のあとを継いで、ブリストルの政治・経済の中枢に位置する商人組織、「マーチャント・ヴェンチャラーズ」の一員となった。とはいえ、彼自身はブリストルに戻らず、その後もロンドン近郊で暮らした。記録によると、コルストンは、当時西アフリカとの貿易を独占していた特許会社、「王立アフリカ会社（ＲＡＣ）」のメンバー（＝出資者）となり、ロンドンのＲＡＣ本部で開催される会合に定期的に出席している。これもまた、父の後継者という長男の宿命であった。

王立アフリカ会社は、王政復古と同時に国王とロンドン商人によって設立され、何度かの組織改編を経て、一六七二年から九八年まで、象牙や金、そして何よりも奴隷の取引を独占した。そのメンバーには、大西洋上で展開された三角貿易、すなわち奴隷貿易の利益が集中した。

RACの代表を務めた王弟ジェイムズは、一六八五年、ジェイムズ二世として王位に就くが、一六八八年に王位を追われ、それと同時にRAC代表も辞任した。その結果、一六八九年以降は、「総督代理」がRACの実質的な権限を握ることになった。コルストンはまさにこの年、一六八九年からの二年間、RACの総督代理を務めた。彼がロンドン近郊、サリー州モートレイク（現在はグレーターロンドン特別区）に生涯の居を定めたのも同じ一六八九年、コルストン五三歳のときであった。

奴隷の出港地と到着地で異なるデータを精査した最新研究[4]では、コルストンがRACのメンバーを務めた一二年間（一六八〇～九二）に、八万四〇〇〇人余りのアフリカ人（うち子どもは約一万二〇〇〇人と推定）が奴隷として取引され、うち二万人近くが大西洋上の中間航路で命を失ったと算定されている。しかしながら、RACのメンバー、および総督代理というコルストンの役職やその間の「取引業績」に関心が集まるのは、後述するように二〇世紀末になってからだ。二一世紀に入っても、ブリストルにおける「コルストンの記憶」は、彼の精力的な慈善活動と結びついていた。貧困層の少年たちのための学校創立、教会の修復、救貧院の設立、病院への募金、船員の夫を亡くした寡婦の救済基金。コルストンの慈善活動は、彼が商人としての事業のいっさいから身を引く一七〇八年以降、種類も規模も増していった。その功績ゆえであろう、一七一〇年、七〇代半ばの彼はブリストル選出の国会議員（トーリー系）となった。もっとも、議員としての三年間にめぼしい業績を残すことはなかった。

一七二一年、コルストンは、モートレイクの自宅にて、八四歳で亡くなった。当時のイギリスの平均寿命は四〇歳前後。階級差による生活環境の違いを考慮しても、長寿をまっとうしたことは間違いない。

何がコルストンを「地元の偉人」にしたのか？

生活基盤のないブリストルでコルストンが記憶され続けたのはなぜなのか。そこには、「コルストン協会」の活動が大きく働いている。

コルストン協会は、生涯独身であったコルストンの資産を管理し、彼が生前に行った慈善活動を継続する任意団体として、彼の死の五年後、一七二六年に設立された。傘下には、政治信条の異なる三つの団体――保守党系のドルフィン協会（一七四九年設立）、自由党系のアンカー協会（一七六九年設立）、そして政治的信条を問わないグレイトフル協会（一七五八年設立）が設けられ、ブリストルの政治・経済・社会との接点も数多く生まれた。コルストンの誕生日である一一月一三日（新暦）には毎年、これらの組織が一堂に会し、合同で追悼礼拝やパレード、政治討論会や募金活動を行った。やがてこの日は「コルストン・デー」と呼ばれ、ブリストル市民たちの「コメモレイション・デー（記念日）」となっていく。二〇二〇年六月の像の引き倒しを受けて同年一二月末に解散するまで、コルストン協会は、現存するブリストル最古の慈善団体であることを誇っていた。

地元紙『ウエスタン・デイリー・プレス』の報道によれば、コルストン像の設置が提案されたのは一八九三年秋のこと。翌一八九四年三月には像のデザインが決定し、制作が本格始動したとある。像の除幕は一八九五年のコルストン・デーであった。台座にはこう刻まれた。

もっとも高潔にして賢明なるわが町の息子のひとりを記念して、ブリストル市民によって設置される。一八九五年。

うん？　一八九五年？　ここでむくむくと疑問が湧いた。

ヴィクトリア女王の治世末期にあたる一八九五年は、コルストンの生誕二五九年、没後一七四年。いずれにしても、個人の顕彰行事としては中途半端だ。コルストン協会設立の一七二六年を起点にしても、設立一六九年、というのはいささかピントがぼけている。たとえば生誕二五〇年（一八八六年）とか、没後一五〇年（一八七一年）など、切りのいい年に像が設立されなかったのはなぜなのか。

この曖昧な数字は、コルストン像の設置が、コルストンの関係者からの発案ではなく、ブリストルという町の都合で提案されたからだと考えられる。背景には、鉄道網の拡大や人口増加、産業発展や観光業の展開などに伴い、物理的にも精神的にも、イギリスの都市がそのありようを大きく変えたことが指摘できよう。

それは、彫像という「記憶のかたち」の変化に明らかであった。それまで国王や有名な軍人に限定されていた彫像が、二〇世紀へと向かう世紀転換期、文化や芸術、科学や技術、地域社会への貢献といった多種多様な領域で活躍した「偉人」へと広がっていったのである。都市への人口集中の緩和、貧民や労働者の生活環境改善のため、公園をはじめとする公共空間の整備が都市計画のなかに盛り込まれるようになった。都市にはそれまでと異なる見せ方、戦略が求められたのである。

すなわち、コルストン像の設置は、一八七〇年前後から二〇世紀初頭にかけての時期――日本では明治時代をすっぽりと覆う時期に、イギリス各地で進められた都市整備の一コマであったのだ。

しかも、この時期のイギリスには、慈善家、フィランソロピストが「偉人」と見られる独自の事情があった。それは、一八七〇年代前半に始まり、二〇年余り続く大不況のもと、社会調査によって都市の深刻な貧困状況が「再発見」されつつあったことである。ロンドンではチャールズ・ブース、イングランド北部のヨークではB・S・ラウントリらの調査が明らかにした都市の貧困実態が、大英帝国の中枢、経済大国イギリスの内部に存在するという事実そのものに、当時のイギリス人は驚愕した。貧困はもはや、一部の人間の問題でも、個人のモラルや努力の問題でもなく、社会そのものの問題であることは明らかであった。この認識が広まるなかで、福祉国家への転換も準備されていくことになる。

こうした一九世紀末の時代状況が、コルストンを「時の人」にした。すでに一八六七年には、貧困層の少年たちの学校、コルストン・ボーイズ・スクールの敷地・建物を改装したコンサート会場、「コルストン・ホール」がオープンしていた。それと軌を一にして、ホール周辺の道路が、コルストン・ストリート、コルストン・アヴェニューなどに改称された。一八九一年にはコルストン・ガールズ・スクールが開校している。

かくして、コルストンは、この時期のブリストルが必要としていたフィランソロピストのモデルであり、「地元の偉人」であった。こうした事情が、コルストンの履歴に刻まれた王立アフリカ会社の存在もその問題性も隠蔽してしまったのではなかったか。

４　想起されるレイシストの記憶

読み直される「コメモレイション・デー」

コルストンが奴隷商人であり、「レイシスト」であるという記憶は、いつ、どのように想起されたのだろうか。

その突破口を開いたのは、歴史家ではなく、アーティストたちであった。

一九九二年八月から一九九三年一月にかけて、大西洋上の奴隷貿易と関わった二つの港町リヴァプールとブリストル、および奴隷貿易廃止法案（一八〇七）を推進した国会議員ウィリアム・ウィルバーフォース（一七五九〜一八三三）の地元選挙区であるハル（北海に注ぐハンバー川河口のキングストン・アポン・ハル）の三つの都市が連携して、「帝国の略奪品《トロフィー》」と題する特別展が行われた。三都市に共通する展示テーマは、「コロンブスが開いた奴隷貿易や植民地主義の遺産の再考」であった。

一九九二年といえば、「コロンブスによる新大陸発見」から五〇〇年という大きな節目にあたる。そこでは、この歴史的出来事が欧米に開いた「明るい未来」とは対照的に、それが南北アメリカ大陸やカリブ海域の先住民族やアフリカやアジアの人びとにもたらした「負の遺産」に大きな注目が集まりつつあった。「帝国の略奪品」展もその一角を成す。ちなみに、二〇二〇年初夏、ＢＬＭを中心とする反レイシズム運動のなかで、像の撤去ならびに撤去要求が最も多かったのも、前述したようにコロンブス像であった。

クリストファー・コロンブス（一四五一頃〜一五〇六、出身とされるイタリア語ではクリストーフォロ・コロンボ）再検証の動きは、一九八九年のベルリンの壁崩壊、それが象徴する冷戦体制の崩壊とも関連している。それまで東西対立という大きな枠組みのなかに封じ込められ、いわば冷凍保存されてきたさまざまな「声」が、国際情勢の変化のなかで解凍されて噴出し、可視化されていったのである。

凍結されてきた「声」は、「帝国の略奪品」展でもあふれ出た。ひときわ衆目を集めたのは、ブリストル会場（アルノルフィーニ・ギャラリー、一九九二年一一月二一日〜一九九三年一月一〇日）に展示された、インスタレーションとプロジェクションを組み合わせた作品であった。

制作者はブリストル出身のアーティスト、キャロル・ドレイク。作品タイトルは「コメモレイション・デー」[5]——「記念日」がこの町で何を意味するかは、来場者の多くに自明であった。

暗い床に敷き詰められているのは、摘み取られた菊の花。菊はコルストンお気に入りの花であり、「コルストン・デー」を彩る花であった。展示開催中、花はしおれるがままに放置された。近くの壁には色褪せた薄茶色のモノクローム映像が映し出されている。映像のなかで、制作者ドレイク自身の出身校であるコルストン・ガールズ・スクールの女生徒たちが、「記念日」にコルストン像を菊の花で飾っている。作品に添えられた説明によれば、この映像は、一九七三年、旧校舎が建て替えられた際に撮影されたものだという。おそらく、ドレイクもまた、無邪気にコルストン・デーを祝う女子高生のひとりだったのだろう。

はしゃぐ生徒たちの映像のうえに、不気味な黒い影が落ちている。天井からロープで首を吊られたレプリカのコルストン像だ。その姿は、二〇二〇年六月七日を知るわれわれに、ロープで引き倒されたコルストン像を連想させずにはおかない。

展示にあたって、制作者ドレイクは、自分が生まれ育ったこの町が「記憶喪失に陥っている」と表現した。実際、この作品を見たブリストル市民の反応は鈍かった。市民たちがコルストン像に封じ込められた「もうひとつの記憶」――レイシストの奴隷商人――に行きつくには、いくつかの「リハビリ」が必要であった。

奴隷商人コルストン――ローカルな記憶からナショナルな記憶へ

一九九八年一月、コルストン像の台座に、ペンキで「奴隷商人《スレイヴトレイダー》」と落書きされた事件は、『ガーディアン』紙やBBCなどのメディアで大きく取り上げられた。その直前、ブリストルでは、奴隷貿易を取り上げたフィリッパ・グレゴリーの歴史小説『お上品な商売《リスペクタブル・トレイド》』（一九九五年）を下敷きにしたBBCドラマのロケが行われていた（放映は一九九八年四月〜六月）。落書きはこのドラマロケに刺激されたものと思われる。

一九九九年一〇月には、イギリスのテレビ局、チャンネル4の人気シリーズ「知られざる物語」が、一か月にわたって、大英帝国のダークサイド・ストーリーとして、奴隷貿易を取り上げた。この番組が視聴者に伝えたいメッセージは実にシンプルだった。絵画や建築をはじめ、イギリス国内の文化遺産を支える資金《マネー》はどこから来たのか。もちろん、その出どころは、奴隷貿易への投資や奴隷制によるプランテーション経済だけではないだろう。奴隷貿易・奴隷制が産業革命の財源となったという学説をめぐっては、歴史学上の大論争もある。だが、この人気テレビ番組が放ったインパクトは、歴史家の講義や著作よりずっと大きかった。視聴者の多くが、イギリスが誇る諸文化の背後に、自分たちがずっと忘れていた負の過去がある（かもしれない）ことに気づき始めたのである。

ブリストルの場合、「知られざる物語」の問いは、そっくりそのまま、コルストンにあてはまる。彼の慈善活動の資金はどこから来ていたのだろうか。かくして、ＢＢＣドラマと人気ドキュメンタリー番組という刺激を受けて、「奴隷商人コルストン」の記憶は、二〇世紀末以降、地元ブリストルのみならず、広くイギリス全土に知られるようになっていった。

二一世紀に入ると、奴隷商人から「レイシスト」へと、コルストンのイメージをさらに変えるイベントが二つ続いた。

ひとつは、二〇〇一年八月三一日に開幕した国連主催の会議、「人種主義、人種差別、排外主義、および関連する不寛容に反対する世界会議」、通称「ダーバン会議」である。この会議は、それまで半ばタブー視されてきた近代欧米諸国の負の遺産、奴隷貿易、奴隷制、そして植民地主義を、現代につながる諸問題の原点として可視化した。奴隷貿易、奴隷制を「人道に対する罪」と明確に規定したこの会議は、会期終了直後に「九・一一」、アメリカ同時多発テロがなければ、もっと大きく、かつ長期にわたって取り上げられたことだろう。

もうひとつは、二〇〇七年、奴隷貿易廃止法の成立から二〇〇年目の節目で行われた数々の顕彰行事である。イギリス全土に、「過去を熟考し、未来を見つめる」を合言葉とする大々的なキャンペーンが張られ、各地で自分たちの町が奴隷貿易とどう関わっていたかが問い直された。リヴァプールは奴隷貿易の中心であった町の過去を公式に謝罪し、国際奴隷博物館をオープンさせた。湾岸地域の再開発にこの「負の過去」を組み込んだ都市戦略で、二〇〇四年には「海商都市」として世界遺産にも登録された。

ブリストルでも市民レベルの意見交換が行われたが、リヴァプールのような公式謝罪には至らなかった。コルストン像自体に目立った変化はなかったが、「フィランソロピストか、レイシストか」の論争はその後もイギリスで耳目を集めた。

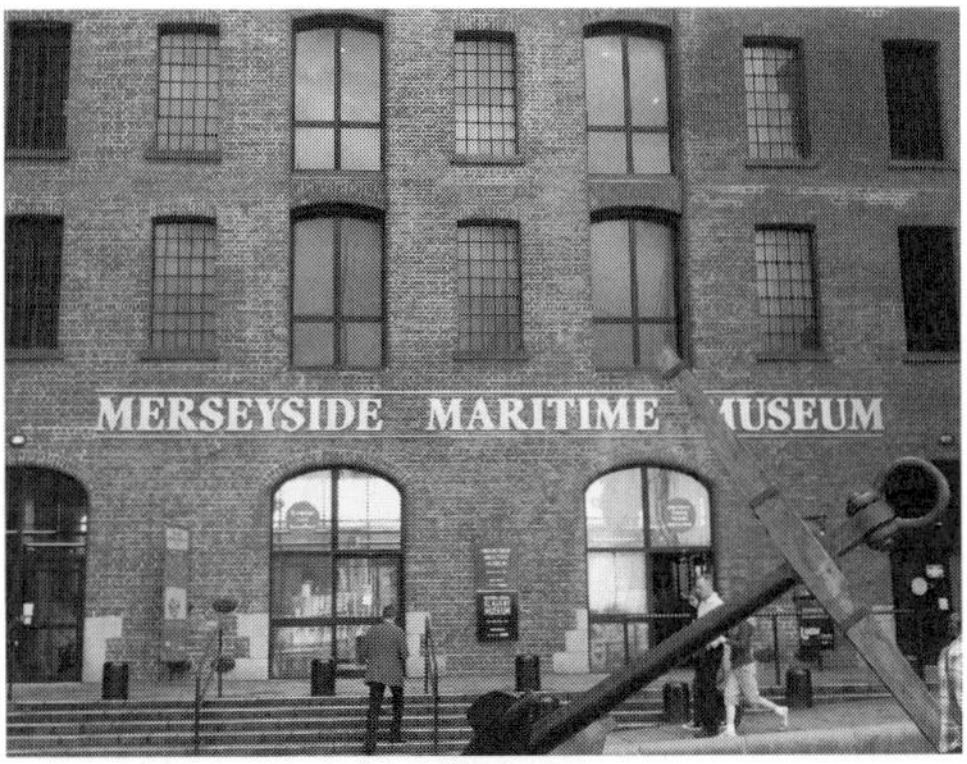

マージーサイド海事博物館（2012年８月、筆者撮影）。リヴァプールの国際奴隷博物館は、2007年８月23日、この博物館の４階に開館した。８月23日は、ユネスコにより「奴隷貿易とその廃止を記念する国際デー」に制定されている。1791年のこの日、フランス領サン・ドマングで起きた奴隷反乱が契機となって、1804年、初の黒人共和国ハイチが誕生した。

二〇一六年五月の総選挙で、ヨーロッパの都市として初めて、ジャマイカ系のマーヴィン・リースが市長となったとき、この拮抗状態にも決着がつくかと思われた。実際、アフリカ系、カリブ系住民との対話を尊重するリース市長のもと、二〇一七年には、コルストンと奴隷貿易との関係を示す「第二の銘板」を台座の隣に設置する提案がなされている。コルストンがＲＡＣと深く関わっていた時期の実態、たとえば先に紹介した具体的な奴隷数を記述することで、台座に謳われた「フィランソロピストの記憶」とのバランスを図ろうとしたのだが、関係者間の調整がうまくいかなかった。リース市長の最終了承も得られず、結局、二〇一九年春、第二の銘板の設置は見送られた。銘板の作成と併行して、コルストン像の撤去を求める署名活動も起こったが、これも市民の世論が分かれ、撤去とはならなかった。

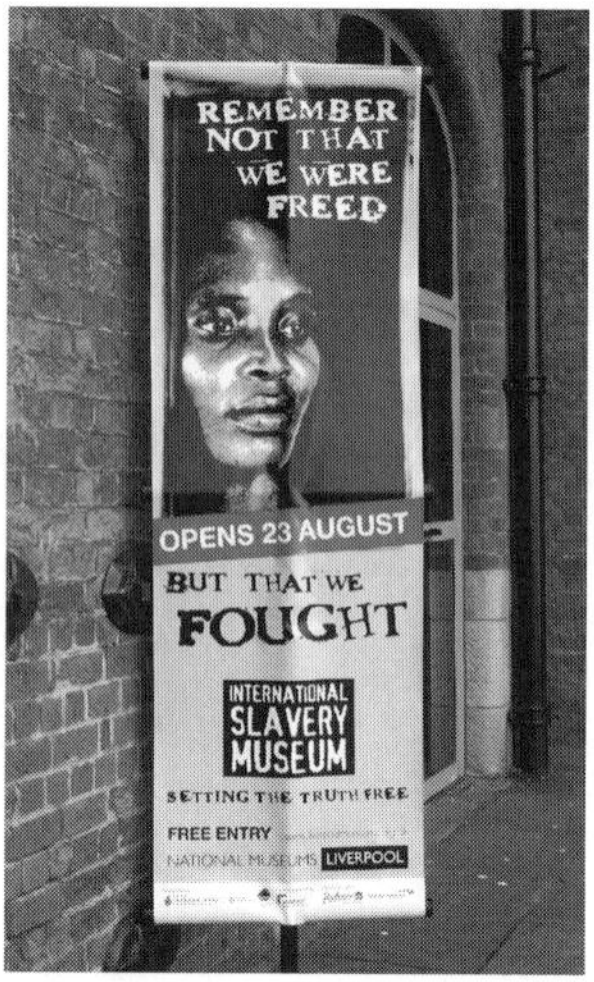

国際奴隷博物館開館時の幟（2007年8月、筆者撮影）。「覚えておこう、われわれは解放されたわけではなく、われわれが闘ったということを」とある。「WE」の使い方に注意したい。

5　コルストン像はなぜ引き倒されたのか

グローバルな記憶への飛躍

「フィランソロピスト」と「レイシスト」という記憶の拮抗状態を大きく後者に傾け、二〇二〇年六月七日、コルストン像を引き倒したものとは何だったのか。二〇二一年三月に出された警察の報告書には、「像の引き倒しは全く予測不可能だった」とあるが、ならば、想定外の出来事を引き起こしたのは若者たちの勢い、もののはずみ、だったのか。

引き倒される前後の流れをふりかえると、この想定外の事態には、二〇二〇年三月下旬以降の新型コロナウイルス感染拡大によるロックダウンが大きく影響していたように思われる。

すでに述べたように、ジョージ・フロイド事件に端を発するイギリスでのBLM運動は、ロックダウン中の二〇二〇年五月二八日、ロンドンのアメリカ大使館前で始まった。二度目の週末を控えた六月五日金曜日、抗議運動のさらなる拡大が予想されたため、ハンコック保健相は定例の記者会見でBLM運動に言及し、「気持ちはわかる」としつつも、「六人以上の集会の禁止」を明言した。

にもかかわらず、翌六月六日土曜日、イギリス主要都市の道路や公共空間は、BLM運動に賛同する若者たちで埋めつくされた。その様子をロンドンの議会前広場で取材した日本人記者は、若者らに「コロナ感染拡大は抗議集会参加の妨げにならなかったか」という質問を投げかけた。取材に応じた数名の若者はいずれも、即座に「ノー」と答え、感染リスクよりも「ここに実際にいること」の意味、それによって示される連帯こそが重要なのだと、異口同音に語った(6)。

若者たちは、週末に大規模な集会やデモを企画するにあたり、参加者にマスク着用を促し、無料でマスクや消毒液を配り、(現実味はあまりないものの)ソーシャル・ディスタンシングを守ることなど、規律正しい行動を呼びかけていた。もちろん、若者たちが「六人以上の集会の禁止」に反していることは明らかだったし、ロンドンの首相官邸前などでは警官とのこぜりあいで逮捕者も出た。それでも、各都市の当局も警察関係者も、コロナ禍を意識して、人と人との接触、すなわち暴力の可能性をできるかぎり避けようと、介入を控えたと報道は伝えている。

それもあってか、「COVID-19よりひどいウイルス、それが人種差別だ」と訴える抗議参加者の怒りの矛先は、人ではなくモノに、それも、フロイド事件直後のアメリカで起きたような、暴徒化したデモ参加者による略奪とは異なるモノに、その損失を嘆く人が少ないモノへと向かった。それが、公共空間を彩る歴史的な彫像や記念碑であったのだ。

六月七日、ブリストルに集まったデモ参加者の目は、当初からコルストン像に注がれていた。それは、コロナ禍で出された集会禁止をめぐる配慮と選択の結果、ではないだろうか。いうなれば、BLM運動に力を得た「人種差別反対《レイシズム》」というグローバルな力が、パンデミックというグローバルな文脈を得て、危ういバランスをとり続けてきたコルストン像を倒したのであった。

コルストンの記憶のゆくえ

コルストン像引き倒しの衝撃と余韻のなかで加速化したのは、ブリストルという町から「コルストンの記憶」を一掃する作業だった。コルストン・ストリートやコルストン・アヴェニューは一九世紀後半の改称以前の名前に戻され、コルストン・タワーは「ブリストル・ビーコン」と改名された。キャロル・ドレイクの出身校コルストン・ガールズ・スクールは、二〇二〇年一一月に「モンピエール・ハイスクール」という新しい校名への変更を発表した。

ただし、コルストンの名前は消えても、「フィランソロピスト」と「レイシスト」という彼の過去は、いずれも消滅したわけではない。過去は「過ぎ去る」と書くが、けっしてそうではないことを私たちは知っている。

リース市長は、過去と向き合うための対話が必要だと強調し、二〇二〇年九月、奴隷貿易と関わるこの町の記念碑や「記憶の場」のすべてを見直す委員会を立ち上げた。ここでようやく、歴史家の出番である。「われらブリストル歴史委員会（We Are Bristol History Commission）」という奇妙な名称の委員会（設置期間三年）では、月に一度のペースで議論が進められ、まずは引き倒されたコルストン像をどうするかの報告書がまとめられた。それを受けて、海中投棄の四日後に回収され、腐食防止など最小限の処置が施されたコルストン像は、引き倒し一年目となる二〇二一年六月七日から、ブリストル市立博物館のひとつ、港湾倉庫を改造したＭＳｈｅｄ博物館（ＭＳｈｅｄは倉庫の識別方法に由来する）で展示が始まった。「コルストン像――次は何？」という刺激的なタイトルは、さまざまな想像をかき立てる。コルストン像の居場所は果たして博物館なのか。人びとの価値観や感情が一〇〇年前、二〇〇年前と大きく変化したとき、一〇〇年前、二〇〇年前に作られたモノに対してわれわれはどう向き合えばいいのだろうか。

「次は何？」というコルストン像の展示から一か月ほど後の二〇二一年七月下旬、奴隷貿易の過去を公式謝罪したリヴァプールが、開発過剰を理由に世界遺産登録を抹消された、というニュースが飛び込んできた。ブリストルはこの事例から過去への向き合い方をどう学び、どんな都市の未来を拓いていくのだろうか。

注記）　本章は、井野瀬久美惠『大英帝国という経験』（講談社、二〇〇七年）第四章とともに、井野瀬久美惠「コルストン像はなぜ引き倒されたのか――都市の記憶と銅像の未来」（『歴史学研究』第一〇一二号、二〇二一年八月）、ならびに井野瀬久美惠「コロナ禍のなか、過去をたぐり寄せる――コルストン像引き倒しのタイミング再考」（『学術の動向』第二六巻第一二号、二〇二一年一二月）を大幅に加筆・修正したものである。

【注】

（１） 'Lincoln Statue With Kneeling Black Man Becomes Target of Protests', *The Wall Street Journal*, 25 June 2020.

（２） 'Statue of slave kneeling before Lincoln is removed in Boston', *AP NEWS*, 30 Dec. 2020.

（３） 'Statues in the firing line: Map reveals the 78 "racist" monuments from Orkney to Truro that "Topple The Racists" campaign wants torn down in wake of Black Lives Matter protests', *Daily Mail* Online, 10 June 2020.

（４） 詳細は、Roger Ball, 'Edward Colston Research Paper 1: Calculating the number of enslaved Africans transported by the Royal African Company during Edward Colston's involvement（1680–92）'（https://www.brh.org.uk/site/articles/edward-colston-research-paper-1/〔二〇二三年一一月四日に最終修正〕）

（５） https://i0.wp.com/ritakeeganarchiveproject.com/wp-content/uploads/2020/08/2-Carole-Drake-Commemortion-Day-1992-Arnolfini.jpg?resize=930%2C620&ssl=1

（６） ＴＢＳ ＮＥＷＳ「イギリスの"Black Lives Matter"デモ　続編」二〇二〇年六月一〇日（https://www.youtube.com/watch?v=fo123Sohpa0）

Chapter 2

骨が語るアイルランド大飢饉

ローワン・ギレスピー「飢餓」（1997年）
Photo by Emily Mark-FitzGerald（University College Dublin）
Irish Famine Memorials　https://irishfaminememorials.com/

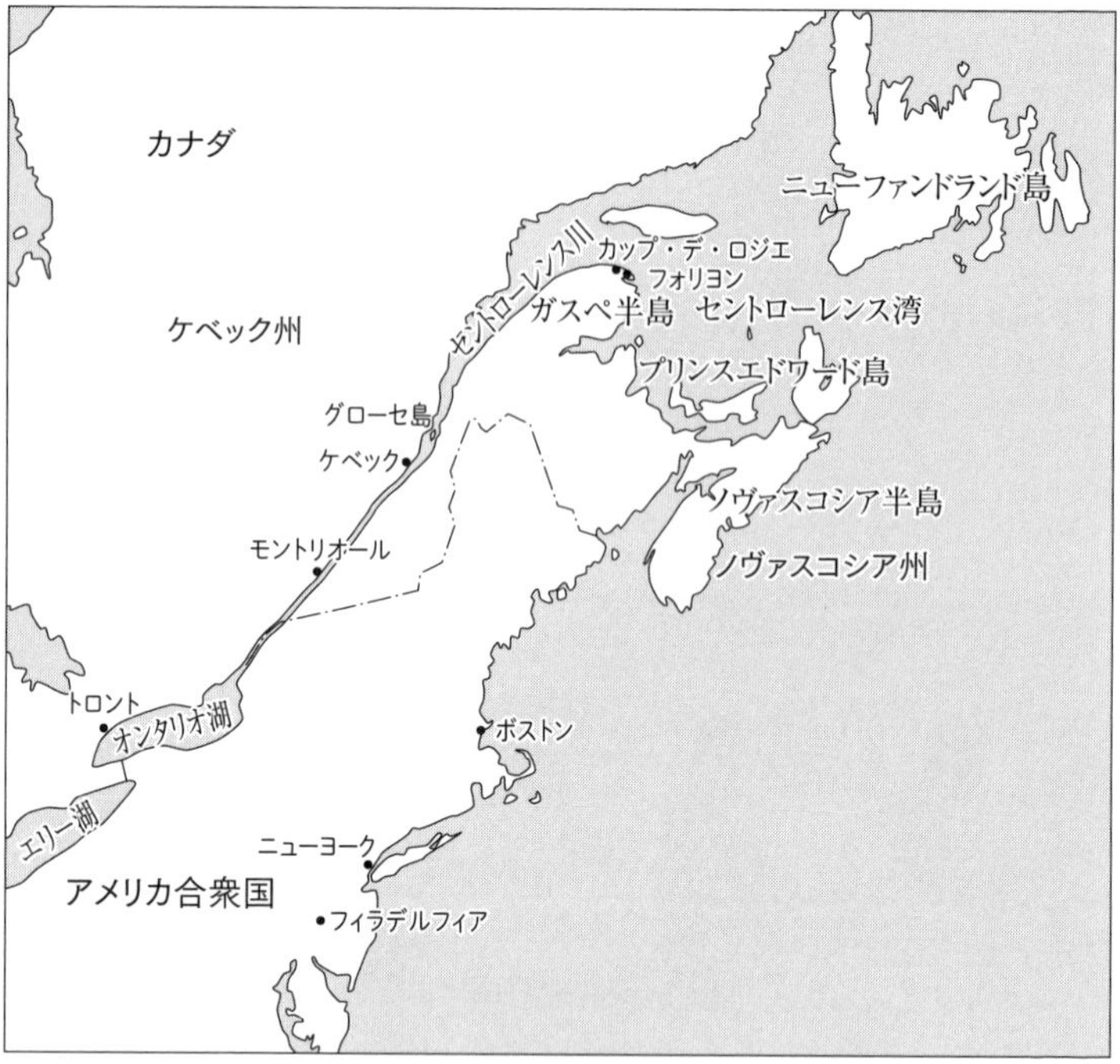
カナダ
ニューファンドランド島
カップ・デ・ロジエ
フォリヨン
セントローレンス川
ガスペ半島
セントローレンス湾
ケベック州
プリンスエドワード島
グローセ島
ケベック
ノヴァスコシア半島
モントリオール
ノヴァスコシア州
トロント
オンタリオ湖
ボストン
エリー湖
ニューヨーク
アメリカ合衆国
フィラデルフィア

カナダ東部

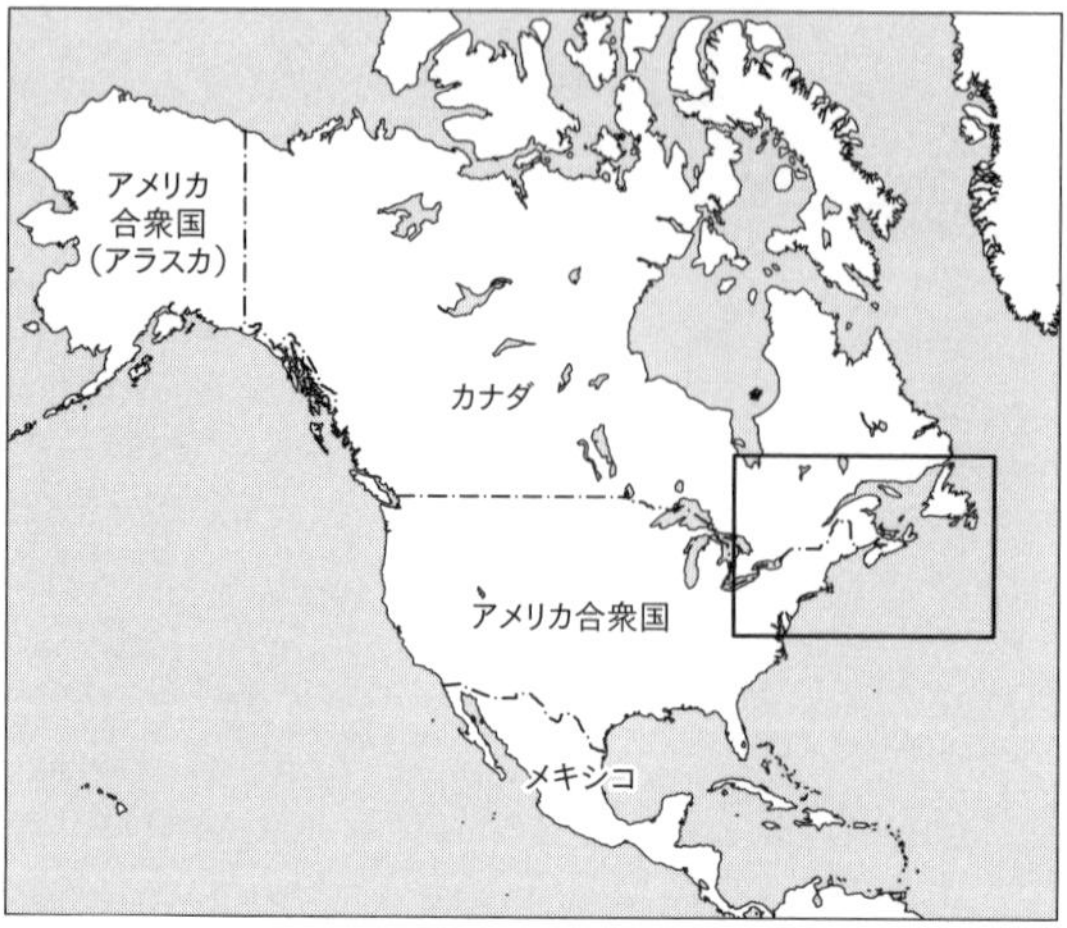
アメリカ
合衆国
（アラスカ）
カナダ
アメリカ合衆国
メキシコ

1　突然の過去

新聞やネット記事に目を通していると、ふとした瞬間に「突然の過去」が押し寄せてくることがある。歴史研究者としてよく知る過去の出来事が、かたちを変えて唐突に姿を現し、妙に心をざわつかせるのである。そんなときは、意識するとしないとにかかわらず、必ず私たちの「今」がうごめいている。想起のあり方は実にさまざまである。

たとえば、二〇二二年五月末、私の目に留まったのは、ある「発見」の記事であり、それが想起させる一〇年ほど前の「突然の過去」に、私の心は震えた。それはおそらく、当時新聞やテレビ、ネットでくりかえし目にし、耳にしていた三つの出来事のせいだろう。ひとつは、ロシアの激しい攻撃で唐突に日常を奪われ、戦士となった父や夫、兄弟を祖国に残して、住みなれた故郷を脱出するウクライナの女性や子どもたちの姿。二つ目に、二〇二二年四月下旬、知床半島西海岸沖、カシュニの滝近くで消息を絶ち、後日沈没が確認された遊覧船事故。連日の捜索にもかかわらず、二六人の乗船客のうち六人の行方が依然として不明である（二〇二四年八月二〇日現在）。そしてもうひとつは、二〇二二年五月、山梨県内の山中で見つかった肩甲骨が、ＤＮＡ鑑定の結果、近くのキャンプ場で三年前に行方不明となっていた小学生のものと同定されたことである。

本章で述べる「突然の過去」とこれら三つの出来事は、いずれも痛ましいという共通点はあるものの、直接交わることはない。いや、痛ましい出来事というならばそれら以外にもたくさんある。だが、二〇二二年五月末、この三つの事件報道が響きあって、私は、一〇年余り前の出来事を伝えるその記事——報道当時は見過ごしていたその「事件」へと吸い寄せられていった。

二〇一一年、カップ・デ・ロジエの三体

カナダ、ケベック州東部、セントローレンス湾と同名の川とをつなぐ河口近くに位置するガスペ半島（ガスペジー）。一六世紀前半、フランス王室の命を受けた探検家ジャック・カルティエ（一四九一～一五五七）がこの半島に到達したことで、ケベックがフランスの植民地となるきっかけが生まれた。殉教聖人である聖ローランにちなむ「セントローレンス」という入江や川の命名も、先住民の言葉で集落を意味する「カナダ」という呼称も、カルティエによるものだ。半島の北東端にあるフォリヨン国立公園は、深い森、砂丘、断崖絶壁などの多彩な風景で、世界中のトレッキング・ファンを魅了している。

二〇一一年、激しい春の嵐が去ったあと、フォリヨン国立公園が管轄するカップ・デ・ロジエの浜辺で、複数の人骨が発見された。カナダ公園局事務所からモントリオールの法医学研究所に送られた骨の鑑定は、モントリオール大学の生物考古学教室に託された。

見つかった骨は、二五個余りの椎骨（いわゆる背骨）、一二本の長骨（上腕骨や大腿骨など）、あご骨のかけらなどで、いずれも古く、断片でしかなかった。そのうえ、触れただけで崩れるほど脆く、鑑定関係者の言葉を借りれば、「溶けるといった方が近い」状態であったという。この状態自体が、骨の来歴の一端を物語っている。

骨の状態は身元を特定するDNA鑑定の精度と関わるが、そもそも、骨のDNA鑑定は、血液や皮膚などとは異なり、極めて困難である。それは、二〇二二年五月、山梨県のキャンプ場近くで発見された骨の身元をめぐって、日本中の関心を集めた事実でもあった。各メディアは、視聴者・読者に耳慣れない骨の鑑定方法について、専門的な説明を交えながら詳細に報じた。身元の特定に必要なDNAが入手できるかどうかは骨の状態によること。山梨の発見現場のように、水分の多い沢のような場所に長期間置かれた骨は、分解が進んで鑑定が難しいこと。それでも、科学技術の進歩もあって、山梨の場合は右肩甲骨から鑑定に足るDNAが発見されたと聞く。

残念ながら、カップ・デ・ロジエの浜辺で見つかった骨からは、現代科学をもってしても、DNAの抽出はできなかった。だが、現代科学は、この溶けるように脆い骨から死者の声を聴きたいと願う科学者たちに、骨の来歴と関わる重要な手がかりを与えることはできた。骨格には私たちの食生活が反映されるからである。骨から生前のたんぱく質や野菜などの栄養摂取の状況がわかるし、栄養失調のような慢性的な健康障害も骨に現れる。

鑑定に当たったモントリオール大学の生物考古学者らは、大きなテーブルの上に発見された骨を丁寧に並べて思案した。歯（とおぼしき骨）のエナメル質を少しだけ削り取って化学組成を調べ、骨のカーブの検証を行った。その結果、骨は三人のヨーロッパ人の子どものものであることがわかった。推定年齢は約七歳（二体）と一二歳くらい。三人とも植物中心の食事、とりわけジャガイモを主食とする農村地域に暮らす人びとに典型的に認められる骨の特徴を示すとともに、いずれもたんぱく質不足で、栄養失調状態に陥っていた。ある骨のカーブからは、長期のビタミンD欠乏によるくる病（骨軟化症）の兆候が認められた。

　ヨーロッパ人の子ども、主食はジャガイモ、栄養失調――これらのキーワードを総合して、鑑定にあたった生物考古学者は、発見から三年後の二〇一四年一二月、公式記者会見で、これらの骨は一八四〇年代半ばのジャガイモ飢饉を逃れ、カナダに移民しようとしていたアイルランドの子どもたちのものではないか、という仮説を示した。

アイルランドのジャガイモ飢饉

　一八四〇年代半ばから一八五〇年代初頭にかけての数年間、アイルランド全土で猛威をふるったジャガイモ飢饉については、すでに多くの研究があり、一般にも広く知られている。その直接的な原因は、一八四三年にアメリカからヨーロッパ諸国に伝わったジャガイモの病気、胴枯れ病である。アイルランドのみならず、ベルギーやオランダ、スコットランドなどでも大きな被害が出た。だが、ジャガイモを主食としていたアイルランドで、数年にわたって続いたジャガイモの極度の不作は、他に例を見ない犠牲をもたらした。「大飢饉」と言われる由縁である。

　アイルランド史の専門家である齋藤英里氏によれば、アイルランドでジャガイモのみを主食とする傾向は一九世紀初頭から強まり、一八四一年の国勢調査で示されたアイルランド人口約八五〇万人のうち、四割強がジャガイモだけに食を依存してきたという。ジャガイモは新大陸、南米からヨーロッパに伝えられた、「コロンブスの交換」の一例である。

　「コロンブスの交換」とは、アメリカの歴史家アルフレッド・W・クロスビーが著作（一九七二年）

のタイトルに掲げて提唱した考え方であり、同書副題に謳われた「旧世界と新世界の間の植物・動物・疫病の交換」のことである。新大陸からヨーロッパにトウモロコシやジャガイモが渡り、ヨーロッパから新大陸に馬や牛、羊などの家畜や鉄器、および天然痘やはしか、コレラといった疫病がもたらされたことは、今では比較的よく知られている。

加熱してもビタミンCが壊れにくく、カリウムが豊富で栄養価も高いジャガイモの普及は、一九世紀前半、アイルランドの順調な人口増加を支えてきた。だが、飢饉が続くとそれが裏目に出て、他のヨーロッパ地域にはない悲劇を生むことになった。

よく伝えられるのは、「一八四五～五〇年に一〇〇万人以上が亡くなり、一五〇〇万人を超える人がアメリカやカナダ、オーストラリアなどに移民した」という語りだろう。死因は餓死だけではなく、栄養失調や不衛生な環境がもたらすチフスやコレラなどの感染症による病死も多かった。体力がなく、抵抗力の弱い高齢者や乳幼児の犠牲は甚大であった。また、救貧院など人が密になる環境で感染が拡

アイルランドの人口推移（齋藤英里「第6章　大飢饉と移民」上野格・森ありさ・勝田俊輔編『アイルランド史』山川出版社、2018年、216頁）

年代	人口
1821	6,801,827
1831	7,767,401
1841	8,175,124
1851	6,552,385
1861	5,798,564
1871	5,412,377
1881	5,174,836
1891	4,704,750
1901	4,458,775
1911	4,390,219
1926	4,228,553
1936-37*	4,248,165
1951	4,331,514
1961	4,243,383
1971	4,514,313

＊北アイルランドについては、1937年の数値。
出典：W. E. Vaughan and A. J. Fitzpatrick (eds.), *Irish Historical Statistics : Population, 1821-1971,* Dublin : Royal Irish Academy, 1978, p. 3.

大して犠牲者を増やしたことも、コロナ禍を経験した私たちには容易に理解できる。

この出来事で、アイルランドの人口は激減した（前頁の表参照）。それ以前から大西洋を渡ってアメリカをめざすアイルランド移民は多かったが、大飢饉が収まったのちも、この島を離れる移民の波は止まらなかった。以来、今に至るも、アイルランドの人口は、大飢饉以前、一八四一年の国勢調査の水準を回復していない。

死か移民か――。いや、大西洋を渡る移民たちの航海は、常に死の危険と隣り合わせであった。彼らの体は飢饉でかなり衰弱していたうえに、着の身着のままで船に乗り込んだ者が多く、身体を温める毛布や衣服も十分ではなかっただろう。アイルランド諸港からカナダ、ケベックまでの航海は四〇日余り。その間、一人一日上限二パイント（約一・一リットル）の水は提供されたというが、それ以外の食事はすべて自前で用意せねばならなかった。トイレを含め、移民船内の衛生環境は極めて悪く、満足な食事がとれない状況とあいまって、チフスやコレラといった感染症はあっという間に船内に広がったと思われる。海難事故ならずとも、航行中に、あるいは上陸直後にも、亡くなる人があとを絶たなかった。大飢饉脱出の移民船が「棺桶船」と呼ばれるのはそのためである。

わけても、一八四六年一一月から四七年にかけての冬の寒さは例年以上に厳しく、餓死者も病死者も多かった。一八四七年は、のちに「暗黒《ブラック》の四七年」と呼ばれる。アイルランドは、一八〇〇年制定の合同法で連合王国に組み込まれたが、統治にあたるイギリス政府は、それまでの飢饉同様、この飢饉もすぐに収束するだろうとの甘い予測を捨てようとしなかった。アイルランド人になじみのない、しかも尋常ならぬ粒の硬さから「フリント（火打石）・コーン」と呼ばれたトウモロコシの輸入をはじめ、いくつか手を打ってはみたものの、いっこうに飢饉は収まらない。そこでイギリス政府は、一八四七年春から、植民地であるカナダやオーストラリアへの移民を奨励する政策へと舵を切った。

二〇一一年に見つかった骨は、まさにこの一八四七年の政府補助でカナダに向かった移民船の乗客のものではないか――骨の発見から三か月ほどのち、すなわち骨の鑑定結果が出るずっと以前に、カナダの全国紙『グローブ・アンド・メイル』（二〇一一年七月一九日）は、地元カップ・デ・ロジエに伝わる伝承に基づき、早くもそんな推測を披露した。

2　海を渡った移民たち

一八四七年、スライゴからの脱出

当時イギリスやアイルランドの港からカナダへ向かう移民船のメインルートは、セントローレンス湾からガスペ半島を左手に見つつ、セントローレンス川へと入り、川を遡ってケベック港をめざす、というものであった（三〇頁のカナダ東部の地図参照）。移民たちはケベック到着後、さらにモントリオールやトロントへ、そして多くはアメリカに向かって、旅を続けたとされる。それまで多くのアイルランド移民を受け入れてきたのはアメリカであり、ペンシルヴェニアやカロライナなどの州では、いくつかのアイルランド人コミュニティが形成されていた。大飢饉に際して、移民希望者の多くが望んだ移民先もアメリカであった。だが、アメリカは、最低運賃を値上げするなどして、貧しいアイルランド人の大量流入を抑制しようとした。勢い、貧しい移民はますますカナダをめざすことになった。

大飢饉の一〇年余り前、一八三二年から、ケベック港の手前五〇キロほどのところに浮かぶグローセ島（グロス・イル）には、ヨーロッパからの疫病流入を警戒したカナダ側が検疫所を設けており、移民たちはここで発熱や病気の有無をチェックされた。アイルランド大飢饉期の移民の詳細がつかめるのは、脱出地であるアイルランドの港以上に、受け入れ地に設けられたこの検疫所の記録によるところが大きい。

統計によれば、「暗黒の四七年」には、航海中、および検疫所到着後、この島で死亡したアイルランド移民の数は一万八〇〇〇人近くにのぼり、この年のカナダ移民全体（約一〇万六〇〇〇人）の一七％近かった。特にアイルランド北西部スライゴ発の移民船では一四人に一人、南部コーク発の船では九人に一人と、死者の割合が高かった（二二頁のアイルランドの地図参照）。『グローブ・アンド・メイル』が早々に言及したその船――「ホワイトヘイヴンのキャリックス号」（以下キャリックス号）も、スライゴから先述した通常ルートを通ってケベックをめざした「棺桶船」のひとつであった。地元ガスペ半島の伝承と文書史料をつき合わせると、以下のような話になる。

一八四七年四月五日、木造の木材運搬用貨物船キャリックス号は、一八七人（一八〇人、一七三人との記録もある）の乗員・乗客を乗せて、スライゴの港を出航した。船は当時の軍船や商船によくある型式で、前後二本のマストに数本の横帆がある「ブリッグ」と呼ばれる帆船で、二〇〇トン余り。乗り込んだ人びとの大半は、ヘンリー・ジョン・テンプル（一七八四～一八六五）が所有する土地で働いていた小作人だった。

テンプル家はアイルランド貴族として「パーマストン子爵」を継承する家柄で、典型的な不在地主である。一八〇二年に第三代子爵を継いだヘンリー・ジョンは、ヴィクトリア女王の時代、「政界の長老」と呼ばれた名うての政治家であり、大飢饉の期間はずっと、三度目となる外務大臣（一八四六～五二）の要職に在った。その後、一八五五年から亡くなる一八六五年の一〇年間には、二度も首相を務めることになる。

先にも述べたように、一八四六年から四七年にかけての冬は、例年以上に寒さが厳しかっただけではない。小作料が払えない農民に対する地主の強制立ち退き要請も厳しく、激しくなった。明日が見通せない小作人に対して、イギリス政府がカナダやオーストラリアなど大英帝国領土への移民に本腰を入れ始めたのが、先述したように、一八四七年春のことであった。キャリックス号はパーマストンに「チャーターされていた」との表現も見受けられるが、それは定かではない。確かなことは、キャ

フランシス・クルクシャンクによる第3代パーマストン子爵の肖像画（1855年頃）には、老獪な政治家の面影が漂っている。政治評論家のウォルター・バジョットは、古典的名著『イギリス国制史』の第2版（1872年、初版は1867年）の序文に、1830年代から60年代にかけて権勢をふるったパーマストンのことをこう綴っている。「彼［パーマストン］はいくつかの点で常に若々しかったが、若い世代にはまるで共感を示さなかった。若い世代を引き立てることもなく、彼らの望むことすべてを妨害した。」

リックス号が、パーマストンがアイルランドの自領から追い出した貧者をカナダに送り込もうとした、極めて初期の政府援助移民船だったことである。

飢饉当時、パーマストンを含む第一次ラッセル内閣（一八四六〜五二）は、さまざまな対策を講じている。前政権がすでに可決していた穀物法廃止（輸入規制の撤廃）の施行に先立ち、穀物輸入税を一時停止して、アメリカからの安価な穀物の確保に動いた。スープキッチンを開設して、救貧法の拡大適用も試みた。だが、いずれも実施や終了のタイミングを逸してしまったことで、十分機能したとは言いがたい。たとえば、アメリカ産穀物の価格低下を確認せず、スープキッチンを早くも一八四七年一〇月初旬に終了させたことは、飢饉収束に対する政府の見通しの甘さを見せつけた。

キャリックス号沈没の記憶

一八四七年四月下旬、スライゴを出航したキャリックス号は順調に大西洋上を航行し、カナダの東の玄関口、ニューファンドランド島を右手に見ながらガスペ半島に近づき、セントローレンス湾に入ろうとしていたはずだ。船内の人びとに旅の終わりが見えつつあったその夜、ガスペ半島周辺は雪嵐に見舞われた。キャリックス号は、船を動かす装具（リッグ）が凍結して操舵不能となる。引き潮で岩礁に乗り上げた船は、潮が満ちると岩から離れ、浸水して沈没した。遭難の日付については、早いものでは四月二八日、あるいは五月一九日、さらに遅いものだと五月二三日と、諸説ある。日付の混乱は、同時期、ほかにも「棺桶船」で多くの遭難事故が起こっていたことが一因であろう。たとえば、キャリックス号沈没の少しのち、同じ嵐で、リヴァプール発のブリッグ船「ミラクル号」が、ノヴァスコシア沖合、現在は地球温暖化で消滅が危惧されるマグダレン諸島（マドレーヌ諸島ともいう）近くで遭難、沈没している。

四月二八日にせよ、五月一九日にせよ、一八四七年のガスペ半島近辺の海は、二〇二二年四月下旬の知床の海と同じくらい（あるいはそれ以上に）冷たく、飢えと疲労、病で衰弱した移民たちの身体にはかなり堪えたに違いない。

この半島の最先端、群生する野ばらにちなむカップ・デ・ロジエ（ばら岬）は、タラ漁で知られる漁村だ。一八四七年当時、地元の人たちは、行方不明者を捜索し、死者を丁重に弔い、生存者のその後の生活再建にも力を貸したことだろう。

キャリックス号の乗船者数や犠牲者数には諸説あるが、生存者数が四八人という点では、いずれの記録も一致している。行方不明となった一四〇人ほどのうち、地元民も加わった捜索の結果、八七（八〇という説もある）の遺体が確認され、遭難場所に近いカップ・デ・ロジエの地に集団埋葬された、と伝えられる。だが、キャリックス号

カップ・デ・ロジエのキャリックス号追悼碑
(2018年８月17日撮影　Photo by William Fischer, Jr./HMdb.org)

1909年にグローセ島に建立されたアイルランド飢饉犠牲者追悼碑。カナダには、大飢饉期のアイルランド移民に関する悲しい記憶を伝える碑がいくつか存在する。1937年まで検疫所が設置されていたグローセ島の追悼碑はそのひとつである(Photo by Jules-Ernest Livernois)

遭難者の遺体を埋葬した浜辺近くの集団墓地には、埋葬当時、何の目印もなかったようである。

一九〇〇年、モントリオールのセント・パトリック教区の神父の募金活動により、カップ・デ・ロジエに追悼碑が設置された。アイルランドの守護神を冠したその教区名に、大飢饉を逃れたアイルランド移民との関係がうかがえる。キャリックス号遭難の話をその神父がどのようにして知ったかは定かではないが、一九世紀最後の年、一九〇〇年八月一〇日、ケベック州政府やケベック市長を含む関係者らで行われたキャリックス号追悼碑の除幕式典には、八〇〇人余りの人びとが参加したと記録される。赤いグラナイト（花崗岩）製の追悼碑のデザインにも、関心が集まった。二〇一一年に三体の骨が発見された海岸は、この追悼碑から四〇ヤード（約三六・五メートル）ほどしか離れていない。地元の伝承によれば、追悼碑の近くにキャリックス号犠牲者の集団墓地があったとされる。伝承は真実なのか。

二〇一六年、カップ・デ・ロジエの一八体

二一世紀に入り、ガスペ半島付近は、地球温暖化の影響を受けて海岸線を保ってきた氷が減少し、カップ・デ・ロジエ付近でも海岸線の浸食が問題化していた。二〇一六年、海岸線復元のためにカナダ公園局が行った予備調査中に、さらに一八体の遺骨が発見された。遺骨の年齢はさまざまで、成人九人、若者三人、子ども六人。骨の化学組成の分析結果は、二〇一一年の骨と同じく、ジャガイモを主食とする特徴を示しており、その多くに、やはり栄養失調の痕跡が認められた。成人の骨のうち、五人は女性と確認された。

二〇一九年秋、カナダ公園局は、骨の鑑定結果を地元の伝承や記録と照合して、二〇一一年の三体を含めた二一体の遺骨すべてが、一八四七年にカップ・デ・ロジエ沖で沈没したキャリックス号の犠牲者であり、発見現場近くに彼らを埋葬した集団墓地がある可能性が高いと、記者発表した。二〇一一年に発見された三人の子どもの骨は、折からの海岸線の浸食、そして激しい嵐によって、埋められていた場所から掻き出されるようにして海面に押し上げられ、浜辺に打ち上げられたのであろうとの推測も示された。

科学技術が歴史研究とタグを組めば、つなげなかった過去を今につなぐことができる。問題は、つながった過去から私たちが何を読みとるかである。

3　よみがえる「暗黒の四七年」の記憶

カップ・デ・ロジエの浜辺で発見された骨の鑑定結果を、固唾をのんで見守る人たちがいた。キャリックス号遭難事故の生存者の子孫たちである。

そのひとり、地元ガスペで暮らす七〇代のジョルジュ・カヴァナは、「二〇一一年に骨発見のニュースを聞いた瞬間、キャリックス号の事故を想い起こした」と地元メディアに語っている。一族の間で、父方の高祖父（祖父の祖父）パトリックとその妻サラが、一八四七年の事故の生存者と伝えられてきたからだ。とはいえ、言い伝えの常として、それ以上の詳細は不明であり、二人の出自が親族の間で真剣な話題にのぼることもなかったという。骨の発見に心動かされたカヴァナは、郷土史への強い関心も手伝って、キャリックス号遭難のその後を追いかけてみようと思い立つ。

そんな彼のもとに、二〇一二年早々、キャリックス号の出航地、アイルランドのスライゴにあるマラモア歴史協会（Mullaghmore Historical Society）が接触を求めてきた。同協会も骨の発見に触発されてだろう、九死に一生を得た四八人の生存者のその後、とりわけカナダやアメリカで生まれ育った第二、第三世代の調査に乗り出そうとしていた。

かくして、大西洋の東と西で、一六〇年余り前の骨の声を聴く作業が始まった。

記録から抜け落ちた人たち

すでに述べたように、一八四〇年代後半から五〇年代初頭にかけてアイルランドを襲ったジャガイモ飢饉は、その後のアイルランドの人口動態を大きく変えた。

飢饉収束後に県や州、市や町、村単位で設けられた委員会や任意団体では、大飢饉の被害や犠牲の実態を調査、記録しようとする試みがさまざまに行われたが、一〇〇万人をゆうに超える海外移民の実態把握は容易ではなかった。目的地にたどりついた人たちからは、故郷に残した親戚や友人に無事を知らせる便りが届いたかもしれないし、そこには、移民先のアイルランド人コミュニティで耳にした他の移民たちの噂が書かれていたかもしれない。便りの一部は、アイルランド各地の文書館、博物館にも保存されている。その一方で、便りを出したくても出せない人たちも大勢いたにちがいない。そのなかに、当時少なくなかった海難事故の犠牲者たちもいたと推測される。

事故は通常、出航地の地元紙をはじめ、アイルランドの新聞に掲載されており、移民した者の親族や友人、知人も、ある程度、事故の模様を知ることはできただろう。ただし、新聞等では、出航時や事故当時の記述が多く、生存者を深追いする情報は限られていたようだ。キャリックス号の場合、たとえば『ベルファスト・コマーシャル・クロニクル』（一八四七年七月三日）に次のようにある。

パーマストン卿がチャーターした船は、一八四七年四月上旬にスライゴを出航してケベックに向かったが、五月一九日の夜、激しい嵐のためロジェ岬［カップ・デ・ロジエ］から六〇マイルほど東で座礁し、二時間で大破した。哀れ移民たち二〇〇人のうち生存者は二二人ほど。乗組員は帆柱やボートにしがみつくなどして、少年一人を除いて全員が無事だった。

乗組員を非難する書きぶりが印象的だが、それもまた、餓死寸前の人びとを乗せて大西洋を横断した移民船、通称「棺桶船」にまつわるエピソードのひとつだろう。事故を起こした船会社、渡航費を負担して小作人をカナダに送り出した地主パーマストンやその代理人を相手に、スライゴの親族が保険金を請求するといった行動でも起こしていたならば、四八人の生存者の存在にもう少し注目が集まったかもしれない。だが、そのようなことが大飢饉からの脱出という大混乱のなかで起こり得ただろうか、はなはだ疑問である。

確かなことは、ごく最近まで、アイルランド側でキャリックス号の「事故後」の調査はなされなかったということである。それは、反英抵抗運動が続いた一九世紀後半以降、まずは自治か独立かに、二〇世紀後半は北アイルランド紛争に、いずれも激しく揺れ続けたアイルランド社会のなかで、大飢饉への関心が希薄化していったからかもしれない。

可視化される大飢饉の記憶

変化の兆しが見えはじめたのは、「暗黒の四七年」と言われた一八四七年から数えて一五〇年目の節目となる一九九七年前後のことであった。この節目前後に、大飢饉を再び記憶に留めようとする動きが、アイルランド国内外で顕著に認められた。

首都ダブリンの中心部を流れるリフィー川沿い、ダブリン税関に向かう埠頭近くの公道に、その名も「飢饉（Famine）」という群像（本章の扉参照）が除幕されたのは、一九九七年五月二九日のことであった。制作者は、現代彫刻で知られるローワン・ギレスピー。ロジャー・ケイスメント（ケイスメントについては第3章で紹介する）を処刑に導くことになる一九一六年のイースター蜂起時に発出された「アイルランド共和国宣言」の起草者たち一四人を象《かたど》った群像、（その名も）「宣言（Proclamation）」（二〇〇七年）でも知られるアイルランドのアーティストである。

「飢饉」を構成するのは、六人の男女と一匹の犬だ。生存のわずかな可能性を求めて、ダブリンの港に向かう「着の身着のまま」のその姿は、彫像が人間の等身大より少し大きめに作られたことで、いっそう強調されている。その足どりには、「よろよろ」「ふらふら」といった表現しか思い浮かばない。「実際にはもっと女性と子どもたちの姿が多かった」という批判を受けつつも、二一世紀の今、この群像こそがアイルランド大飢饉の「記憶のかたち」である。

ダブリンだけではない。同時期、ロスコモン県ストロークスタウン公園内には国立アイルランド飢饉博物館が整備され、一八四七年のカナダへの移民を含めて、当時のオリジナル史料が数多く保存、展示されている。大飢饉当時、ストロークスタウンを所有していた地主、デニス・マホン少佐も、パーマストン同様、一八四七年四月、渡航費を補助して所領の小作人一四九〇人ほどを四隻の船でカナダに移民させている。小作人たちは、ストロークスタウンから直線距離にして一四五キロ離れたダブリンまで歩き、そこから、リヴァプール経由でカナダ、ケベックへと向かった。だが、その四分の一が、腸チフスなどの感染症により船内で死亡した。この情報がマホン少佐と小作人との関係をいっそう険悪なものにしたのだろう。一八四七年一一月二日夜、マホン少佐は帰宅途中、何者かに射殺さ

ゴールウェイの飢饉船記念碑。21世紀に入って移民調査が進み、ゴールウェイのこの港からもアメリカやカナダをめざして多くの人たちが故郷をあとにしたことがわかってきた。追悼碑には50隻余りの移民船の名前が刻まれている（Wikimedia Commonsより／Photo by P L Chadwick）

れた。この話は、「無慈悲な地主」を象徴する出来事として地元で語り継がれる一方で、マホン少佐暗殺の詳細も、彼がケベックに送った一四九〇人ほどの小作人の消息も、今なお明らかではない。

ドロヘダ、コーク、ゴールウェイ、リムリックといったアイルランドの主要都市（二頁のアイルランドの地図参照）でも、一九九〇年代半ば以降、大飢饉記念碑が新たに設置され、大飢饉で亡くなった人たちの墓が整備された。スライゴにも、一九九七年、地元の大飢饉記念委員会が、アイルランド彫刻家協会の協力を得て、三つの記念碑を設置している[1]。

大飢饉の記憶をよみがえらせる記念碑の設置は、アイルランド国内に留まらない。一九九七年前後には、大飢饉時にアイルランド人移民が押し寄せたアメリカのニューヨークやボストン、シカゴ、オーストラリアのシドニーやブリスベン、カナダのケベックやトロントなどでも、アイルランド大飢饉の可視化が進められた。

グローバルに広がった大飢饉関連の記念碑や彫像を全体として俯瞰する調査を行ったエミリ・マーク＝フィッツジェラルド（当時ユニバーシティ・カレッジ・ダブリン講師）の『アイルランド飢饉を追悼する』（二〇一三年）によれば、一九九〇年代半ば以前には片手で数えられるほどしかなかった飢饉関連の記念碑の数は、一九九七年を契機に激増し続け、二〇一〇年代初めまでの二〇年足らずのうちに一〇〇を超えたという。一五〇年以上も前の飢饉の記憶を急速によみがえらせた二〇世紀末から二一世紀の状況は、いったい何を物語るのだろうか。大飢饉の記憶がグローバルなつながりを求めているように思えるのだが、この点はもう少し慎重に考えねばならないだろう。

ブレア首相の事情

ヒントのひとつは、飢饉犠牲者を強烈なイメージで可視化したギレスピー作「飢饉」が除幕されたわずか三日後の一九九七年六月一日、前月の総選挙で地滑り的勝利を収めたブレア首相のメッセージにある。「暗黒の四七年」から一五〇周年という節目に寄せて、ブレア首相は、当時世界で最も豊かな経済力を誇ったイギリスで一〇〇万人の人たちが亡くなった大飢饉は、今なおイギリスとアイルランドの関係に深い傷となっていると指摘し、「当時のロンドン政府は国民を見捨てた」と述べて、イギリス政府の非を認めた。

あと知恵的ではあるが、ブレア首相のこの「謝罪」メッセージは、北アイルランド紛争を終わらせる和平合意、すなわち、一九九八年四月一〇日に結ばれたベルファスト合意への地ならしとも言われている。実際、この年のノーベル平和賞は、ベルファスト合意に尽力した北アイルランドの二人の政治家――プロテスタント系最大政党であるアルスター統一党党首のデイヴィッド・トリンブルと、カトリック系穏健派の社会民主労働党党首ジョン・ヒュームに授与された。イギリス首相がいささか唐突と思われるタイミングで発した一五〇年目の「謝罪」は、けっして偶然ではないだろう。

「二〇世紀のテロ」といわれる北アイルランド紛争の背景を含めて、イギリスとアイルランドの関係に重くのしかかる歴史的出来事はたくさんある。そのなかから、一五〇年という大飢饉の記憶の節目を「謝罪」対象に選んだのは、一九九七年というブレア首相の「現在の事情」によるものに他ならない。だが、それも、終わりよければすべてよし、というわけにはいかないようだ。

二〇二一年七月、法律に基づく文書公開で、衝撃的な事実が明らかになった。先の「謝罪」メッセージは、首相の私設秘書であったジョン・ホームズ氏が書いたものであり、ブレア首相本人の事前承認を受けていなかった、というのである。『ガーディアン』紙の取材に応じたホームズ氏によれば、当時、彼は、電話でメッセージ文を伝えて承認を得ようとしたが、首相がつかまらなかったため、一五〇周年追悼記念式典に間に合わせようと、独断でダブリンのイギリス大使館にメッセージを送ったという。その後、この秘書がブレア首相に宛てたメールには、こんな一文が付記されていた。行間には政治的思惑が滲んでいる。

メッセージはアイルランドの人たちにも受けがよく、北アイルランドでもまともに反対する人などいないと思います。

4　キャリックス号の生存者たち

パーマストンの小作人たち――カナダの町セント・ジョンの場合

かくのごとく、一九九〇年代後半から二〇一〇年代にかけての二〇年ほどの間に、アイルランド大飢饉に対する関心は、大西洋の東と西で急速によみがえりつつあった。そのなかで、出航地と到着地の記録と記憶が相互に照応される機会も増え、アイルランドを脱出した人びとの「その後」に光が当たり始める。二〇一一年、カップ・デ・ロジエの浜辺で発見された骨、その後まもなく着手されたスライゴのマラモア歴史協会の再調査は、こうしたグローバルな動きの延長線上で考える必要があろう。

ちなみに、この歴史協会の名称にある「マラモア」は、スライゴ県北部の半島や半島東岸の小さな港町にその名を留める地名である。マラモアを含み、広くスライゴ一帯に所領を持っていたのが、すでに紹介した第三代パーマストン子爵、ヘンリー・ジョン・テンプルであった。パーマストンの名は、マラモアの港湾整備をはじめ、地域経済への貢献として語られることが圧倒的に多く、大飢饉時に彼が所領の小作人をカナダに追いやった事実は、これまでほとんど知られていなかったと思われる。

大西洋の両岸で大飢饉の記憶が噴出した二〇世紀末から二一世紀にかけて、不在地主パーマストンへの不満や怒りの存在を明らかにしたのは、移民先であるカナダ側の史料であった。たとえば、移民シーズンの終わりとともに検疫所が閉鎖された直後の一八四七年一一月二日、ニューブランズウィックの町セント・ジョンに、四二八人ものパーマストン所領の小作人を乗せた移民船、イオロス号が到着した。冬を迎える季節になって、こんなにも多くの極貧者を追い出すとは……。驚愕し、憤った町の評議会は、すぐさま、パーマストンと彼の代理人を糾弾する決議を通過させ、次のような辛辣な抗議文を送った。

これほど多くの苦しむ小作人をニューブランズウィックの冬の厳しさと窮乏にさらし、人並みの支援も与えず、身体もぼろぼろ、裸同然の状態で、人道も節度もわきまえずに送り込むとは、極めて遺憾なことである。(2)

セント・ジョンの評議会では、そのまま彼らをパーマストンのもとに送り返そうということになったが、イオロス号の船長が二五〇ポンドを支払ったため、移民たちはこの町の救貧院にひと月ほど置いてもらえることになった。それでもなかには、救貧院に入れず、セント・ジョンで物乞いをする者もいたと伝えられている。

キャリックス号乗船名簿の発見

二一世紀初頭の調査では、一八四七年秋までに、パーマストンの所領からは二〇〇〇人を超える小作人が、キャリックス号やイオロス号を含む計九隻の移民船でカナダに送られたことが判明している。小作料も納められない貧民を高額の救貧税を支払って所領内で養うよりも、渡航費を負担してでもカナダへ送る方が得策であるというのが、ダブリンの土地管理会社「ステュアート・アンド・キンケイド」の助言であった。これを受けて、パーマストンは、なかば棄民的な補助移民を極めて早期に（おそらくは一八四六年一二月末までに）決断した。それは、パーマストンにとって探られたくない過去でもあった。実際、パーマストン文書（サウサンプトン大学所蔵）にはアイルランド大飢饉時と関わる通信文や書簡は存在しない、とされてきた。カナダでの骨の発見は、そこにも見直しを促すことになった。

一八四七年四月上旬にスライゴ港を出航したパーマストンの小作人の消息調査に乗り出したマラモア歴史協会は、二〇一二年、大発見に沸く。「そんなものは存在しない」とされてきたキャリックス号の乗船名簿が発見されたのである。この発見によって、調査の重心は、生存者のその後、わけても第二世代（カナダ到着後に生まれた子どもたち）に移った。できるだけ多くの子孫の存在と所在を明らかにし、彼らを翌二〇一三年に予定されている「ギャザリング」に招待すること――これがこの歴史協会の新たな目標となった。「ギャザリング」とは、アイルランド政府観光庁などの支援で企画され、世界中に散らばるディアスポラのアイルランド人、並びにアイルランドに所縁のある人たちを再会、交流させせようとするイベントである。

マラモア歴史協会から連絡を受けてキャリックス号の調査に応じたひとり、ジョルジュ・カヴァナにとっても、二〇一三年のイベントはひとつの希望となったことだろう。

ゲール語の英語化のなかで

ところが、である。発見された乗船名簿に、ジョルジュのファミリーネームである「カヴァナ（Kavanagh）」は見当たらなかった。だが、英語のスペルはひと通りではない。一九世紀半ば、イングランド系、スコットランド系の不在地主の所領で暮らしたアイルランドの小作人の教育歴や識字率、彼らが日常生活で英語ではなくゲール語を用いていたことを加味すれば、スペルの可能性は多様に存在した。

もうひとつ、一九世紀半ばのアイルランド関連文書について留意すべきことがある。一八〇〇年制定の合同法により、一八〇一年に連合王国に組み込まれて以降、アイルランドの地名やファミリーネームの表記について、「英語化」が進められていたことである。アイルランド人を管轄、記録する人たち、たとえば地主や地主の代理人らによって、ゲール語のスペルが故意に、あるいは無意識のうちに、「英語表記」に変換された可能性は少なくない。

さらに言えば、スライゴのあるコノート地方で話されるゲール語は、普通名詞もファミリーネームも、最初のシラブルにアクセントが置かれ、末尾が曖昧になる。KがCに表記転化したり、KがGに発音転化したり、といったことも考えられる。表記の多様化を生む要素はいくつもあるのだ。パーマストンの所領の小作人の場合にも、発見されたキャリックス号の乗船名簿が、船長や税関役人ら移民船関係者によって英語表記されていた可能性は極めて高い。

これに、カナダ側の事情、すなわち、ガスペ半島沖合での海難事故後に、生存者の名前を記録・記載した者のスペル表記のあり方、救出後の改姓、改姓後のスペル変化を合わせて考えれば、乗船名簿に「Kavanagh」と同じスペルがないことにさほど失望することもないだろう。

ここではたと、パソコンを打つ手が止まった。そうか、歴史家は「記録」こそすべてと考える傾向が強いが、「記録」に残るのは、記録した者の認識——この場合で言えば、記録者がアイルランド系のファミリーネームをどのように聞いたか——でしかない。それは、（ややニュアンスは異なるが）井野瀬が猪瀬、猪野瀬、井ノ瀬、伊野勢、亥の瀬などになるのに似ているかもしれない。私自身は他の表記に違和感を覚えるが、いずれも「いのせ」に相違ない。

では、カヴァナ家の場合はどうだったのか。

言語学者によれば、ケベックのガスペ半島で暮らすジョルジュのファミリーネーム、「カヴァナ（Kavanagh）」は、もともと「Ó Caomhánaigh」というアイルランド語から派生したものであり、そのスペルとしては以下が考えられるという[3]。

Geveney, Geaveny, Geany, Keaveny, Kaveney, Kevany, Geaney, Geany, Guiny, …

こうした記載表記の多様性を念頭に置いて乗船名簿を見直した結果、いきあたったのが「パトリック・カヴニー（Kaveney）家族八人」であった。出身地はスライゴ南部のクロス。パーマストンの所領だ。この八人が、キャリックス号に乗り込んだジョルジュ・カヴァナの祖先なのだろうか。

Kaveney から Kavanagh へ

マラモア歴史協会は、クロスの教区教会の記録を丹念に調査し、パトリック・カヴニーに関する情報を集めた。時を置かず、以下のことが判明した。パトリックの両親も同じクロスの小作人であったこと。一八三四年にクルーナー（Cloonagh）という隣村（やはりパーマストンの所領）出身のサフと結婚したこと。一八四六年秋には、パトリックとサラの間に、一〇代の長男マーティンを筆頭に、二歳から一〇歳までの五人の娘――メアリ、マーガレット、ブリジット゠エリザベス、キャサリン、サラ――がいたこと。合わせると「パトリック・カヴニー　家族八人」という表記とぴったり一致する。当時の移民乗船名簿には家長の名前しか記載されなかったため、女性、および一四歳未満の子どもはファミリーネームでしか特定できない。教区教会の記録がなければ、五人の娘たちの名前を思い出す者はもはや誰もいなかったかもしれない。

教区教会の記録からは、妻サラの旧姓がマクドノー(Mc Donough)、ゲール語綴りでは「Mac Donnchadha」であることも確認された。このファミリーネームを最初のシラブルにアクセントを置いて発音してみれば、先述したような多様なスペルが浮かんでくる。ちなみに、ジョルジュ・カヴァナの一族の間では、サラの旧姓は「マクドナルド(Mac Donnald)」と伝わっていた。「nn」というスペルに、ゲール語の痕跡が認められる。ちなみに、「Mac」は「出身」という意味であり、他にも、Donogh, Donaghy, Dunphy、あるいはスコットランドでよく見かけるDuncanなどと、Macに続くスペルは多種多様だ。

マラモア歴史協会は、歴史研究者の助けを借りて、パーマストンと彼の所領を管理するステュアート・アンド・キンケイド社との手紙のやりとりも入念にチェックした。そのなかで確認されたのは、一八四六年八月、救済を緊急に必要とする餓死寸前の小作人リストに「Patt Kaveney」の名前があったことだ。Pattはパトリックの略称だろう。しかも、一八四七年四月以降、彼らの記録はクロス村から消えている。

確認された記録からは、一八四六年秋から翌四七年春までの間に、パトリック・カヴニーの一家は相当な経済苦境に立たされ、パーマストン（の代理人）の強制退去命令に従って、渡航費補助の付いたケベックへの移民に一縷の望みを託したのではないか、と想像される。

一八四七年春、パトリック、サラ夫妻と六人の子どもたち、総勢八人のカヴニー一家は、徒歩でクロス村を北上してスライゴの港をめざし、そこで、パーマストンの所領の小作人用に準備された初の移民船、運命のキャリックス号に乗船した。船内の家族の様子は想像するしかない。大西洋を順調に旅した船は、セントローレンス湾からセントローレンス川へと向かったが、ガスペ半島、カップ・デ・ロジエの沖合で激しい雪嵐に遭い、舵をとられて座礁、沈没した。一〇〇人をゆうに超えた犠牲者のなかに、パトリックとサラの五人の娘たちも含まれていたのだろう。長男マーティンとともに生き残ったカヴニー夫妻は、地元の人たちに支えられて新たな生活を始めたと思われる。

調査では、生存者リストの作成時点で、彼らのファミリーネームがすでに、Kaveney ではなく Kavanagh と記載されていたことも確認された。これもまた、コノート訛りのアイルランド語の発音を聞き取ったカナダ側の記録者によるものだろう。もっともこのとき、パトリックもサラも、この表記の誤りを正した形跡はない。アイルランドにいた時と同じく、ゲール語で会話していた（であろう）彼らには、英語表記がどうあろうと、さほど意味のあることではなかったのかもしれない。

こうして、スライゴの Kaveney はケベックの Kavanagh となった。

カヴァナ家のその後

遭難現場近くのジャージー・コーヴに居を定めた夫妻には、事故で生き残った長男マーティンに加えて、三人の息子と一人の娘が生まれた。パトリック（一八四八年）、ドミニック（一八五〇年）、ジェイムズ（一八五二年）、マルゲリート（一八五四年）である。マルゲリート誕生の翌一八五五年、夫パトリックは不慮の事故で亡くなったが、妻のサラはその後もガスペ半島で暮らし、一八八九年一〇月、八五歳で亡くなった。サラの出身地クルーナー村の洗礼記録によれば、サラは一八〇四年生まれであり、海難事故当時は四三歳。つまりサラは、人生の半分をアイルランドで、半分をカナダで過ごしたことになる。だが、カナダに定住して四〇年余りの間、彼女がアイルランドの親族に自分の消息を知らせることは一度もなかった。それどころか、カナダで生まれた子どもたちに自分の前半生を語ることもほとんどなかったと思われる。着の身着のままで故郷を出て、木造の貨物船の船内に詰め込まれて一か月余りを過ごし、目的地ケベックを目前にして五人の娘を一度に失った母親のショックと悲しみは、想像するに余りある。

黙して語らぬサラの記憶を言葉にしたのは、キャリックス号の海難事故から一七〇年目となる二〇一七年、サラから五世代のちの子孫のひとり、ローズ・マリー・キルブライド・スタンリーであった。船の出航地、アイルランドのスライゴで行われた追悼会で、ローズ・マリーはサラを主人公に、スライゴ出航から船の遭難、生き残ったサラのその後の四〇年間を想像して描いた独り芝居を初披露した。題して「移民――ケアッシュ洞窟からフォリヨン岬までの織糸」。ケアッシュ洞窟とは、サラの故郷の村一帯に広がる石灰岩の洞窟のことである。カヴニー、カヴァナという姓にルーツを持つ家族たち

は、ローズ・マリーの芝居を見ながら何を想っただろうか。(4)

サラ自身の言葉は時のかなたに埋もれてしまったかもしれないが、確かなことがひとつだけある。それは、彼女があの海難事故を生きのびなければ、ジョルジュやローズ・マリーをはじめ、この世に存在しなかった命がたくさんあるということだ。自分の先祖がキャリックス号沈没の生存者であることをおぼろげながら伝え聞いてきたサラの子孫たちは、彼女の人生に想いをはせながら、「なかったかもしれない自分の命」を重ねていたのではなかっただろうか。

旅の終わりに——カヴァナ家がつなぐ者たち

浜辺に打ち上げられた骨から一八四七年のキャリックス号遭難に注目したのは、ジョルジュ・カヴァナやローズ・マリー・キルブライド・スタンリーだけではない。四八人の生存者の子孫たちは、みなそれぞれに、骨の発見に心ざわつかせたことだろう。あの海難事故から一七〇年余りの時間が流れたが、その間に、四八人の生存者がいなければ自分はこの世にいなかったかもしれないと思う人びとの数は、かなりの数に上ると思われる。

「祖母ローズ・オボイルの祖父コーネリアス・オボイル」が一八四七年の事故生存者だというニール・コネリーもそのひとりである。コーネリアス・オボイルは、弟のオーウェンとともにキャリックス号に乗っていた。父の死をきっかけに、二〇一一年の骨の発見と相まって、何よりも妻に背中を押されて、二〇一五年夏、ニールはカップ・デ・ロジエに家族旅行にでかけた。旅の準備中、ニールは、アイルランド大飢饉やその後の移民を研究する専門家らと連絡をとり、一八四七年の海難事故への理解を深めた。
最大の謎は、当時の乗船名簿に「オボイル」の名前がないことだった。カヴニー（Kaveney）、カヴァナ（Kavanagh）のように綴りの射程を広げても見つからない。歴史研究者からは、当時の記録には乗客数や遭難日時をはじめ、不明や不一致の事柄は数多く認められると言われたが、どこかニールには腑に落ちなかった。
旅に出たニールは、ガスペ博物館でフランス語の地元紙『ボイジャー（Le Voyager）』と遭遇。その投稿欄に、自分の先祖があの運命の船に乗っていた痕跡を発見した。それはなんと、あのカヴァナ家の子孫のひとり、アーサー・カヴァナなる人物の投書であり、そこにはこう書かれていた。

キャリックス号の乗船者を先祖に持っている私が知っている唯一の家族は、ニューヨークシティのジェイムズ・オボイル一家である。彼の祖父コーネリアス・オボイルとその弟は、いずれも遭難当時独身であり、なんとかケベック、そしてニューヨークにたどり着いた。私たちの文通はここ一〇年以上続いている。

（『ボイジャー』一九六〇年四月七日）

のちに、ここにあるジェイムズ・オボイルは、ニールが大好きだった祖母ローズの兄だと判明する。話を聞いたアイルランド史の専門家は、オボイル兄弟は「密航者」ではないかとニールに語った。そうだったのかもしれない。だが、ニールが旅の終わりに脳裏に思い浮かべたのは、まだ若いオボイル兄弟のこんなやりとり――兄のコーネリアスが「ここにいたら死ぬしかない」と言い、弟オーウェンがそれにうなずき、二人でケベック行きのキャリックス号に乗るという、リアルな二人の姿であった。「先祖に敬意を払うには、彼らの人生を知ることができなくても、まずは彼らを私たちと同じ人間として見ることだ」――ニール・コネリーは、高祖父を訪ねた旅の物語「灯台の影たち」(『ミッドウェイ・ジャーナル』二〇一五年一〇月一五日)をそう締めくくっている。(5)

5　エルトゥールル号の記憶

日本・トルコ合作映画『海難1890』

キャリックス号の沈没後、サラと夫パトリックを支えたのは、事故の生存者救出にあたった地元ガスペ半島の人びとであった。その様子は逐一記録されているわけではないが、生存者のみならず、生存者の命をつないだ地元の人たちのことを推し測る想像力を、私たちはいくらか持ち合わせている。何よりも、私たちが暮らすここ、島国日本は、過去も現在も海難事故にあふれているからだ。歴史好き、あるいは映画ファンの読者は、キャリックス号の出来事から日本で起きた有名な海難事故を想起したかもしれない。一八九〇年九月、和歌山県の南端、紀伊半島沖合で座礁、沈没したオスマン帝国の木造軍艦エルトゥールル号である。中学・高校の歴史教科書の多くに掲載されているこの海難事故は、二〇一五年、日本とトルコの修好条約締結一二五周年を記念して制作された(その名もズバリ)『海難1890』(田中光敏監督)で大きな注目を集めた。

日本・トルコ合作映画『海難1890』は二部構成で、第一部は一八九〇年のエルトゥールル号の事故を、第二部はこの事故が想い起こされた九五年後の出来事——イラン・イラク戦争中のイランの首都テヘランで起きた日本人救出の物語を扱っている。

後半の話はこうだ。一九八五年三月、イラクのサダム・フセイン大統領は、「四八時間後にイラン上空を飛行するすべての飛行機を無差別爆撃する」という予告声明を出した。各国が自国民を急ぎ退去させるなか、日本政府は、就航便がない、自衛隊機を出すには国会承認に時間を要するなどの事情で、なかなかイランに救援機を飛ばせない状況にあった。このとき、トルコ政府が日本人のために救援機の追加派遣を決断。空港のチェックイン・カウンターに詰めかけたトルコの人たちも日本人に飛行機の座席を譲り、自分たちは陸路でトルコに戻っていった。彼らの善意の根源にあったのがエルトゥールル号の記憶だと説明されている。歴史教科書でもこの二つの出来事はセットで紹介されており、そのこと自体、過去の出来事がどのように想起されるのかを考える題材として興味深い。

過去は記憶され、忘却されたのち、再び、何かの機会に意識の上に浮かびあがってくる。私たちが日々、個人として経験していることだ。それが「集団の記憶」となるとはどういうことか。そもそも、九五年の時を置いて想起され、日本人を救った「一八九〇年の記憶」とはどのようなものだったのか。

エルトゥールル号の遭難

一八八九年七月、オスマン帝国のスルタン、アブデュルハミト二世（在位一八七六〜一九〇九）の親善使節団を乗せた軍艦エルトゥールル号は、首都イスタンブルの港を出航した。横浜港への到着は翌一八九〇年六月。一年近くもかかったのは、ひとえに「船の老朽化」のせいである。そこには、クリミ

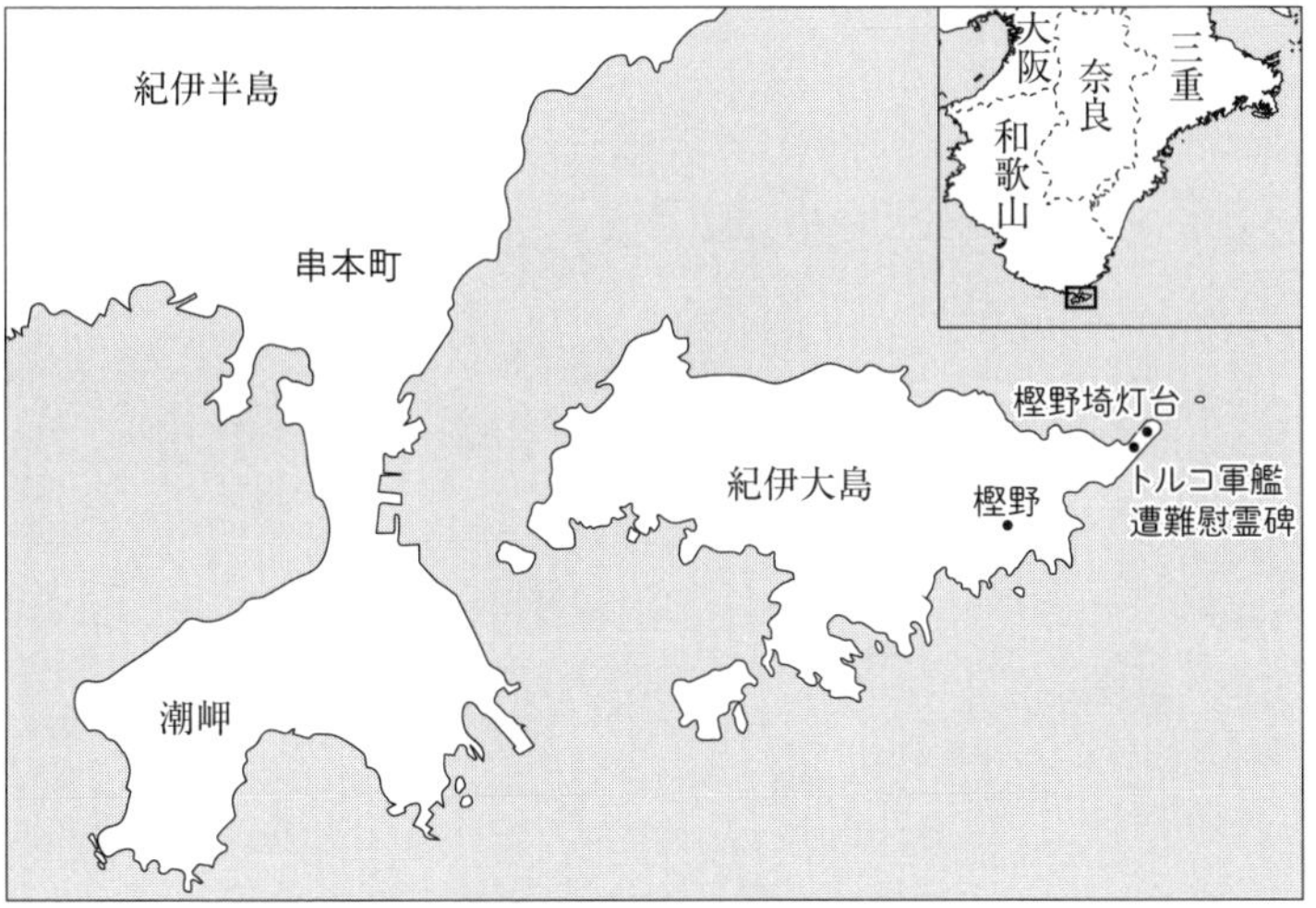

紀伊半島と紀伊大島

ア戦争（一八五三～五六）の戦費調達のための海外借款（一八七五年に支払い不能）、続く露土戦争（一八七七～七八）でのオスマン帝国海軍の敗北により、海軍再建が不可能になった帝国事情が関係していた。よって、一八八九年、皇室外交から生まれた日本への友好親善使節団の派遣は、遠征経験のないオスマン海軍にとって、遠洋航海の実地訓練を兼ねていた。映画『海難1890』では、横浜到着までの一一か月間を、階級の異なる二人の男――名家出身の海軍尉ムスタファと機関室責任者のベキル――の間に友情が芽生える時間としても描いている。歴史記録では確認できない、あったかもしれない過去、である。

一八九〇年六月、使節団一行は無事に明治天皇に謁見し、アブデュルハミト二世の親書や勲章、各種贈り物を奉納した。だが、艦内で発生したコレラ感染のため、帰還は大幅に遅れた。九月一五日、帰途についた船は、翌日夜、紀伊半島の大島

トルコ軍艦遭難慰霊碑（Wikimedia Commonsより）
この慰霊碑は、遭難現場の岩礁を見下ろす樫野崎の丘に、トルコ共和国の初代大統領ムスタファ・ケマル・アタチュルクからの委託で和歌山県が設計、施工し、1937（昭和12）年6月3日に除幕された。

村（現串本町）の東岸沖合で猛烈な台風に襲われ、岩礁に衝突。水蒸気爆発を起こして真っ二つに割れ、沈没した。映画では、島じゅうに蒸気爆発音が響き渡ったと表現されている。事故当日の深夜、村の若者が暴風雨のなか、身体に傷を負った大柄な外国人と出くわしたという話は実話であり、この若者以外にも、エルトゥールル号の遭難、沈没の夜に事故を知った島民は何人もいたという。彼らから事故の第一報を受けた樫野地区の区長、斎藤半之右衛門は、紀伊大島村長の沖周《おきあまね》に知らせるとともに、現場対応に当たった。

夜明けとともに、大島村樫野地区の人びとは、四〇メートルほどの断崖の下、岩礁近くに数えきれない数の死体と船の残骸を目にして驚愕する。以後連日、夜を徹して島民総出で救助活動が行われた。樫野地区の沿岸一帯は高い崖で、島民は負傷した生存者を崖の上に運び上げて手当てし、なけなしの食糧を分け与えるなど、手厚く看病した。島民が崖の上まで運び上げた遺体の数も二二〇人に及んだ。死者たちを丁重に埋葬し、遺族に渡すために漂流する遺品をできるだけ集め、丁寧に洗浄する場面は、映画のみどころのひとつともなっている。救助の陣頭指揮をとった沖村長や斎藤区長、（内野聖陽演じる田村医師のような）島の数名の医者たち、そして島民の献身的な救出劇の詳細は、映画『海難1890』とともに、山田邦紀・坂本俊夫『東の太陽、西の新月――日本・トルコ友好秘話「エルトゥールル号」事件』（現代書館、二〇〇七年）をお読みいただきたい。

結局、エルトゥールル号の生存者はわずか六九人。正確な死者数は不明だが、その数は五八〇人を超えた。

もうひとつの海難事故――ノルマントン号事件

エルトゥールル号の海難事故を調べるなかで、興味深い事実に気づいた。二〇〇三（平成一五）年、内閣府中央防災会議は、過去の被災経験に学び、防災意識を高めて将来の災害に備えるべく、「災害教訓の継承に関する専門調査会」を立ち上げた。調査すべき歴史的災害は一〇〇件ほどで、「一年に一〇件ずつ、合計一〇年かけて調査を進める」ことになった（『広報ぼうさい』二五号）。そのなかにエルトゥールル号事件もあった。恥ずかしながら、私は、政府によるこの防災取組をまったく知らなかった。「こういうことはもっと大々的に宣伝してほしい」と心の中でつぶやきながら、『広報ぼうさい』三四号（二〇〇六年七月、一六―一七頁）の三沢伸生「過去の災害に学ぶ（第8回）明治23年（1890）エルトゥールル号事件」を読んだ。

そこには、先に記した出来事の概要、事故当時の現場対応とともに、上位機関（県庁、中央省庁）への伝達状況やメディア対応といった、このシリーズのテンプレート――言うなれば、専門委員会を設置した政府のねらいがコンパクトにまとめられている。日本の海難史上初の大規模事故であるエルトゥールル号については、「沖村長の迅速かつ的確な初期対応」とあり、事故当時の詳細を書き留めた村長の日記（一九七四年樫野崎に設立されたトルコ記念館所蔵）が高く評価されている。沖村長は、現場の指揮、和歌山県庁への報告とともに、日本語が通じない生存者と身ぶり手ぶりで会話するなかで事の重大さを推し測り、比較的元気な生存者二人とともに、外国領事館のある神戸にまで足を運んだ。沖村長からの知らせは、内務省や海軍省、宮内省など中央政府へも伝えられ、メディアの働きかけもあって、生存者を日本の軍艦で祖国に帰国させることも決まった。こうした日本の対応が九五年後、一九八五年の日本人救出劇につながったのであれば、その多くはまさしく、沖村長ら現場の「迅速かつ的確な初期対応」に負っている。

そこには理由があった。エルトゥールル号遭難の四年前、一八八六年一〇月下旬、横浜港を出航後、やはり紀伊半島南端、紀伊大島から潮岬にかけての沖合で、激しい暴風雨のために座礁、沈没したイギリスの貨物船、ノルマントン号の海難事故における救助の経験である。

座礁したノルマントン号からは、イギリス人やドイツ人ら二六人の乗組員が救命ボート四隻で脱出し、うち二隻は紀伊大島の沖合で、また別の二隻（ドレイク船長を含む）も串本沖で、いずれも漂流しているところを発見され、救出された。一方、この貨物船に乗っていた日本人乗客二五人（二三人という報告もある）は全員が船内に取り残されて溺死した。この顚末が各紙で伝えられると、日本人を見捨てて逃げた船長に非難が集中する。だが当時、外国人犯罪者を対象とする裁判権は各国領事館にあり、神戸のイギリス領事館で行われた海事審判では、船長ら乗組員全員が無実となった。この判決に、「日本人蔑視」を弾劾する世論は収まらない。兵庫県知事の名で船長らを殺人罪で告訴したが、横浜のイギリス領事館裁判所でも、船長のみが禁錮三か月の微罪判決を受けただけだった。領事裁判権の完全撤廃、不平等条約改正が声高に叫ばれ、それがノルマントン号の海難事故を文字通りの「事件」に変えた。この「事件性」ゆえに、紀伊大島の人びとが救命ボートの外国人を救助した活動自体は、後景化してしまった感がある。

しかしながら、紀伊大島沖合での沈没調査、日本人乗客の捜索に当たった現地関係者のなかに、事件直後に紀伊大島村の初代村長となる沖周がいたことは看過できない。沖村長個人の経験に加えて、ノルマントン号事件以降、海難事故発見後の対応の流れが確立していたことも、エルトゥールル号の救助に生かされたように思われる。

和歌山県教育委員会が作成した小中学校用の副読本では、二つの海難事故が並置されて、地元（ローカル）と世界（グローバル）との時間的、空間的なつながりが示されている。そこから、ローカルな目でグローバルな歴史を見直し、陸での出来事を海から捉え直す重要性が伝わってくる。

灯台が照らし出す命

エルトゥールル号の海難事故の第一報を伝えた人物のなかに、嵐の海から自力で樫野埼灯台近くの岩礁にたどりつき、四〇メートル余りの断崖をよじ登って灯台職員に助けを求めた生存者がいた。『樫野埼灯臺日誌』によれば、一八九〇年九月一六日午後一〇時一五分、負傷していたその男性は、当直の二人の灯台職員に身ぶり手ぶりで船の遭難と沈没を伝えたという。このとき、灯台職員には、この人物がオスマン帝国から来たことなどまったくわからなかっただろう。その後、さらに九人が立て続けに灯台に駆け込み、やがて沖村長のもとで村民一丸となって救出活動が開始される翌日午前ともなれば、灯台にやってきた新たな生存者の数は五三人を数えた（『大阪朝日新聞』一八九〇年九月二一日）。先の一〇人と合わせると、生存者六九人のうち六三人が灯台をめざして命をつないだことになる。

映画『海難1890』で象徴的に描かれている樫野埼灯台は、イギリスの技師リチャード・H・ブラントンによって設計された日本初の、よって日本最古の石造灯台として知られる。スコットランド出身のブラントンは二六歳で来日し、樫野崎を皮切りに、日本各地に二六基の灯台を建設した。四〇メートルの断崖の上に立つ樫野埼灯台に、これまた日本初の回転式閃光の灯りがともったのは、一八七〇（明治三）年六月のことだった。他に先駆けて樫野崎に灯台が建設されたこと自体、紀伊大島周辺がいかに船の航行にとって難所であり、海難事故が頻出していたかの傍証でもあろう。灯台の灯りこそ、海難事故生存者の命綱であるのだ。

では、一八四七年のカップ・デ・ロジエではどうだったのか。やはり真夜中、まだ冷たい五月のカナダ、セントローレンス湾に投げ出されたキャリックス号の乗客たちも、近くの岬をめざして手足をばたばたと動かしはじめたはずだ。だが、彼らには、岬のありかを示す灯台の光がなかった。キャリックス号の遭難事故を教訓に、カップ・デ・ロジエに灯台ができるのは事故の一〇年余りのち、一八五八年のことである。一九七三年にカナダの歴史的遺跡に指定されたこの灯台は、高さ三四メートル余りとカナダ最長を誇る。この灯台を含め、現在のガスペ半島には一四もの灯台が居並び、それらをめぐるツアーが人気を集めている。

6　オスマン帝国の善意――映画の中のアイルランド大飢饉

二〇世紀末から二一世紀にかけて、世界各地でアイルランド大飢饉を顕彰する記念碑が続々と建てられたことは本章第3節で述べた。言い換えれば、一九世紀半ばの大飢饉はずっと人びとの記憶にあったわけではない。人間はその人生においてさまざまな記憶を抱えるが、その多くは忘れられていく。すべてを記憶していては、人は生きていけないからだ。それでも、何らかのきっかけで、忘れられていた記憶が想起されることがある。アイルランド大飢饉の場合、犠牲・被害の大きさから「暗黒の四七年」と呼ばれた一八四七年から数えて一五〇周年という記憶の区切りがそのひとつであり、それを、当時のイギリスの首相トニー・ブレアがアイルランドとの新たな関係構築のために利用したことも前述した。

記念碑の設置だけではない。それまであまり取り上げられてこなかったアイルランド大飢饉を時代背景として前景化させた映画やドラマ、ドキュメンタリーも、同じ時期に数を増した。そのひとつ、『ブラック'47』（二〇一八年九月公開、邦題は『リベンジャー・スクワッド　宿命の荒野』）は大ヒットした。主人公フィーニーは、アフガニスタンやインドなど、当時の大英帝国をイギリス軍の一員として転戦した経験を持つアイルランド脱走兵。一八四七年、久しぶりに帰還した故郷アイルランドは大飢饉の最中にあり、立ち退きを強制した不在地主やイギリス当局によって、母も弟家族も死に追いやられたことを知る。イギリスに暗い復讐心を燃やすフィーニーに、軍の要請で彼を追う二人の人物の「事情」

が重なり、物語に単なる復讐劇にはない深みを与えている。

この映画が公開された二〇一八年、同じ大飢饉というテーマに挑むトルコ・アイルランド・イギリス三か国合作映画の制作開始が話題となった。トルコの映画監督オメル・サリカヤが脚本も手がけた『飢饉（Famine）』である。二〇一二年頃から温めてきたというサリカヤ監督が着想を得た話はこうである。

一八四七年、オスマン帝国のスルタン、アブデュルメジト一世（治世一八三九～六一）は、アイルランド大飢饉の救済にと、一万ポンドの寄付をイギリス大使館に申し出た。スルタンの侍医のひとり、アイルランド出身の医師の嘆願によるとされる。だが、イスタンブル駐在のイギリス大使が「ヴィクトリア女王でも寄付金は二〇〇〇ポンドでしかない」と「助言」したため、スルタンの寄付金は結局一〇〇〇ポンドに落ち着いた。現在トルコ政府が管理するオスマン文書館には、当時寄付金の運用を担当したイギリス救済協会が、スルタンの寛大さを讃えて送った感謝状が保存されている。大飢饉救済に世界各国から支援が舞い込むなかでも、オスマン帝国からの寄付金は図抜けて高額であり、「気前のいいスルタン」のニュースは、アイルランドの地元紙や全国紙『タイムズ』、自由党系新聞『デイリー・ニューズ』などでも報道された。

寄付金とともに、アブデュルメジト一世は、一八四七年四月、穀物を満載した三隻（五隻説もある）の船を秘かにアイルランドに向けて送り出す。映画の脚本執筆にあたり、サリカヤ監督が特に入念に調査したのは、これらの船についてであった。船はダブリン港入港を拒否されたため、その北、ドロヘダの港に五月に入港したらしい。正式な記録は残っていないものの、ドロヘダ港では、一八四七年から四年ほどの間に外国からの小麦輸入量が増えており、特に黒海経由のインド産トウモロコシが多かったと記されている。イスタンブルからの食糧支援と考えてもおかしくない。

サリカヤ監督の脚本は、この時に穀物を運んだオスマン帝国の水夫とアイルランドの少女との出会いと恋を中心に展開する。かつてオスマン帝国の水夫はギリシャ出身者が多かったが、オスマン帝国からギリシャが独立した一八三〇年以降、その数は大幅に減ったとされる。大飢饉の一八四七年、アイルランドに穀物を運んだ船に乗っていたのは、どの地方出身の青年だろうか。地中海に浮かぶサルデーニャ島か、はたまたエジプトか。彼らはドロヘダの埠頭で、故郷を捨てざるを得ないカヴニー一家のようなアイルランド人移民を数多く目撃したことだろう。そんな混乱の港で、あったかもしれない水夫と少女との出会いという発想自体、オスマン帝国スルタンの慈善行為がなければ、いや、その記憶がよび戻されなければあり得なかっただろう。コロナ禍の影響で完成が遅れているようだが、映画の公開を楽しみに待つことにしよう。

大飢饉の記憶が生々しい一八五三年、オスマン帝国は、「ギリシャ正教徒の保護」という大義名分で帝国領内に兵を送り込んだロシアに宣戦布告し、クリミア戦争が始まった。ロシアの黒海艦隊がオスマン艦隊を全滅させたのは、開戦からわずか一か月後、一八五三年一一月のことであった。同時期、『デイリー・ニューズ』には以下のような投書が掲載された。

「キリスト教徒ではないスルタンをなぜ支持しなければならないのか」という議論が　部でひどく誇張されている。だが、アイルランドで飢饉が起きたとき、彼がいかにキリスト教徒らしいふるまいをしたか、思い出してもらいたい。

ウォルバーハンプトンのジャック・ロビンソンより(6)

その二か月足らず後の一八五四年一月、イギリスはオスマン帝国支援の兵を黒海に派遣し、同年三月、クリミア戦争に正式に参戦した。それが七年前のアイルランド大飢饉に対するスルタンからの寛大な寄付とどう関わっているのか、現段階で判断できる史料は決して多くない。

だが、サリカヤ監督の映画制作発表の数年前、二〇一〇年三月にトルコを公式訪問したアイルランド第八代大統領メアリ・マッカリース（在任一九九七〜二〇一一）は、公式の演説の中で大飢饉時のスルタンによる寄付金や食糧支援に言及し、この出来事を若きスルタンに伝えたアイルランド出身のマッカーシー医師の名をあげながら、こう述べている。

何を送ったかの詳細がどうであれ、遠く離れた土地の人びとに対する寛大さと思いやりにあふれるこの行為は、今日、アイルランドとトルコの人びとの間に存在する友情と共感の力強い象徴となっています。(7)

私たちはみな、過去につながりながら、今を生きている。

【注】

（１）国内外にあるアイルランド大飢饉記念碑の写真は Irish Famine Memorials のサイト（https://irishfaminememorials.com/）で見ることができる。

（２）Sligo Heritage, 'Profile of an Irish Village : Palmerston and the Conquest, Colonisation and Evolution of Mullaghmore, Co. Sligo'（https://www.sligoheritage.com/archirishvillage.htm）

（３）ドキュメンタリ映画 *Lost Children of the Carricks*（二〇一九）の脚本・監督を務めたアイルランド音楽民族学の専門家 Gearóid Ó hAllmhuráin は 'Situating the Carricks Passengers in Irish-Speaking Sligo (Placenames and Family Names in Pre-Famine Ireland)', July 2019（https://lostchildrenofthecarricks.com/）で、このスペルについて詳しく語っている。

（４）County Sligo Heritage and Genealogy Centre, '"Emigrant"-the story of Famine emigration from Sligo'（https://sligoroots.com/news/emigrant-th/）

（５）Neil Connelly, 'Shadows on a Lighthouse', *Midway Journal*, Vol. 9, Issue 4, 15 Oct. 2015（https://midwayjournal.com/shadows-on-a-lighthouse/）

（６）この投稿を含め、詳細は Tom Verde, 'An Irish Tale of Hunger and the Sultan', *Aramco World: Arab and Islamic cultures and connections*, vol. 66, Jan./Feb. 2015 (https://archive.aramcoworld.com/issue/201501/an.irish.tale.of.hunger.and.the.sultan.htm)

（７）'Speech at a Reception for the Irish Community in Turkey', Istanbul, Turkey, Thursday, 23rd April 2015, Media Library, President of Ireland (https://www.president.ie/en/media-library/speeches/speech-at-a-reception-for-the-irish-community-in-turkey)

Chapter 3

レディ・トラベラーへの旅

メアリ・キングズリ、1897年
(Robert D. Pearce, *Mary Kingsley : Light at the Heart of Darkness*, Oxford : Kensal Press, 1990)

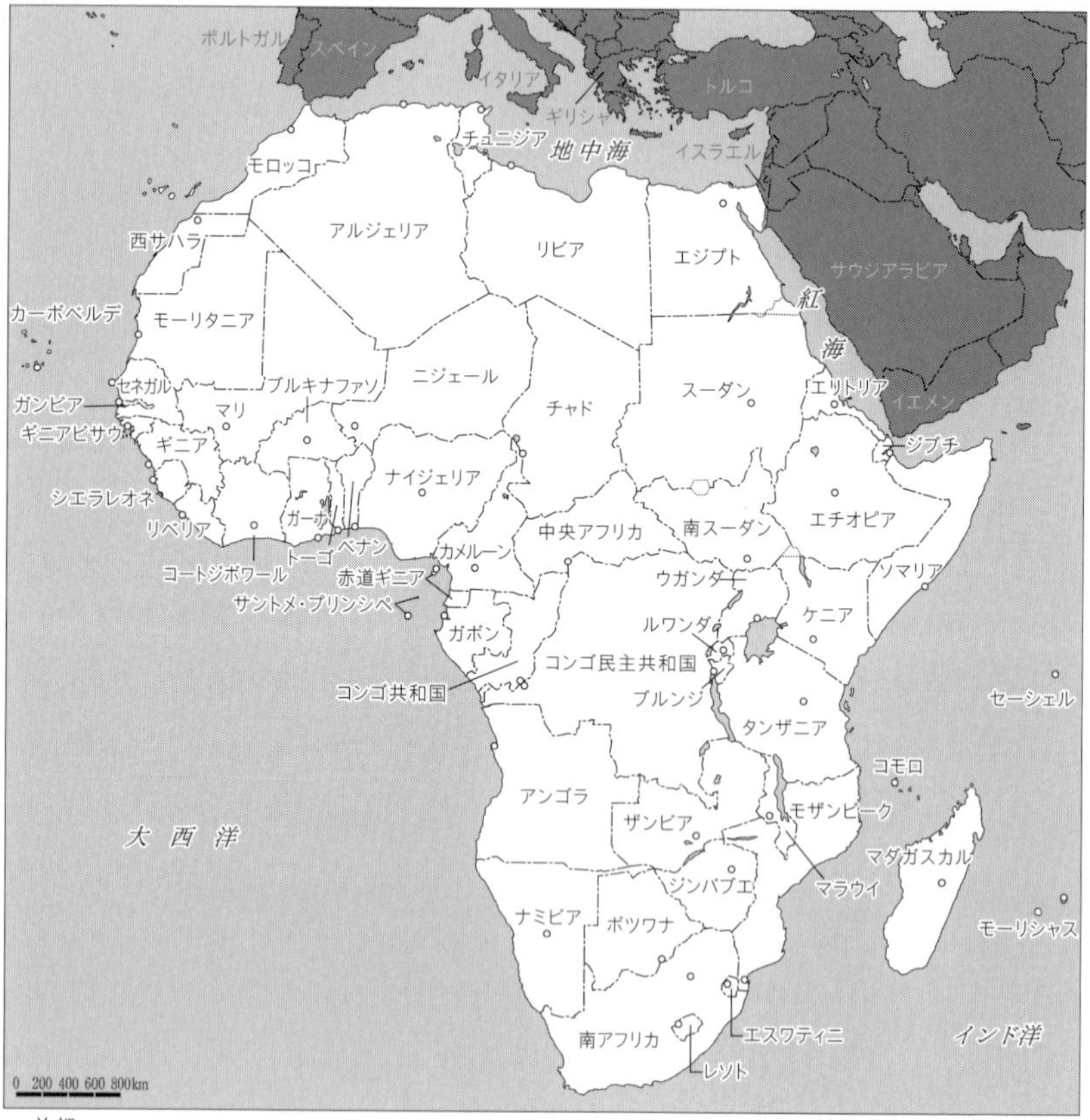

○ 首都
…… 領有権をめぐって争いが続いており国境線は未確定

アフリカ55カ国（松田素二編『アフリカを学ぶ人のために』世界思想社、2023年、巻頭）

1　レディ・トラベラー

毎年、年明け早々から、退職する大学教員の「最終講義のお知らせ」が届きはじめる。二〇二〇～二一年はコロナ禍によるオンライン配信が圧倒的に多く、現場に行けない諸先輩の最終講義をいくつか聞くことができた。最終講義のＹｏｕＴｕｂｅ配信も広がっており、なかには画像処理技術を駆使したドキュメンタリー・タッチのものまである。ポストコロナ時代の最終講義は、見せ方も残し方もさらに多様化し、研究関係者のみならず、広く市民に開かれ、楽しめるものへと変わっていくのだろうか。それとも、コロナ禍を経験したからこそ、現場のリアリティが大切になるのだろうか。

もうひとつ、大学教員の退職には退職記念論集の刊行というイベントがある。こちらはコロナ禍でも特に従来と変わらない。所属する専攻や学科の同僚、研究仲間、あるいは教え子らが企画し、退職者と縁の深い人たちが執筆することが多い。二〇二一年秋、某国立大学を定年退職する友人の関係者から、記念論集への執筆依頼があった。「えー？　もう定年なの？」とびっくりした次の瞬間、自分の年齢に改めて気づく。そして、人類学者の彼との四半世紀を超える長いつきあいに思いをはせた。

出会いは、一九九四年。駆け出しの研究者だった三〇代の私は、彼が主宰する国立民族学博物館の研究会に参加した。共同研究のテーマは「民族誌的現在の歴史的文脈」。民族誌（エスノグラフィー）とは、フィールドワークを通して現地の社会や人びとの生活・文化を記述したもの。それを歴史学との対話を通じて見直そうとする試みであった。

あのとき私は何をしていたんだっけ?
一気に時間が、「あの頃の私」に巻き戻る……。

レディ・トラベラーとは?

一九九〇年に『大英帝国はミュージック・ホールから』(朝日新聞社)、その二年後に『子どもたちの大英帝国——世紀末、フーリガン登場』(中公新書)と二冊の単著を出した私は、一九九四年当時、大英帝国という時空間への関心を深めつつ、次は女性たちの目でこの空間を見直したいという思いを強くしつつあった。政治史や経済史といった「伝統的な歴史学」で無視されてきた、名もなき人びとの名もなき出来事に光を当てて全体を見直そうとする「社会史」という大きな波のなかで育ったこと、女性たちの姿や声を引き出す研究成果が続いていたことが、私の背中を押した。だが、女性も一枚岩ではない。誰の目から大英帝国を見直せばいいだろうか?

私の目に留まったのは、「レディ・トラベラー」と呼ばれる一群の女性たちだった。それは、一九世紀後半から二〇世紀にかけて、さまざまな事情と自らの好奇心から、アジアやアフリカ、オセアニアなど、世界各地を旅した女性たちを総称する言葉である。観光会社がお膳立てしたツアーの客、いわゆる「ツーリスト」ではない彼女たちには、いくつかの共通点が指摘されている。

第一に、レディ・トラベラーはひとりで旅をする。だがそれは、白人の同行者がいない、という意味であり、ガイドや通訳、荷役などに現地の人たちの力を借りていることは言うまでもない。

第二に、レディ・トラベラーの旅には、文字通りの「トラベル」、つまり「苦労」が伴う(travelと

trouble は語源が同じ）。それでも、白人未踏の土地を旅することは少なく、たいていは男性の探検家、冒険家の後塵を拝した。男たちの探検が「未知の発見」、観光が「既知の発見」とすれば、レディ・トラベラーの旅はその中間に位置し、「あまり知られていないものの発見」だといえる。地名に名を残す男性探検家とは異なり、彼女たちの存在が、一時的に評判にはなってもすぐに忘れられていったのは、そのあたりに一因があるのだろう。

第三に、レディ・トラベラーの大半は、旅の資金を自分で調達できる中産階級以上の家庭の出身者であった。男性の探検が、現地の測量や国境画定と関わって、王立地理学協会（一八三〇年設立）などから豊かな資金援助を受けていたこととは対照的である。三〇代、四〇代の未婚女性が多いのは、一九世紀後半のイギリス社会で顕在化した男女人口比の不均衡——女性人口の過剰状況と関わっているのだろう。

彼女たちは中産階級特有のモラル、教養や知性、家族像や価値観のなかで育ち、手紙を書き、日記をつけることを日々実践していた。この延長線上にレディ・トラベラーの旅行記も位置する。実際、旅のなかでこまめに家族に綴った手紙が旅行記のベースとなることも少なくなかった。この日常性こそ、レディ・トラベラー第四の共通点でもある。

レディ・トラベラーはアフリカやアジア、太平洋上などに向かったが、それは彼女たちが元気潑剌、若さゆえの勢いにまかせたものではなかった。それどころか、彼女たちの多くが片頭痛、腰痛、関節炎などの持病を抱えていた。これを第五の共通点としてあげておこう。興味深いのは、彼女たちが「旅の間は持病が治まっていた」と異口同音に語っていることである。従来さほど気に留められなかったこの語りは、環境・気候と病気（あるいは病気の認識）との関連を探る研究が進展するなかで、現在新たな注目を集めている。(1) 一九九〇年代の私は、それを単純に「環境が変わったからだろう」とだけ捉えていたが、どうもそれだけではないようだ。

「変わり者」と大英帝国

上記五つの共通点からか、従来レディ・トラベラーには否定的なイメージがつきまとってきた。「従順な娘、貞淑な妻、慈悲深き母」という当時のジェンダー規範を考えると、彼女たちはこの理想像を大きく逸脱した「男のような女性」に映ったかもしれない。実際、家族や親しい友人を除けば、当時のイギリス社会は、レディ・トラベラーを「女性らしさ」とは真逆の存在と捉えていた。彼女たちは帰国後、再び片頭痛や腰痛に悩まされることになるのだが、それはイギリス社会のこの好奇のまなざしと無関係ではあるまい。

同時代にはもうひとつ、好奇かつ否定的な目で見られた女性グループがいる。女性参政権運動の担い手たち、とくに政府関係の建物への投石や政治家の自宅放火、ハンガーストライキなどの過激な行為で知られるサフラジェットたちだ。エメリン・パンクハースト（一八五八～一九二八）と彼女の二人の娘を中心に、「言葉より行動」をモットーとする彼女たちの活動ぶりは、映画『サフラジェット』（邦題『未来を花束にして』、二〇一五年公開）でも克明に描かれていた。だが、レディ・トラベラーの大半は女性参政権運動とは距離を置いていた。見方を変えれば、レディ・トラベラーは非常に保守的であり、政治改革への関心はむしろ希薄だった。アフリカやアジアの旅はいっとき、イギリス社会が求める「女性らしさ」や「家庭における女性の義務」から彼女たちを解き放ったかもしれないが、彼女たちはそれらを否定する「新しい女性」ではなかった。

では、旅は彼女たちの価値観、世界観にどう影響したのだろうか。そもそもなぜ彼女たちは、安全で心地いいイギリスのわが家を離れて、遠くの危険な地を旅したのだろうか。そんな問いが、伝記やノンフィクションの作家のみならず、歴史学の研究テーマとして真面目に議論されるようになったのが、一九八〇年代、九〇年代のことであった。それは大英帝国に対する関心の「復活」と関わっている。

きっかけのひとつはフォークランド紛争（一九八二）だった。アルゼンチン沖、南米大陸の最南端、ホーン岬から北東へ七〇〇キロ余りの大西洋上に浮かぶフォークランド諸島（アルゼンチン名マルビナス諸島）は、一八三三年以来、イギリスが実効支配してきた。一九八二年三月、アルゼンチン海兵隊が無断で島に上陸したのを皮切りに、四月には島の領有を主張してアルゼンチン軍が侵攻した。イギリスは空母二隻をベースに機動部隊を派遣し、最新鋭ミサイルを投入して島の奪還に成功。社会保障政策の失敗で人気低迷中だった当時の首相、マーガレット・サッチャーは、この出来事で支持率を回復した。連日テレビで報道される戦闘の模様は、イギリス人の愛国心をかき立てた。イギリス社会がそれまでほとんど意識することもなかったこの「羊と岩だらけの島」での勝利は、イギリス人が「帝国であった過去」に目覚めていく契機ともなっていく。

くわえて、ベルリンの壁の崩壊（一九八九）やソ連という国家の解体（一九九一）など、冷戦体制崩壊による国際的枠組みの大変革が、イギリスの歴史を一国史より広い文脈で捉えたいという欲求を呼び起こしたのかもしれない。ピューリッツァー賞を受賞したジャレド・ダイアモンドの『銃・病原菌・鉄』（一九九七年初版）を筆頭に、人類史をより長いスパンで捉える歴史書や「グローバル・ヒストリー」を銘打った書籍の刊行が増えるのも一九九〇年代であり、当時の世界的潮流がうかがい知れる。こうした大きな時代のうねりが、名もなき女性たちに光を当てた社会史の成果とも重なって、レディ・トラベラーを忘却のかなたから引き戻したといえる。

一九九〇年代、彼女たちの旅の再発見は急速に進められた。フェミニズムの出版社として知られるヴィラーゴ社は、一九九四年、数々のレディ・トラベラーの旅行記を抜粋した『女性トラベラーの本』を刊行した。探検や旅を専門とする古本屋で経験を積んだジェイン・ロビンソンがレディ・トラベラーのアンソロジーを手がけたのも、同じ一九九四年のことである。以後、彼女たちの旅行記の復刻も進められ、レディ・トラベラーの旅とその記述を捉え直そうとする研究が本格化していく。

一九九四年、国立民族学博物館の共同研究に誘われたとき、私は「帝国と女性」をめぐる大きな潮目の真っただなかにいた。

2　西アフリカを旅したメアリ・キングズリ

メアリ・キングズリとの出会い

『ヴィクトリア朝のレディ・トラベラー』（一九六五年、日本語訳は八坂書房、二〇〇二年）の著者ドロシー・ミドルトンは、極めて早期にレディ・トラベラーに注目したひとりである。彼女は、男たちによる多くの探検のスポンサーであった学術組織、王立地理学協会の季刊誌『ジオグラフィカル・ジャーナル』の副編集長を長らく務めた。その間ミドルトンは、「イザベラ・バードの手紙を見てほしい」というある出版社からの依頼を契機に、まずはバードに、そしてバードを含むレディ・トラベラーという存在そのものに関心を深めていったという。

一八七八（明治一一）年に初めて日本を訪れ、東北を旅して北海道へと渡り、アイヌの記録を残したイザベラ・バード（一八三一〜一九〇四）は、日本で最も有名なレディ・トラベラーだろう。民俗学者の宮本常一には、日本観光文化研究所の所長時代に、バードの『日本奥地紀行』（一八八〇年初版、日本語訳は平凡社、一九七三年）の講読講義録をもとに編んだ『イザベラ・バードの旅――『日本奥地紀行』を読む』（講談社学術文庫、二〇一四年）という著作がある。そのなかで宮本は、レディ・トラベラーの観察眼の鋭さ、彼女が見たものの意味を楽しげに分析している。もっとも、現代の読者には、佐々大河の漫画『ふしぎの国のバード』（KADOKAWA、二〇一五年〜）や、バードの通訳兼従者を務めた伊藤鶴吉（一八五八〜一九一三）を主人公にした中島京子の小説『イトウの恋』（講談社、二〇〇五年）の方が身近かもしれない。

だが、イギリスには、バード以上に有名なレディ・トラベラーがたくさんいる。なかでも際立つ存在がメアリ・キングズリ（一八六二〜一九〇〇）だ。彼女は、当時マラリアの罹患率、死亡率の高さゆえに「白人の墓場」と言われた西アフリカを、単身、二度にわたって旅し、その様子を描いた『西アフリカの旅』（一八九七年）で一気にブレイクした。彼女の旅については、拙著『女たちの大英帝国』（講談社現代新書、一九九八年）と『植民地経験のゆくえ』（人文書院、二〇〇四年）に詳しいが、彼女の旅行

メアリ・キングズリ、1898年ごろ
(Robert D. Pearce, *Mary Kingsley : Light at the Heart of Darkness*, Oxford : Kensal Press, 1990)

記（ダイジェスト版を含む）も彼女の伝記も、「レディ・トラベラー再発見」が始まるずっと以前から出版されている。「再発見」が進む一九八〇年代以降も多くの作家が彼女の伝記や評伝を執筆しており、子ども向けの読み物を含めて、その人気の高さが知れる。一九九〇年代にクローズアップされた大英帝国とジェンダー、旅とジェンダーの研究においても、彼女はひときわ存在感を放っていた。

　私自身、レディ・トラベラーに注目した瞬間から、メアリ・キングズリに引き寄せられた。旅行記を読む前に、伝記や評伝の表紙を飾る、あるいは口絵に掲げられたメアリの写真に、一目で魅了されたのである。

　写真は二種類ある。ひとつは、初めての著作『西アフリカの旅』を出した一八九七年にスタジオ撮影された黒いドレス姿の全身写真（本章の扉参照）。木々と階段が描かれた背景の前に立つ彼女は、全身黒づくめ。顎まで首をすっぽりと覆ったハイネックのスカーフ、つま先まで届くロングドレス、右の足元にわずかに見える靴も黒だ。手首近くで細く締まった袖は、肩から腕にかけてふわっと膨らんでいて、コルセットで締めたウェストラインをより細く見せる。アップにした頭には花飾りのついたボンネット、右手は黒い日傘の柄を軽く握り、左手には（おそらくは皮の）手袋を握りしめる。整った目鼻立ち、正面をしっかりと見つめる目ヂカラが印象的な一枚だ。スタジオ撮影の作為性を感じさせ

筆者が集めたメアリ・キングズリ関連書籍の一部。中央の背表紙が見えている本が『西アフリカの旅』初版本

ないのは、真っ直ぐにこちらを見すえる彼女が真顔だからだろう。

もう一枚は、西アフリカの旅から戻ると同時に脚光を浴び、『西アフリカの旅』の出版以降はメディアに追い回されることが増えた彼女が、一八九八年ごろ、報道用に撮った胸から上の写真である（前頁）。「八方美人であろうとする者の憂鬱な一枚」と自ら解説するこの写真も、先の一枚と同じ服装のようだ。心もち右を向いたその表情から伝わるのは、やはり意志の強さだ。口元をきゅっと結んだせいだろうか。

良質の分厚いロングスカートのおかげ

メアリ・キングズリは、写真によく似た黒いロングドレス姿で西アフリカのジャングルを旅し、現地人ガイドたちとオゴウェ川をカヌーで遡って新種の魚を採取し、西アフリカ最高峰のカメルーン山（標高四〇九五メートル）に白人女性として初めて登った。帰国後の彼女が講演のたびに強調したという場面を『西アフリカの旅』から紹介しよう。エフォナという村に向かっていたメアリは、現地民族ファンが仕掛けた、深さ約四・五メートル、底から杭が突き出た獣捕獲用の穴に落ちてしまった。無事だとわかったときの様子を彼女はこう描写している。

良質の分厚いロングスカートのありがたみがわかるのはこんなときです。イギリスで多くの方々からいただいた助言を気にして男性のような服装をしていたら、杭が骨まで貫通していたことでしょう。（中略）私はスカートのふくらみを身体の下に押し込み、一二インチ［三〇センチ余り］ほどの黒檀でできた九本の杭の上に比較的楽に座って、早く出してと快活に叫びました。

このとき彼女は、ガイド兼荷役として雇ったファンの男たちとともに、白人男性も旅したことのない、すなわち当時の地図には載っていない土地に足を踏み入れつつあった。現在赤道ギニア共和国の総人口の八割を超える（二〇二〇年）バントゥー系のファンには、当時、自分たちの土地への侵入者を殺して食べる「人喰い」の噂があった。沿岸部ではなく奥地、オゴウェ川より北のジャングルに暮らすファンは、現地部族の間でも特に粗野で危険だと恐れられていた。リチャード・バートンらの探検記を読んでいたメアリも、ファンを人喰い、カニバリズムの文脈で捉えてはいたが、彼らを怖いとは思わなかったという。むしろ彼女は、西アフリカ沿岸部での交易を通じて白人馴れした現地人を嫌っており、同行したファンの男たちとの間には友情すら感じたと記している。

さて、ロープ代わりの植物の蔓を使って穴から一気に引き上げられたメアリは、「ものすごく恥ずかしい」思いを抱えたまま、再び歩き始めた。ところがまもなく、先頭を歩いていたファンの男性（ひどく無口な彼に、メアリは「サイレンス」というあだ名をつけていた）が、突然、悲鳴とともに消えた。今度は彼が獣用のわなに落ちたのだ。「サイレンス」を引き上げたときの様子を、メアリはこう書いている。

> 彼の身体で手当てが必要な個所を、緑の冷たい葉っぱで包み込むようにしてあげました。彼はスカートをはいていなかったので、杭のとげですり傷だらけだったのです。

こうした書きぶりひとつひとつから、同じルートを旅した男性旅行家や冒険家とは異なる「彼女の旅」が伝わってくる。

ファンの人びと（Mary Kingsely, *Travels in West Africa : Congo Français, Corisco and Cameroon*, London : Macmillan, 1897）

西アフリカ、一八九五年

『西アフリカの旅』を読み進めながら、メアリの伝記を片っ端から集めた私は、挿入された彼女所縁《ゆかり》の写真に見入ったものだ。そんなある日、一枚の集合写真に目が釘付けになった。おそらくは、メアリ・キングズリが写っている唯一の集合写真ではないか。拙著『植民地経験のゆくえ』の冒頭は、この写真から始まっている。

撮影されたのは一八九五年一月、場所は西アフリカ、現在のナイジェリア南東部の港町、カラバル（オールド・カラバル）。それまでオイル・リヴァーズ保護領と呼ばれていたこの地域は、一八九三年以降、ニジェール沿岸保護領と改名された。カラバルはこの地域のイギリスの統括拠点であり、背後の建物は領事館だと思われる。

写っている人物は全部で八人。前列中央、カメラをしっかり見据えて座っている女性がメアリ・キングズリである。その左隣に座る男性は、ニジェール沿岸保護領総領事のクロード・マクドナルド（一八五二〜一九一五）。スコットランド出身の軍人で、ハイランド軽歩兵隊将校としてカイロ、ザンジバルに配属されたのち、この地に派遣されて初代総領事となった。『西アフリカの旅』によれば、メアリは一八九三年秋、最初の西アフリカの旅でカラバルに立ち寄った際にマクドナルド総領事と知り合い、彼の妻エセルのアフリカ行きの付き添いを頼まれたという。エセルは、メアリの右隣に座り、愛犬（だろう）に目をやり、手をのばしている。一八九四年一二月下旬、二人の女性を乗せた船はリヴァプールをたち、一八九五年一月半ばにカラバルに到着した。写真は二人の無事の到着を記念して撮影されたと思われる。

後ろに立つ五人の男たちは、いずれも当時、マクドナルド総領事のもとにいたイギリス人スタッフである。私が目を奪われたのは、向かって右端に立つ、他の四人より頭ひとつ抜きん出た長身の男性。

「ある西アフリカ・グループ」とのタイトルで、西アフリカの週刊紙*West Africa*に1901年6月1日付で公開された写真（Dea Birkett, *Mary Kingsley: Imperial Adventuress*, London: Macmillan, 1992）

鋭い眼光、一度見たら忘れない特徴的なあごひげ――ロジャー・ケイスメント（一八六四〜一九一六）である。アフリカや南米を転々としたイギリスの外交官。ベルギー王レオポルド二世が私的に所有するコンゴ自由国での現地人虐待の実態を調査し、報告書にまとめて全世界に伝えた人道主義者。その後、アイルランド独立運動に身を投じ、第一次世界大戦中の一九一六年四月に起きたイースター蜂起との関連性を問われて逮捕され、同年八月に処刑された。ケイスメントは一八九二年七月、改称前のこの地に赴任したが、メアリらの到着後まもなくアイルランドに帰国し、その後ポルトガル領東アフリカ（現在のモザンビーク）の要衝、ロレンソ・マルケス（現マプト）の領事に異動した。

　メアリ・キングズリとロジャー・ケイスメントが写り込んだこの集合写真は、大英帝国と関わる私の研究に新たな地平を拓くことになった、忘れられない一枚である。友人の退職記念論集への執筆依頼をきっかけによみがえった「あのころの私」は、荒井由実の歌のように、泣きながらこの写真をちぎることはしないけれど、やはり二人にまた会いたいと思う。そして、二人に会うための旅が私の歴史研究なのだと、以前より強く感じている。

3　交差する二人の人生――メアリとケイスメント

メアリ・キングズリとロジャー・ケイスメント。二人の人生は、一八九五年一月の西アフリカ、カラバルという場所と時間でしか重ならない。人の世は一期一会だ。

そんな一瞬をフリーズしたこの一枚を「奇跡」だと思うのは、私がその後の二人の人生を知っているからである。彼らが生きた一九世紀末から二〇世紀初頭にかけて、ヨーロッパ諸国は世界各地で植民地獲得競争をくりひろげ、自分たちの価値観を「良きもの」として現地の人びとに押しつけることに何の疑問も抱かなかった。そのなかで、この二人にはどこか、そんな自信たっぷりのヨーロッパに対する「ためらい」や「抗い」を感じる。なぜだろうか。それが私を、すれ違うしかなかった二つの人生を重ねてみたい衝動に駆りたてる。

あの奇跡の一枚に封じ込められた時空間とは何なのだろう。写真の人びとの人生を重ね合わせると、時代の見え方はどんなふうに変わるのだろうか。

すれ違いと出会いの狭間で

三〇歳までのメアリは、ロンドン、あるいはケンブリッジの自宅で、「従順な娘」というヴィクトリア時代の理想の女性像を生きてきた。父方のキングズリ家は、知の世界でその名を知られた名門一族。父ジョージは、貴族の侍医として、世界各地を自由奔放に旅して回り、異文化を愛でた。留守宅を預かるはずの母は心身を病んでおり、メアリは母の介護と弟チャールズの世話に明け暮れる。そんな生活は、一八九二年二月に父が、その六週間後に母が亡くなったことで、突然終わった。

同年八月、初めてのひとり旅で、アフリカ大陸の北西沿岸沖合に浮かぶスペイン領カナリア諸島を訪れたメアリは、ここを活動拠点とするヨーロッパの商人や宣教師、政府派遣の役人らの話から西アフリカへの関心を深め、そこへの旅を決意する。ほぼ一年後、一八九三年七月三一日付で遺言をしたためた彼女は、その二日後、リヴァプール港から第一回目の旅に出た。

西アフリカでは、当時イギリスの直轄植民地であったシエラレオネのフリータウンから、まずは一気にポルトガル領アンゴラのサン・パウロ・デ・ルアンダ（現ルアンダ）まで南下し、そこからベルギー領、フランス領のコンゴへと北上するルートをとった（ヨーロッパ諸国によるアフリカ分割図は一七六頁を参照）。一〇月には、著書『西アフリカの旅』の序文にも登場する商人、リチャード・デネットを訪ねている。リヴァプールの「ハットン＆クックソン」社の駐在責任者である彼は、西アフリカ居住歴一五年の西アフリカ通で、現地の自然や民族に関する豊かな知識はメアリを強烈に魅了した。と同時に、彼女は、現地文化を破壊することなく、現地の人びとと平和裏に交易関係を構築しているヨーロッパ商人への共感と尊敬の念を強めていく。これが、西アフリカにおけるヨーロッパの帝国主義を

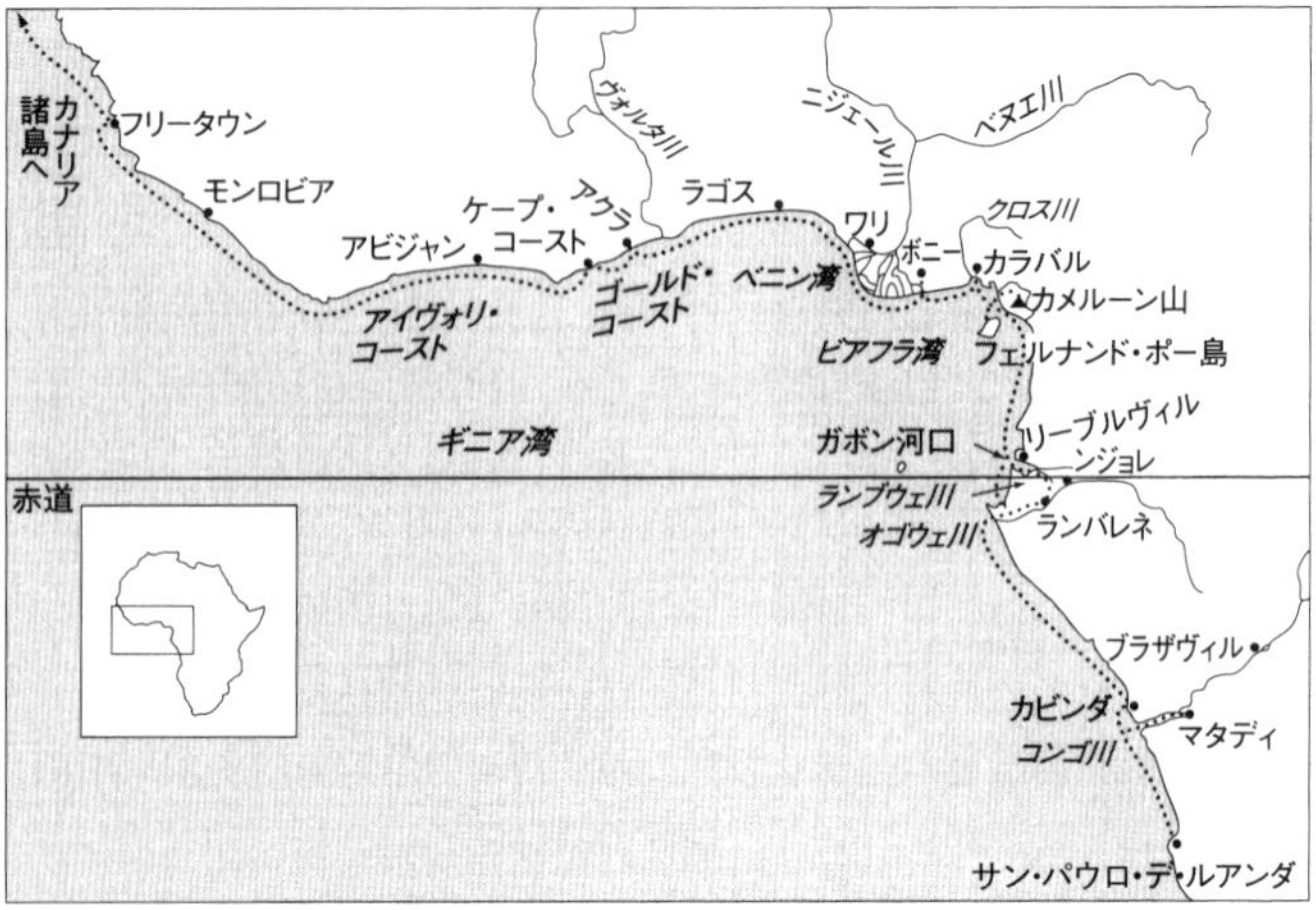

メアリ・キングズリは1893年８月から４か月余り、1894年末から11か月ほどと、二度にわたって西アフリカを破線のルートで旅をした（井野瀬久美惠『植民地経験のゆくえ』123頁）

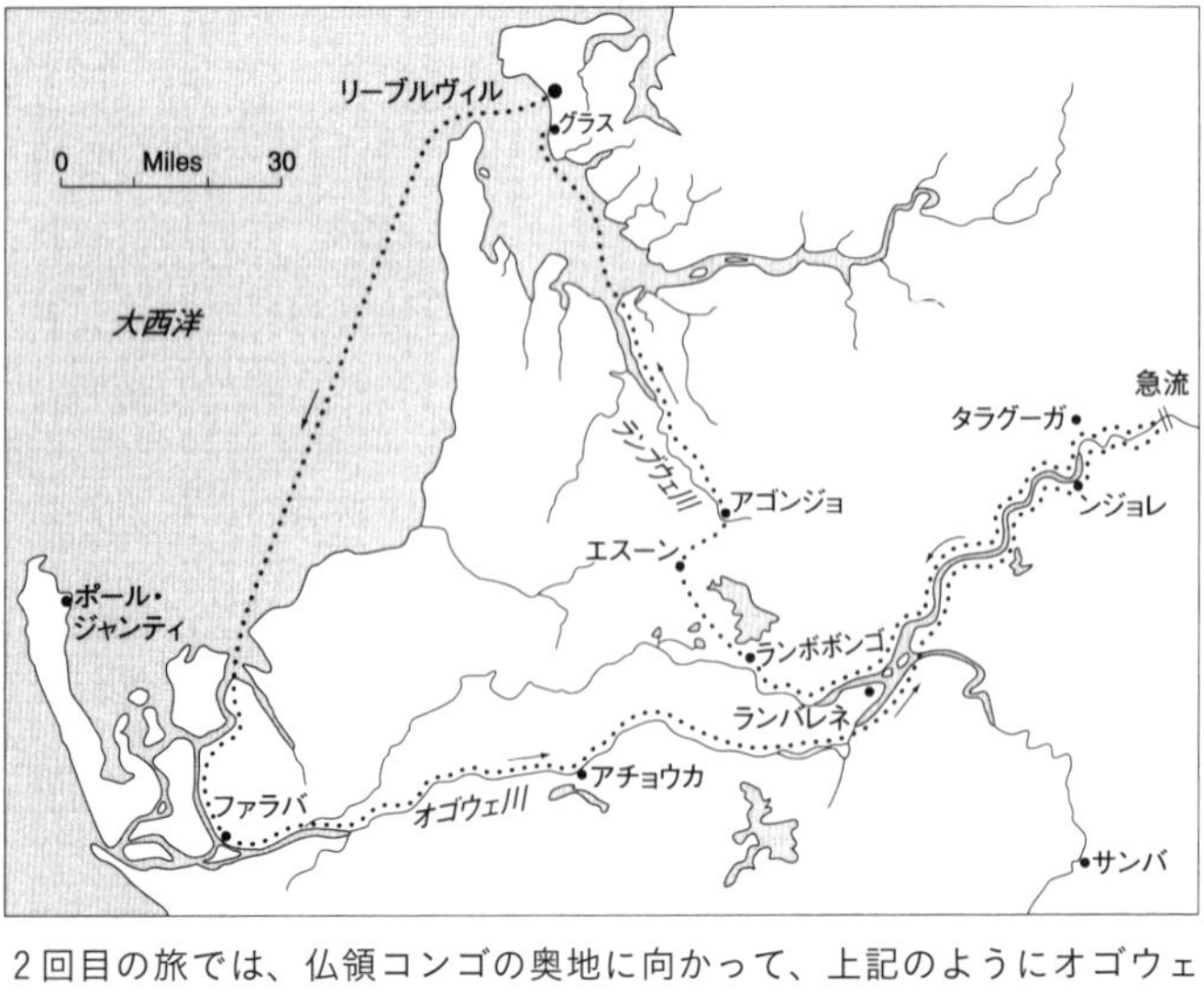

２回目の旅では、仏領コンゴの奥地に向かって、上記のようにオゴウェ川を遡った（オゴウェ川流域の拡大図。出典は同上、124頁）

考えるメアリ・キングズリの基本的スタンスでもあった。

　フランス領コンゴを北上し、イギリスのニジェール沿岸保護領の拠点カラバルに到着したのは、同一八九三年一一月末から一二月初旬のことだった。ここを預かるマクドナルド総領事から、妻エセルがカラバルに来る際の同行を依頼されたことで、メアリは二度目の旅への期待を膨らませている。

　一方、ケイスメントは当時、カラバルの領事館（一八九三年からは総領事館）を中心に、植民地の境界画定のための探検や地図作成などの任務に当たっていた。ダブリン生まれのケイスメントは、九歳で母を、一二歳で父を亡くし、北アイルランドの親戚の家で育った。母方の叔父のつてで、一五歳で西アフリカ航路を持つ商船会社「エルダー・デンプスター」に就職。一八八四年、二〇歳のとき、イギリス生まれのアメリカの探検家ヘンリー・M・スタンリー（一八四一～一九〇四）のコンゴ遠征隊への参加を志願して、初めてアフリカの地を踏んだ。その後アフリカでさまざまな経験を積み、その経験を買われて、一八九二年、マクドナルドのもとで初めて外務省職員に採用された。

　だが、メアリ・キングズリが西アフリカ沿岸部を北上する旅にあった一八九三年秋、ケイスメントは体調不良で休暇《リーヴ》をとり、カラバルにはいなかった。退院を知らせる従妹ガートルード宛ての手紙（一八九三年一一月六日付）によれば、ロンドンの病院で痔瘻《じろう》の手術を受けたと思われる。退院後ブリュッセ

ロジャー・ケイスメント（1910年ごろ）

ルの旧友のもとに身を寄せた彼は、一八九三年一二月六日、カラバル行きの船に乗った。カラバルからメアリを乗せてリヴァプールに向かう船とは、アフリカ沿岸か大西洋上のどこかですれ違っているはずだ。

二人の唯一の接点である一八九五年一月も、実にきわどいタイミングだった。一八九四年一二月二三日にリヴァプールを出航したメアリと総領事夫人エセルがカラバルに到着したとき、ケイスメントはすでにカラバルでの任を解かれ、帰国が決まっていた。あの写真は、メアリの到着とケイスメントの出発の間のごく短期間に撮影されたものなのである。アフリカ奥地への旅に出ようとするレディ・トラベラーと、その奥地をよく知る帰国直前の外務省役人は、どんな会話を交わしたのだろうか。当然ながら、その記録は残っていない。その後、各々の経験を通じて、イギリスの植民地支配のあり方を批判することになる「二人の未来」を知っている私としては、それがとてもはがゆい。記録に残されることはごくわずかでしかない。だからこそ、この写真は蠱惑《こわく》的なのだ。

あったかもしれない三度目の旅——シエラレオネの小屋税戦争

あの写真の撮影後まもなく、ニジェール沿岸保護領をあとにしたケイスメントは、コンゴ川河口の伝道所に旧知の宣教師T・H・ホーストを訪ね、彼とともにイギリスに戻り、その後、故郷アイルランドに向かった。一八九五年六月、ポルトガル領東アフリカの領事に任命する外務省からの異動通知を受け取ったのは、アイルランドの叔父の家に滞在中のことであった。

同じ頃、メアリ・キングズリはフランス領コンゴの河口でオゴウェ川を遡るボートに乗船している。

『西アフリカの旅』第七章は「オゴウェ川」と題され、一八九五年六月五日から始まる。この川を遡り、奥地をめざした旅のルート（九二頁参照）に白人未踏の地が含まれていたことで、一八九五年一一月下旬に帰国したメアリは、一躍時の人となった。

一八九七年一月に上梓された彼女の『西アフリカの旅』は、七〇〇頁余りというその分厚さにもかかわらず、幅広い読者を獲得することに成功する。その一方で、彼女は、西アフリカに支配を拡大しつつあったイギリス政府と現地人統治のあり方をめぐって対立し、時に激しい政治論争へと引きずり込まれた。一八九八年のシエラレオネの「小屋税戦争」はその好例である。

イギリスの直轄領フリータウンの後背地は、一八九六年八月に広く保護領化されていたが、一八九八年一月、新たな課税として「小屋税」の徴収が始まると、これに反対する現地人が全土で同時多発的に反乱に立ち上がった。メディアが「小屋税戦争」と呼んだこの出来事には、「自分が生活する住居への課税」に対する、イギリスと現地との社会的・文化的な意味合いの差、理解の違いが大きく関わっている。西アフリカの人びとにしてみれば、課税対象になることはイコール、自分の所有物ではなくなることを意味したからである。

旅の経験から、アフリカにはヨーロッパと異なる文化や法、慣習があることを確信するメアリは、すぐさま小屋税批判、反乱擁護の論陣を張り、植民地省と激しく対立した。彼女にとって最も痛手だったのは、反乱による混乱で、一八九八年に予定していた三度目の西アフリカの旅を断念せざるを得なくなったことではなかったか。

「小屋税戦争」を重く見たイギリス政府は、反乱の原因解明のために王立調査委員会を立ち上げ、調査団を派遣した。調査団は、一八九八年七月、シエラレオネに到着し、部族長ら三百人を超える関係者への聞き取り調査を開始する。

同じ頃、ケイスメントは、ポルトガル領アンゴラの領事に異動となり、再び西アフリカに戻ってきた。彼が受け取った異動通知（一八九八年七月二九日付）には、「コンゴ独立国およびガボン」と、北に隣接するフランス領も管轄地区として補足されており、もしメアリの三度目の旅が実現していればケイスメントとの新たな縁が生まれたかもしれない——と思わずにはいられない。当時のメアリ自身、西アフリカの旅で知り合った植民地行政官チャールズ・クロースに宛てた手紙のなかで、次のように

1896年当時のシエラレオネ保護領の行政区分（井野瀬久美惠・北川勝彦編『アフリカと帝国』晃洋書房、2011年、187頁）。イギリスは直轄領フリータウンを拠点に、19世紀後半には半島部から奥地へと支配を広げた。1890年には治安部隊・フロンティア警察隊を立ち上げて実効支配を強め、1896年８月、上記領域全体を正式に保護領化した。1930年代に奥地で発見されたダイヤモンド鉱脈が、その後「紛争ダイヤモンド」と呼ばれて内戦の一因となったことは、映画『ブラッド・ダイヤモンド』（2006年）などでおなじみである。

書いている。

ロジャー・ケイスメントはルアンダで領事の職を得たとのことですが、アイルランドでは自転車で転倒してけがをしたそうです。後者の内容は間違いないと思いますが、前者については会ってみないとわかりません。

（一八九八年八月八日付）

ケイスメントは今回の異動通知も、故郷アイルランドで受け取ったのだろうか。メアリらしいユーモアあふれる文面からは、時期が許せば西アフリカをもう一度旅したいという思いが見え隠れする気がする。

４　マクドナルドと柴五郎

義和団事件と籠城――北京のマクドナルド

手紙には、ケイスメントに関する上記記述のあとに、次の言葉が続いている。

ご存じのように、サー・クロード・マクドナルドは北京で不穏な時を過ごしています。

メアリの言う「不穏な時（anxious time）」とは、清朝末期の政治・社会混乱を指すものと思われる。

手紙の日付にある一八九八年といえば、康有為や梁啓超らが清朝の近代化をめざす一連の改革（戊戌の変法）を行うも、西太后（一八三五〜一九〇八）を中心とする保守派のクーデターによって一〇〇日余りで潰され、関係者が大粛清された年。康有為と梁啓超はからくも日本に亡命したが、改革を全面的に支持した光緒帝（在位一八七五〜一九〇八）は西太后によって逮捕され、死ぬまで紫禁城に幽閉された。翌年には、白蓮教の流れを汲むとされる秘密結社「義和団」が、キリスト教会や中国人信者、外国人への襲撃を激化させていく。

この混乱の中国、北京のイギリス公使館に、クロード・マクドナルドがいた。カラバルでのあの「奇跡の一枚」の撮影からほどなく、イギリス公使を拝命した彼は、妻エセルとともに北京に異動。一九〇〇年、「扶清滅洋《ふしんめつよう》（清朝を扶《たす》け、西洋を滅ぼす）」を叫ぶ義和団は、結成された山東半島を越えて、北京のマクドナルド夫妻に迫りつつあった。

一九〇〇年六月四日（この日付をご記憶願いたい）、マクドナルド公使は外相を兼務する首相ソールズベリに宛てて、「イギリス人宣教師ロビンソンとノーマンが義和団に殺され、その断固たる措置を清国政府に求めた」と打電した。公文書から歴史的出来事を再構成する「未公開版シリーズ」の一冊として、義和団の乱一〇〇周年を記念して出版された『一九〇〇年、北京公使館の籠城』（王立印刷局、二〇〇〇年）は、第一部で、六月四日以降、外務省と北京公使館とのやりとりが一気に緊迫の度合いを増していくさまを伝えている。

義和団弾圧に失敗した西太后は義和団支持に転じ、一九〇〇年六月一九日、突然欧米列強に対して二四時間以内の北京退去を命じた。これを契機に、北京・紫禁城の東南地区、在外公館区域である東交民巷への集中攻撃が始まった。日本を含む一一か国の公使館関係者、各国の居留民、そして中国人キリスト教徒ら、合わせて三〇〇〇人ほどが、この地区に籠城を強いられた。一万を超える義和団・清国軍に対して、籠城する公使館側は四三〇人の兵士に一五〇人ほどの志願兵のみ。その総指揮官を務めたのが、クロード・マクドナルドであった。イギリス公使館の広さと堅牢さに加えて、前任地である西アフリカ、ニジェール沿岸保護領を任されたときと同様、陸軍士官学校出身という経歴がその大きな理由だと思われる。

マクドナルド公使は、籠城する多国籍の兵士・義勇兵を束ねる権限を、日本公使館付き武官として着任した柴五郎・陸軍中佐（一八六〇～一九四五）に与えた。『一九〇〇年、北京公使館の籠城』の第二部はマクドナルドの日記であり、清国が宣戦布告する前日の六月二〇日から、日本とロシアを中心とする援軍が到着する八月一四日まで、籠城の状況や死傷者数などの詳細が記録されている。そこに何度も登場するのがColonel Shibaである。なお、「中佐」に当たる英語はLieutenant Colonelだが、マクドナルドの日記でこの正式名称が記されているのはわずか一か所のみで、それ以外は「大佐」を意味するColonelが使用されている。それは単なる言葉の省略という以上に（通常の略称ではLt.-Colonel）、能力と経験、人柄を含めた柴中佐に対するマクドナルドの敬意と信頼の表れではないだろうか。

日英同盟への道――マクドナルドと柴五郎

柴五郎は、会津藩士の五男に生まれた。戊辰戦争で若松城が約一か月の籠城の末に陥落する前日、母の勧めで親戚の家に送り出されて落城時の難を逃れた。母や祖母、姉妹らは自刃して果て、柴はその後、生き残った父や兄とともに、「朝敵」となった会津藩士の集団移住先である斗南藩《となみ》（現在の青森県むつ市）に移った。苦しい生活のなかでいくつかの縁をつなぎ、陸軍幼年生徒隊（幼年学校の前身）、士官学校へと進んだ柴は、中国語や英語、フランス語に堪能であり、諜報活動に卓越した才能を開花させていく。その人生については、柴自身が当時の想い出を綴った『ある明治人の記録――会津人柴五郎の遺書』（石光真人編、中公新書、一九七一年、改訂版二〇一七年）に譲りたい。

一九〇〇年六月から八月にかけて、柴中佐は、高い諜報能力を生かしながら、足並みのそろわない籠城部隊を率いて、各公館のリーダーたちとも粘り強く交渉し、二か月余りに及ぶ籠城を耐え抜いた。その様子は、柴五郎、並びに義勇兵として籠城に参加した北京留学中の東京帝国大学文科大学（東京大学文学部の前身）教授・服部宇之吉が記した『北京籠城・北京籠城日記　付・北京籠城回顧録』（大山梓編、平凡社東洋文庫53として一九六五年復刊）に詳しい。

ちなみに、映画『北京の55日』（一九六三年制作・公開）では、のちに映画監督となる伊丹十三（当時は一三）が柴中佐役を演じている。最近では、『万能鑑定士Q』シリーズなどの作品で人気の松岡圭祐が『黄砂の籠城』（上・下、講談社文庫、二〇一七年）でこの籠城を真っ向から扱った。小説の最後は柴中佐とマクドナルド公使との友情で締めくくられており、そのあとに添えられた「後記」でも、「柴五郎陸軍砲兵中佐の冷静沈着にして頭脳明晰なリーダーシップ、彼に率いられた日本の兵士らの忠誠心と勇敢さ、礼儀正しさ」への敬意をマクドナルドが公式に示したとして、日英同盟締結への道筋が暗示されている。

義和団の乱の鎮圧後、休養のために一時帰国を勧めるソールズベリー首相の申し出を丁重に断ったマクドナルドは、籠城を共に耐え抜き、傷ついた人びとの看護にあたった妻エセルとともに東京に移動し、アーネスト・サトウの後任として、駐日イギリス公使に着任した。一九〇二年の日英同盟締結、その後二度にわたる同盟更新を通じて、クロード・マクドナルドは日英関係の「良き時代」を象徴する外交官として記憶される。

余談ながら、二〇二〇年にはむつ市が「斗南藩一五〇年記念事業」の一環として、柴五郎の住居跡に顕彰碑を建立した。コロナ禍で遅れていた除幕式も、二〇二一年六月二七日に無事行われたと聞く（「義和団事件で居留民保護に活躍　柴五郎の顕彰碑が完成」朝日新聞デジタル二〇二一年六月二八日）。二〇一八年の「明治維新一五〇周年」から続くこうした顕彰事業は、「英雄再発見」に留まらず、現存を過去へとつなぎ、今を考え直す重要な機会でもある。

5　南アフリカのメアリ・キングズリ

「家路」の謎

さて、話をメアリ・キングズリに戻そう。

マクドナルド夫妻が北京で籠城戦の最中、イギリスは南アフリカで、二つのボーア人国家、トランスヴァール共和国とオレンジ自由国と戦闘状態にあった（南アフリカ戦争、一八九九～一九〇二）。彼らをオランダ農民の子孫と侮り、一八九九年一〇月の開戦時には「クリスマスまでには帰ってくるよ」と早期終結を思い描いていたイギリスだが、現地の地形を知るボーア人に苦戦を強いられた。

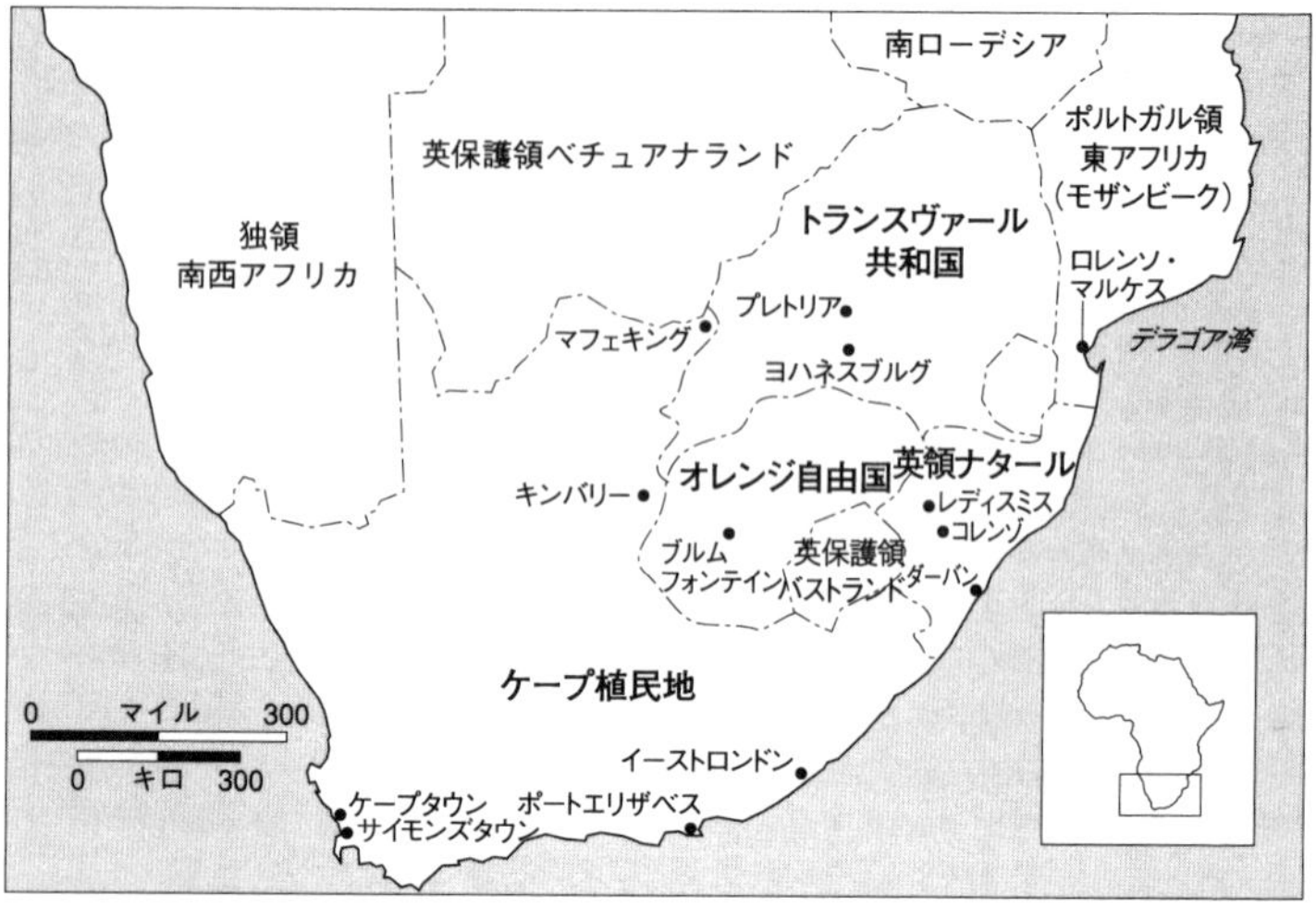

南アフリカ戦争関連地図（井野瀬久美惠『「近代」とは何か』かもがわ出版、2023年、206頁をもとに作成）

このとき、劣勢打開の戦略拠点として注目されたのが、ケイスメントの前任地、ポルトガル領東アフリカ（現モザンビーク）のロレンソ・マルケスであった。この町とトランスヴァール共和国の首都プレトリアがすでに鉄道で結ばれていたからである。一九〇〇年一月から二月にかけて、ポルトガル領西アフリカ領事のケイスメントは、休日に前任地を訪れたという風情でロレンソ・マルケスに赴き、港湾から鉄道に移される積み荷の中身の確認をはじめ、積極的な諜報活動を行い、その詳細を外務省に伝えた。この時期のケイスメントは、まさに大英帝国に仕える官吏《サーヴァント》そのものであり、十数年後に反逆者として処刑される片鱗も認められない。

同じ頃、一九〇〇年二月一二日、ロンドンの帝国研究所で「西アフリカにおける帝国主義」という講演タイトルを掲げたメアリも、「今みなさんの最大の関心は、西アフリカではなく、南アフリ

サイモンズタウン郊外、ベルビュー捕虜収容所（1900年）（John Ineson, *Paper Currency of the Anglo-Boer War, 1899-1902*, London: Spink, 1999）

カでしょうが……」という言葉で話の口火を切った。それでも西アフリカに関心を持って集まってくれたことに感謝しながら、彼女はいつものように、西アフリカの旅で経験した現地諸民族の文化、社会制度、慣習などを語り、これらを生かした間接統治と貿易関係の重要性を強調した。そして、講演の最後をこんな言葉で締めくくっている。

さようなら、みなさん、お別れです。私は家路につくのですから。

(Goodbye and fare you well, for I am homeward bound.)

「家路」とは、もちろん西アフリカ――その場にいた聴衆も彼女の友人たちも、みなそう思ったことだろう。

だが、一か月後の一九〇〇年三月一〇日、メアリが乗り込んだのは、カラバル行きの商船ではなく、ケープタウン行きの軍艦であった。南アフリカ戦争の戦場での看護活動を志願したのである。三月二八日にケープタウンに到着後、砲兵隊の兵舎《バラック》を改築したサイモンズタウンの簡易病院施設に配属さ

サイモンズタウンの埠頭におけるメアリ・キングズリの葬儀の模様（Robert D. Pearce, *Mary Kingsley*, 1990, 96頁と97頁の間）

れたメアリは、ボーア人捕虜の看護にあたった。ケープペンギンの繁殖地として知られるサイモンズタウンには、当時も今も南アフリカ最大の海軍基地がある。

当時イギリスで広くその名を知られたレディ・トラベラーのメアリ・キングズリが、イギリス人ではなく、ボーア人捕虜の看護に配属されたのはなぜか。そこには、彼女が到着する前後の戦況変化が大きく影響していた。

メアリの死

南アフリカで苦戦を強いられたイギリス軍は、一九〇〇年一月、一八万人余りの大規模な兵力補充によって盛り返し、一九〇〇年二月末、パーダベルクの戦いを境に、両軍の形勢は逆転していく。この戦いに敗れたボーア軍からは約四〇〇〇〇人の兵士が投降。ボーア人捕虜の急増で、彼らの収容場所の確保が喫緊の課題となった。

当初はサイモンズ湾内に停泊する輸送船や病院船、その後サイモンズタウン郊外のベルビューに設けたテントに収容していたが、それでは追いつかず、一九〇〇年四月半ば以降は、大英帝国領の島々――アフリカ沖合のセント・ヘレナ島、西インド諸島のバーミューダ島、インドのセイロン島

（現スリランカ）などに捕虜収容所がつぎつぎと設置され、それらへの移送も始まった。

このように、メアリ・キングズリは、戦況変化でボーア人捕虜が急増する新たな局面を迎えた瞬間のケープタウンに降り立ち、移送を待つ捕虜の看護に忙殺された。

彼女が腸チフスに感染し、手術の甲斐なく三七歳で死亡したのは、到着からわずか三か月後、六月三日のことであった。一九〇〇年六月三日――先に「記憶願いたい」と書いた日の前日、中国では義和団によってイギリス人宣教師が殺害され、北京のイギリス公使館周辺は一気に緊張感を増した。北京のマクドナルド夫妻も一時死亡が伝えられた。こうして顔が見える形で人生を具体的に重ね合わせると、当時の大英帝国がどういう時空間だったかが少し見やすくなった気がする。

メアリ・キングズリは死の直前、「死んだら水葬にしてほしい」「動物［の死に際］と同じように、ひとりにして」とつぶやいたという。これら彼女の最期の言葉は、軍医長ジェラール・カレの手紙で多くの関係者に伝えられた。遺言に従い、海軍形式にのっとった水葬の儀式は厳かにとり行われた。彼女の遺体を収めた棺は、イギリスの魚雷艇スラッシュ号でサイモンズタウンの埠頭から三マイル沖合のケープポイントに運ばれ、ゆっくりと海面に降ろされた。だが、棺はなかなか沈まない。魚雷艇の救命ボートがおもりとなる余備の錨を棺に結びつけたのち、棺はようやく海中に沈み始めた。地元新聞が伝えるこの顚末を、メアリ独特の「ユーモア」とみなすか、あるいは西アフリカへの彼女の未練と捉えるか――。いずれにしても、残された者の心をざわつかせたことだろう。

彼女の死に納得できず、ざわつく心を抑えきれない人たちは、それぞれの場所で、メアリ・キングズリの記憶を留めようと動き出した。彼女との接点を永遠に失ったロジャー・ケイスメントは、植民地化を推し進めるヨーロッパへの「ためらい」や「抗い」に独自のかたちを与えようともがきはじめる。大英帝国の官吏を脱皮していくその先に、処刑という彼の死もまた準備された。

6 「三つのC」への批判――メアリからアリスへ

メアリ最期の手紙

ローランド・ヒルの改革によって、一八四〇年、イギリスでは身分や階層、地域の差なく、すべての人が利用できる格安の郵便制度が生まれた。実際、ヴィクトリア時代、特に中産階級の人たちは、よく手紙を書いた。書いただけではなく、受け取った手紙をちゃんと保存していた。そうした手紙(の一部)は国立・県《カウンティ》立の文書館や市の博物館などに収蔵されており、今なお現物を読むことができる。メアリ・キングズリも例外ではない。彼女はとても筆まめで、しかも一通一通の文面が長く、記された日付と実際の出来事をつき合わせると、当時の彼女が何を考えていたのか、何が彼女にそう思わせたのかが考察できる。手紙はまさしく、第一級の歴史資料でもある。

なかでも、その一通は異彩を放っていた。一九〇〇年三月半ば、ボランティアの看護師を志願した彼女が、南アフリカ戦争の現場、ケープタウンへと向かう船のなかで書いたものである。

宛先は、アフリカ西岸、リベリアの首都モンロビアで雑誌『ニュー・アフリカ』の編集長を務めるA・P・カンフォー。リベリアは、一八二〇年代からアメリカの解放奴隷の移住が始まり、一八四七年に独立した黒人国家である。カンフォーもアメリカで生まれ育った黒人で、メソディスト系伝道協会からモンロビアに派遣され、現地の教育・啓蒙活動に従事していた。メアリの二冊目の著書『西アフリカ研究』（一八九九年）の書評掲載に対する謝辞で始まるその手紙には、彼女の最期のメッセージが綴られている。

帝国主義の時代と呼ばれる一九世紀後半、イギリスを含むヨーロッパ諸国は、「三つのC」で植民地の支配を考えていたとされる。キリスト教（Christianity）、文明（Civilization）、貿易（Commerce）、である。そのうち、キリスト教と文明（＝ヨーロッパ文明）を、メアリはきっぱりと否定した。それは、西アフリカの旅のなかで彼女がつかんだ確信――アフリカ人を「ヨーロッパの助けがないと何もできない子ども」とみなす宣教師や行政官には、アフリカ人を救うことなどできない――に基づくものだった。その一方で、彼女は、現地アフリカのやり方を知ろうとする貿易商人に期待を寄せた。

カンフォー宛ての手紙にも、「重要なことは、白人、ヨーロッパ人の価値観で物事を見ない、考えないこと」であり、「そのためには、アフリカにはアフリカの文化や制度、法があると、堂々と言えばいい」と書かれていた。そう主張すれば、イギリスはアフリカに危害を加えることはしないだろうと……。

このとき、メアリが引き合いに出したのは、古代アイルランドの諸権利や慣習を総合した法律、「ブレホン法」である。七～八世紀に集大成され、イングランドに征服される以前のアイルランド社会を支えたブレホン法に、メアリは、西アフリカの土地法との類似性を認めた。一六～一七世紀に廃止されたブレホン法の重要性が認識されたのは、一八五二年にテキスト保存のための「ブレホン法委員会」が設置されて以後のことであった。メアリはこう書いている。

イングランド人がこの法〔ブレホン法〕のことを知って、わずか五〇年足らずです。もしエリザベス朝の人びとがこのことを知っていたら、今のアイルランド土地問題などなかったでしょう。

あなた方にはチャンスがあります。神はアイルランドの悲劇をくり返さない方法を教える機会をいつも与えてくださるのですから。それも、手遅れにならないうちに……。

（井野瀬久美恵『植民地経験のゆくえ』人文書院、二〇〇四年、一七一〜一七二頁より改訳）

アフリカにアイルランドを重ね、アイルランドの歴史に学べという力強いメッセージを含むこの手紙は、メアリの死後、『西アフリカ研究』第二版（一九〇一年）の巻頭に全文掲載されて、広く知られるところとなった。

この手紙の公開を強く望んだのは、カンフォーだけではない。カンフォーを通じて、メアリの南アフリカ滞在時の連絡先を受け取ったエドワード・W・ブライデン（一八三二〜一九一二）もまた、彼女の最期の手紙に心打たれたひとりであった。当時デンマーク領だった西インド諸島（現在のアメリカ領ヴァージン諸島）のセント・トマスで、自由黒人の両親のもとに生まれたブライデンは、ミッション教育を受けたのち、アメリカの大学への進学を希望したが、肌の色ゆえに拒絶された。彼の才能を惜しんだ宣教師の助言で、一八五〇年、独立まもないリベリアに渡った彼は、まずはジャーナリストとして活躍。やがて教育者、外交官として、英領シエラレオネへも活動の場を広げた。今なお、アフリカにおける彼の思想的影響は大きいといわれる。実は、『ニュー・アフリカ』誌にメアリの本の書評を書いたのは、ブライデンの教え子のひとりであった。

ブライデンは、メアリが伝言した南アフリカの連絡先（ケープタウンのスタンダード銀行気付）に手紙を書いている。日付は一九〇〇年五月七日。『ブライデン書簡選集』（一九七八年）に収められた彼のメアリへの返信には、自らミッション教育を受けた者としての苦悩、ヨーロッパ人宣教師によるキリスト教伝道の矛盾が、以下のように鋭く指摘されている。

> 英語でミッション教育を受けた黒人の多くは、アフリカの文化や慣習、宗教、法や制度を邪悪なものとして軽蔑し、知ろうともしない。（中略）そして、イギリスやヨーロッパの博愛主義者たちに、彼らが最高のものだとして黒人に提供している教育が、黒人にとって最高のものではないことを理解させるのは難しい。
>
> (Hollis Ralph Lynch (ed.), *Selected Letters of Edward Wilmot Blyden*, KTO Press, 1978, p. 461)

エドワード・W・ブライデン
(1887年頃)

ブライデンがこれを書いた日から一か月足らずのち、メアリは帰らぬ人となった。彼女にブライデンのこの手紙が届いていたかどうかは不明である。確かなことは、メアリが旅した一九世紀末の西アフリカで黒人の知識人が育ちつつあり、さまざまな方法・手段でヨーロッパ人とつながり、対話が始まっていたことである。帝国主義時代のアフリカについて、私たちが見なければならないのは、文字通りのこの双方向性であり、（沿岸部が中心ながらも）アフリカ内部に存在した黒人同士の交流であり、そしてそれらがどんな未来を拓いたか（あるいは拓けなかったか）、である。

補助線としてのアリス・グリーン

アフリカ支配のツールであった「三つのC」のうち、二つを手厳しく非難したメアリ最期の手紙は、カンフォーやブライデンのみならず、彼女と親交を結んだ多くの人びとに、各々が背負うものとは何かを考えさせたと思われる。そのひとりが、拙著『植民地経験のゆくえ』で取り上げたアリス・ストップフォード・グリーン（一八四七～一九二九）であった。

歴史家の夫を亡くした後、彼女は、政治家や知識人らが集まり、自由で親しみ深い雰囲気のなかで語り合うサロンの女主人として、一八九〇年代当時、知と政治の世界を架橋する幅広いネットワークを築いていた。シャイなメアリに姉のように寄り添うアリスの自宅サロンで、メアリ・キングズリは多くの知識人や政治家と知り合った。そのなかで、アリス自身が、メアリのアフリカ観や大英帝国を見る目に強く影響されていった。

私たちが目にする「現在」の世界は、今となっては見ることのできない、しかし確実に存在した「過去」の上に存在するだけではない。「現在」は「過去」との双方向の関係性のなかで創られるものでもある。このことを私が強く意識したのは、この二人の女性の関係を通して当時の大英帝国を見直そうとした拙著『植民地経験のゆくえ』の執筆中であった。なかでも、メアリの訃報に接して、「なぜメアリは死ななければならなかったのか」を探るべく、メアリが看護したボーア人捕虜を追って、セント・ヘレナ島（ナポレオンの流刑地として有名な、アフリカ大陸沖合一八〇〇キロ余りの南大西洋上に浮かぶ島）に渡るというアリスの快挙に目を丸くした。セント・ヘレナ島は、ボーア人捕虜の急増を受けて「捕虜収容所」が設置された大英帝国領のひとつであるが、私には、なぜ一介の民間人であるアリスに立ち入りが許されたのか、彼女の「人脈」が気になった。どうもアリスは、当時の植民地相ジョセフ・チェンバレンに直談判したと思われる。

アリスは、一か月余りにわたって捕虜への聞き取り調査を行った。彼女にとって、セント・ヘレナ島の捕虜収容所こそが南アフリカ戦争の「戦場」であり、この戦争の本質が浮き彫りにされた「現場」であった。聞き取り調査を詳細に記述した彼女の分厚い日誌（聞き取り用のメモとその清書の二つがあり、いずれも手書き）には、この戦争をボーア側で戦って捕虜となった外国人義勇兵の証言が数多く認められ、その多様性にアリス自身が大変に驚いた様子がうかがえる。この戦争はけっして「イギリス人とボーア人の戦い」ではない――アリス自身のこの覚醒

アリス・ストップフォード・グリーン。サロンの常連であったケイスメントが処刑されたことで、1916年以降、彼女のロンドンの自宅は何度も家宅捜索されることになる。その影響もあるのだろう。1918年、アリスはロンドンからアイルランド、ダブリン市内に転居した。それでも、彼女の自宅サロンは、1920年代を通じて知の拠点であり続けた。

井野瀬久美恵『植民地経験のゆくえ』のカバーにはメアリ・キングズリ（右）とアリス・グリーンの写真を載せている。二人の女性の友情を通して19世紀から20世紀への世紀転換期のイギリス帝国をながめ直してみると、イギリス、アフリカ、アイルランドを結ぶ三角形の見え方が変わってくる。

に、「なぜメアリは死ななければならなかったのか」という問いの先が実に深いことが感じられる。どんな戦争も、戦場だけが「現場」ではないのである。

　では、捕虜収容所という戦争の「現場」経験を、アリス・グリーンはどう考えたのか。

　そのひとつの答えは、彼女のサロンを訪れるゲストの変化、ゲストらが醸し出す空気の変化にうかがい知れる。一九〇三年秋、アリスはロンドン市内の別の場所に引っ越した。そこには、領土を侵犯されたボーア人に共感する人びと、帝国主義や植民地主義を批判する人たちが集まるようになったのである。転居から半年余り後の一九〇四年春以降、アリスの自宅サロンを足繁く訪れる常連ゲストのなかに、彼――ロジャー・ケイスメントの姿があった。本章第2節で取り上げた集合写真が撮影された一八九五年一月から数えると、一〇年近い歳月が流れていた。写真の二人、メアリとケイスメントの間に、アリス・グリーンという「補助線」を引いてみると……。続きは拙著『植民地経験のゆくえ』をご覧いただきたい。

7　アフリカからアイルランドへ

ケイスメントと南アフリカ戦争

一八九八年、サン・パウロ・デ・ルアンダに領事として着任したケイスメントが、南アフリカ戦争最中の一九〇〇年一月から二月にかけて、前任地であるポルトガル領東アフリカの港湾都市、ロレンソ・マルケスで、トランスヴァール共和国の首都プレトリアに向かう鉄道貨物を密かに調べ、外務省に報告していたことはすでに述べた。このとき、ケイスメントは、ボーア側への武器移送を阻止すべく、鉄道路線を爆破する計画まで立てている。彼は文字通り、大英帝国に忠実な官吏であった。

一方で、当時のケイスメントは、敵であるボーア軍内部にアイルランド人部隊が作られていたことにも気づいていた。通称「マクブライド隊」と呼ばれたその部隊は、アメリカ系を含むアイルランド人五〇〇人余りで構成されていた。ジョン・マクブライド（一八六八～一九一六）は、トランスヴァール共和国の鉱山地帯にあるアイルランド人コミュニティのリーダー的存在であり、この戦争以前にすでに、トランスヴァールとアイルランドとの間には、彼を中心に政治的、文化的ネットワークが構築されていた。南アフリカ戦争勃発前後のダブリンでは、詩人W・B・イェイツがこよなく崇拝する若手女優モード・ゴン（一八六五～一九五三）らによって、戦争反対とマクブライド隊への支持をアピールする大規模なデモが繰りひろげられていた。実際、二〇〇人ほどのアイルランド人がマクブライドのもとにはせ参じてもいた。アイルランドにおける反戦、反英、親ボーアの動きは、一九〇〇年一月、

「南アフリカをもうひとつのアイルランドにするな！」と叫ぶ「停戦《ストップ・ザ・ウォー》委員会」の主張とも共振していた。

だが、同じ一九〇〇年一月、南アフリカにいたケイスメントは、マクブライド隊のことも、「南アフリカのアイルランド人」のことも、深く掘り下げることはなかったように見える。当時のケイスメントが彼らの活動をむしろ苦々しく思っていたことは、「捕虜には厳罰で臨むように」という外務大臣宛ての私信（一九〇〇年八月三日付）からも読み取れよう。

ケイスメントはのちに、大英帝国の外交官という衣を脱ぎ捨て、アイルランド独立の大義に身を投じ、一九一六年四月のイースター蜂起に向けてドイツからの武器密輸計画に関わった国家反逆罪で、同年八月三日に処刑された。処刑後、共同墓地に埋葬された彼の遺体が家族のもとに返還されるのは、アイルランドがイギリスから独立し（一九三七）、英連邦をも脱退した（一九四九）のち、処刑から半世紀が過ぎた一九六五年のことであった。こうした彼の人生をふり返って書かれる伝記や彼にまつわる「神話」のなかには、南アフリカ戦争時にすでに彼の「反英感情」を認めるものもあるが、それは少し違うだろう。ケイスメントの反英感情は、アイルランドではなく、アフリカで、そして本書「おわりに」に記すアマゾン奥地での経験のなかで、育まれたものである。だからこそ、「大英帝国の忠実な官吏」から「アイルランドの大義に散った愛国者」への転身の背景が問われねばならないのである。

ちなみに、南アフリカ戦争をボーア人とともに戦ったマクブライドは、終戦後の一九〇三年、フランスでモード・ゴンと結婚。翌年には息子ショーンが生まれたが、夫婦仲は急速に悪化していく。裁判で息子の親権を得たモード・ゴンは、パリを中心に暮らし、アイルランドに戻ったマクブライドは、一九一六年のイースター蜂起への関与が疑われて処刑された（彼は蜂起自体とは無関係である）。夫の処刑後、モードは再びマクブライド姓を名乗るようになり、アイルランド共和国の独立運動にも加わった。なお息子のショーン・マクブライド（一九〇四～八八）は、第二次世界大戦後、アイルランド共和国の外務大臣を務め、一九四九年の英連邦脱退に尽力した。国際平和や人権運動をリードし、アムネスティ・インターナショナルの委員長（一九六一～七五）を務めた彼は、一九七四年、奇しくも佐藤栄作とともにノーベル平和賞を受賞している。

マクブライドにとって、そして彼に従った多くのアイルランド人にとって、南アフリカ戦争は、アイルランド史の分岐点とされるイースター蜂起の前哨戦だったのかもしれない。だが、ロジャー・ケイスメントが自分のなかの「アイルランド」に気づくには、もうひとつのアフリカ――コンゴの奥地での経験が必要であった。

「コンゴ自由国」という虚偽

コンゴ自由国は、一八八四～八五年、アフリカ分割を議論するベルリン会議でベルギー王レオポルド二世の個人所有が認められた、特殊な植民地である。アフリカの広大な土地と資源に関心を寄せたベルギー王は、他のヨーロッパ諸国が手つかずであったコンゴ川流域に注目し、その探検、調査をヘンリー・モートン・スタンリーに依頼した。スタンリーは、一八七一年、行方不明だったスコットランドの宣教師で、アフリカ大陸横断で知られるデイヴィッド・リヴィングストン博士を発見したことで、一躍その名を知られるようになったジャーナリストであり、探検家でもある。イギリス、ウェー

1884年、アフリカ分割のひとつ、ベルギー王によるコンゴの私有化を諷刺した雑誌*Le Frondeur*（1884年12月20日、ベルギーのリエージュで発行）

ルズで私生児として生まれた彼がアメリカに渡り、大英帝国ではなく、ベルギー王の植民地建設に尽力するプロセスにも興味深い物語があるのだが、その話はまた別の機会にしよう。

　スタンリーは、ベルギー王の資金援助を受けて、一八七四〜七七年、水源から大西洋に注ぐコンゴ川を探検し、その後も王の私的団体「アフリカ国際協会」、およびその後身である「コンゴ国際協会」の名のもと、交易や布教のためのインフラ整備、すなわち植民地建設の指揮をとり続けた。四五〇余りの流域の村々との間に「保護条約」を結び、労働力と食糧供与を確保したのも彼だ。だが、「隣接するフランス植民地では得られない、ベルギー王による保護の利点」は嘘だらけであり、文字の読めない現地の首長らに、「保護への見返り」として求められた労働力徴用の意味が理解できたとは思われない。それでも、キリスト教布教や自由貿易を通じてアフリカの「文明化」を図り、奴隷制や現地の蛮習をやめさせることを設立趣旨に謳った「コンゴ国際協会」は、欧米各国の著名人や政府・企業の関係者からそれなりの資金を集めた。一八八一年にはベルギー王の名を冠したレオポルドヴィル（現キンシャサ）が建設され、上流との物流拠点として欧米の利益をひきつけた。

　一八八五年八月、「コンゴ国際協会」の支配領域は、自由貿易地域であることを示す「コンゴ自由国」にその名を変えた。元首となったベルギー王は、未開の人びとに光を与える慈悲深き人道的君主であることを、さらに欧米諸国にアピールした。

だが、そんな嘘がいつまでもまかり通るはずもない。ここではその名称に掲げた「自由貿易」など行われておらず、この地域で集められたゴム・象牙の利益はすべて、ベルギー国王に独占されていた。「保護条約」に定められているとして、労働力や食糧供与のために村々に要求された過酷な徴用実態も、ノルマが達成できなかった村や現地人への数々の虐待も、一八九〇年代のうちに欧米諸国に伝わり始めた。一八九五年には、アメリカのバプティスト宣教師がコンゴ自由国でゴム採集に当たる現地人への虐待を新聞に暴露し、その記事を見たイギリスの「先住民保護協会」も動き出した。一八九七年には、自由党議員のチャールズ・ディルクがイギリス議会でコンゴ問題に触れている。だが当時、コンゴより南アフリカの利害を優先させたイギリス政府は、ベルギー王に何ら働きかけを行おうとはしなかった。

同じ頃、のちにケイスメントと合流し、コンゴ自由国における現地人虐待と自由貿易違反でベルギー王を告発する国際運動の中核を担うE・D・モレル（一八七三〜一九二四）も、勤務するリヴァプールの船会社エルダー・デンプスターの路線のひとつ、コンゴ川河口のボマとアントワープを結ぶ積み荷への疑惑から、密かに調査を開始していた。銃や武器弾薬を積んでアントワープを出港した同社の船は、コンゴ自由国で採取されたゴムの樹液入り容器や象牙を大量にボマで積み込み、アントワープに戻る。しかも、その積み荷は、アントワープから自由国に運ばれた銃器類とは比べものにならないほど高価だった。そこから、自由貿易以外の「何か」がコンゴ自由国で行われていることを確信したモレルは、エルダー・デンプスター社の上層部に訴えるが、社の重役たちは「証拠不十分」として却下した。失望したモレルは会社を辞め、イギリスの「反奴隷制協会」や「先住民保護協会」などと協力しながら、コンゴ問題を訴えるジャーナリストに転身し、ベルギー国王に買収された御用メディアと激しく対立した。

コンゴ自由国の奥地で何か不正が行われている。だが、ベルギー国王を弾劾するには、何よりも確たる証拠、動かぬ証言が必要であった。

ケイスメント、コンゴの奥地へ

南アフリカ戦争さなかの一九〇〇年七月下旬、体調不良でアフリカから戻ったケイスメントに、翌八月、コンゴ自由国領事に任じる辞令が下りた。管轄対象地域には、フランス領、ポルトガル領のコンゴも含まれる。悪化した痔の治療のために休暇を二か月延長した彼は、同年一〇月、ブリュッセル経由で、コンゴ自由国領事館のあるボマに向かった。

このとき、駐ベルギーのイギリス公使を介して、ベルギー王レオポルド二世がケイスメントに面会を求めた。まずは一〇月一〇日午後一時に「朝食」（！）会。翌日にも個人的な懇談が設けられ、話は一時間半にも及んだと、外務省への報告書にある。内容は、コンゴ自由国内部で行われている「よからぬこと」についてであった。コンゴ自由国内の現地人に対する虐待や搾取の告発が相次ぎ、隠しきれなくなっていたこの時期、ベルギー国王は、赴任する新イギリス領事に、事前に「弁解」を試みたと思われる。

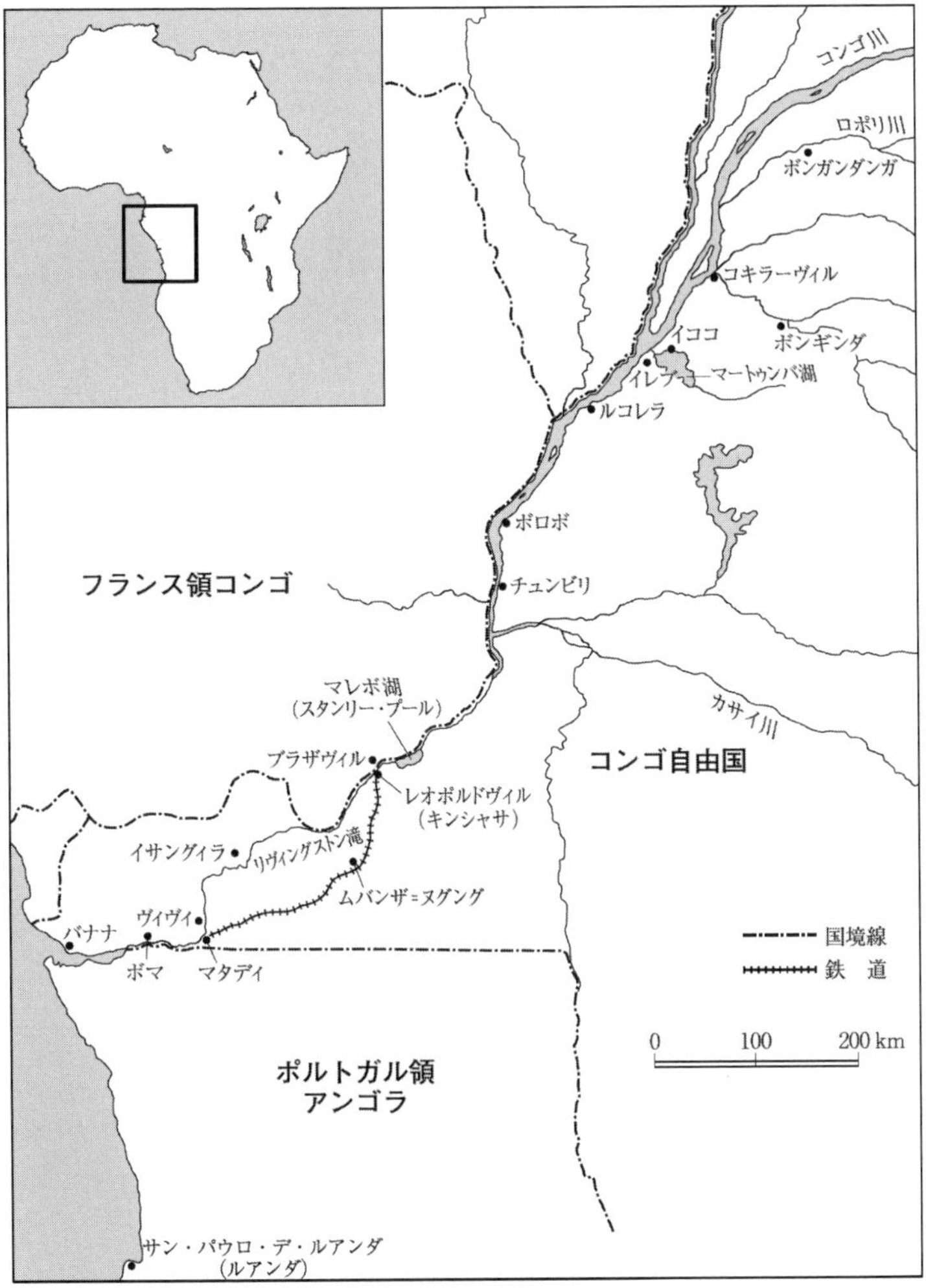

ケイスメントは1880年代、マタディからレオポルドヴィルまでの鉄道敷設工事に関わっていた（マリオ・バルガス＝リョサ『ケルト人の夢』野谷文昭訳、岩波書店、2021年、「ロジャー・ケイスメント関連地図」をもとに作成）

先述のように、ケイスメントは一八八四年、二〇歳のとき、「コンゴ国際協会」が広く欧米に募集した探検隊を志願して、初めてアフリカの大地を踏んでいる。一八八六年からはスタンリーの意を受けたアメリカ人ヘンリ・シェルトン・サンフォードの調査隊で、コンゴ川流域での探検や道路整備、そして下流の町マタディからレオポルドヴィルまでの鉄道敷設工事などに加わった（前頁の地図参照）。当時のケイスメントがコンゴ自由国で何を見て、何を考えたか、定かではない。たとえば、前述した一九〇〇年一〇月、ベルギー王との個人的な歓談の場で、彼は一六年前のアフリカ初探検の話をしただろうか。これについても、ケイスメントは、「［レオポルド二世］陛下とわが国との良き関係のために努める」という（文字通りの）外交辞令を外務大臣宛ての手紙で報告するに留めており、あとは駐ベルギー公使の「ベルギー国王ととてもいい会話をしてくれたケイスメントに感謝する」という記録が残っているだけである。

その後、一九〇〇年一二月、ボマの領事館に到着したケイスメントは体調不良が回復せず、マラリアの再発もあり、静養目的の帰国が二度も続いた。ようやく体調が落ち着き、彼がコンゴに戻ったのは一九〇三年二月。コンゴ問題でイギリス議会が紛糾するのは、その三か月後の五月二〇日のことであった。コンゴ自由国で何が起きているのか。その調査を、イギリス政府は直ちに、コンゴ自由国領事であるケイスメントに命じた。

一九〇三年六月五日にボマを出発し、マタディからは鉄道を利用して、翌日レオポルドヴィルに到着したケイスメントは、その後、コンゴ川上流に向けて現地調査の旅にでかけた。紙幅の関係上、その詳細は省くが、調査に当たっては、二〇年近く前、一八八四年から四年間にわたる彼のコンゴ経験が大きく役立ったと思われる。それは土地勘のみならず、一八八四年と一九〇三年との「比較」という意味において、である。あのとき村々にあふれていた現地人の姿が大幅に減っている。なかには村ごと消えてしまったところもある。なぜ？　何が起こったのか？

三か月余りの調査を終えてボマに戻ったケイスメントに、外務大臣ランズダウン卿から報告書作成を急がせる電報が届く。一九〇三年一一月、ケイスメントは、ポルトガル領の港町サン・パウロ・デ・ルアンダから帰国の途につき、船のなかで報告書をほぼ完成させた。一二月一日にロンドンに着いた彼は、一二月一〇日、それまで手紙で連絡しあっていたＥ・Ｄ・モレルと初めて会い、コンゴ問題解決のためのＮＰＯ「コンゴ改革協会」を立ち上げた。この協会への物理的・精神的協力を求めて回った「有力者リスト」のなかに、アリス・グリーンの名もあった。

一九〇四年四月下旬、ケイスメントはモレルとともに、アリスの自宅を訪問する。南アフリカ戦争の捕虜収容所に「アイルランド」を重ねたアリスは、従来イングランド中心に書かれてきた、よって「劣った野蛮な時空間」として記述されてきた中世アイルランド史の書き直しを試みようとしていた。最初の訪問時、まだ試行錯誤中であった（であろう）アリスの粗削りの「新しいアイルランド史」は、メアリ・キングズリの死を追った南アフリカ戦争捕虜収容所の経験のうえに構築されたものでもあった。その「アイルランドの物語」に、コンゴの奥地で現地人虐待を目にしたケイスメントは深く心動かされたと、のちに親友ハーバート・ウォード宛ての手紙に記している。ケイスメントはここ、アリス・グリーンの自宅サロンで、自分がアフリカの奥地で見たもの、感じたことを、アイルランドという別の文脈へと転換させるすべを身につけていったといえる。ゆえに、ケイスメントはアリスを「メンター（指導者）」と呼んでいる。

かくして、ケイスメントとメアリは、アリスを介して再びつながることになった。一九〇四年二月に公表された「コンゴ・レポート」、通称ケイスメント・レポートの衝撃が走るイギリス社会を横目に見ながら、ケイスメントは一九一六年のイースター蜂起に向けて、アイルランドへの愛国心と大英帝国への憎悪を深めていく。

＊

ノーベル文学賞作家のマリオ・バルガス＝リョサには、ケイスメントを主人公とする『ケルト人の夢』（二〇一〇年）という長編小説がある。そのなかでバルガス＝リョサは、一九〇三年にコンゴ奥地の村々を調査して回るケイスメントが、その二〇年近く前、スタンリーが指揮した一八八四年のコンゴ探検を回想するという設定で、若きケイスメントにこんな質問を口にさせている。

あなた［スタンリー］は我々がやっていることで良心の呵責を感じたり、自責の念を覚えたりすることはないんですか。

（マリオ・バルガス＝リョサ『ケルト人の夢』野谷文昭訳、岩波書店、二〇二一年、三六頁）

さらにケイスメントはこう続けた。

我々がここにいるのはアフリカ人のためだと、僕は常に信じてきたんです、スタンリーさん。物心がついたときから尊敬していたあなたに、信じ続けるための根拠を教えてほしいんです。契約が本当に彼らのためになるのだと。

（同、三七頁）

すでに述べたように、二〇代前半のケイスメントが、いやコンゴ自由国の領事となった二六歳の彼もまた、自分は「コンゴ国際協会」に騙されていたのだと、当時の自身の無知を恥じる記録はない。この回想自体が、作家バルガス＝リョサの想像力のなせる技である。それでも今、信じられない暴力を目のあたりにしている私たちに、バルガス＝リョサの語るケイスメントの回想シーンは、どこか説得力を持って心に響く。聞かされていたことと自分が見ているものとのあまりの落差に、「現地の人びとのためになると思ってここにきたのに」と今つぶやいているのは誰なのだろうか。たとえばそれは、イラク戦争でフセイン政権を倒したものの、大量破壊兵器の存在が確認できなかったアメリカ兵たちか。あるいは、「ウクライナはロシアのもの」と断定的に語る大統領の命令で徴兵されたロシアの若者たちか。はたまたロシア軍に合流した北朝鮮の兵士たちだろうか。

過去につながり、今を問え！――問題は、どの過去に今をつなぐか、にある。

【注】

（1）　たとえば、Jessica Howell, "'Climate proof': Mary Kingsley and the Health of Women Travellers," *Exploring*

Victorian Travel Literature: Disease, Race and Climate, Edinburgh University Press, 2014, pp. 109–136 参照。

Chapter 4

カリブ海の近代と帝国の未来

ドミニカ人類博物館の正面に立つ3つの立像。中央がバルトロメ・デ・ラス・カサス、右側がエンリキージョ、左側がレンバ（2023年8月9日筆者撮影）

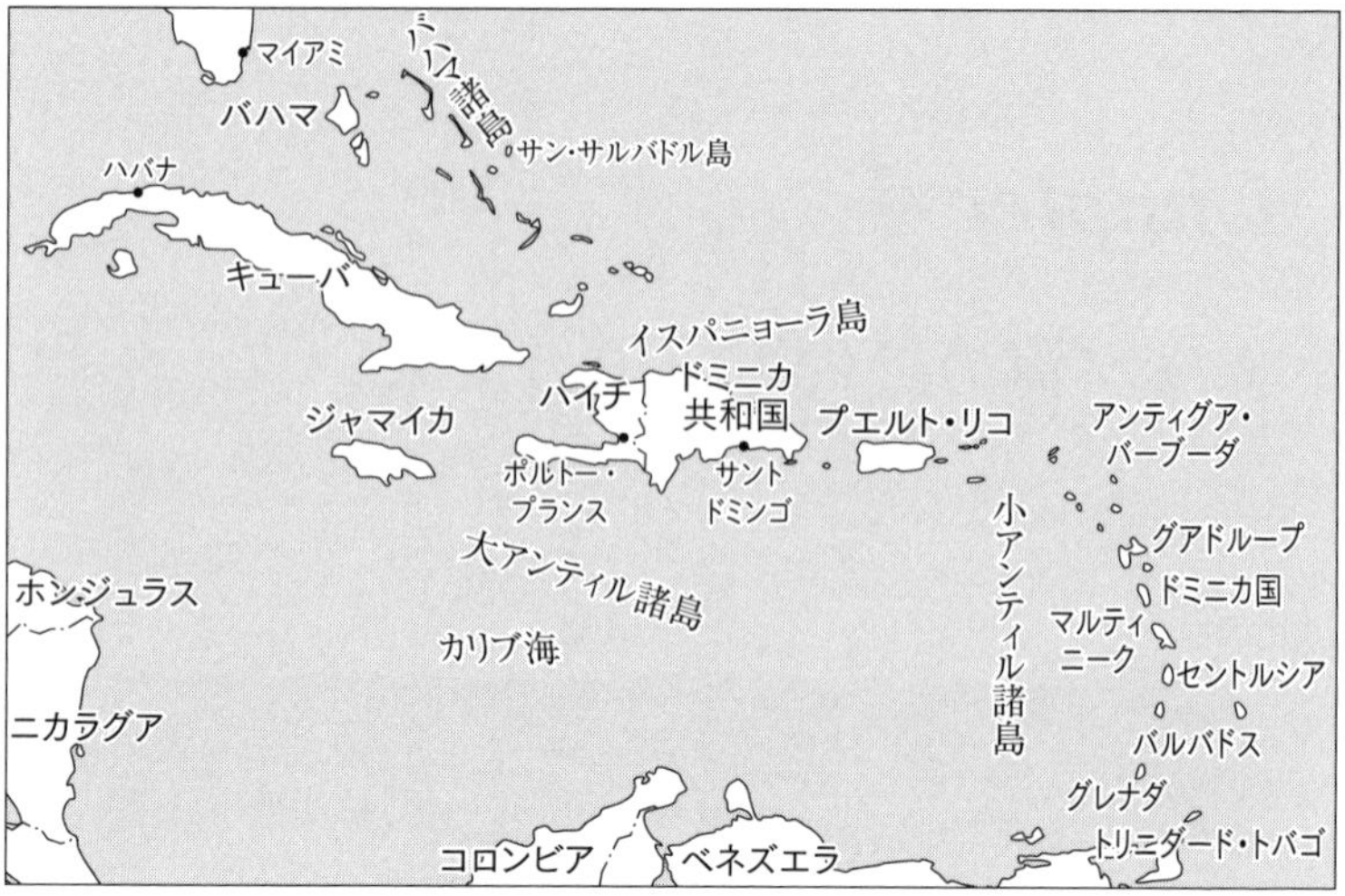
マイアミ
バハマ
バハマ諸島
サン・サルバドル島
ハバナ
キューバ
イスパニョーラ島
ドミニカ
共和国
ハイチ
ジャマイカ
プエルト・リコ
アンティグア・
バーブーダ
ポルトー・
プランス
サント
ドミンゴ
大アンティル諸島
小アンティル諸島
グアドループ
ドミニカ国
マルティ
ニーク
セントルシア
ホンジュラス
カリブ海
バルバドス
ニカラグア
グレナダ
コロンビア
ベネズエラ
トリニダード・トバゴ

カリブ海域

アメリカ合衆国
メキシコ
ベネズエラ
コロンビア
エクアドル
ブラジル
ペルー
ボリビア
パラグアイ
チリ
ウルグアイ
アルゼンチン

1　イギリス君主制のゆらぎ――女王と「不肖の息子」

政治でも経済でも、社会でも文化でも、制度というものには、その見直しを促すいくつかの「節目」がある。それぞれの「節目」では、「それ以前はどうだったのか？」と過去がふり返られるものだ。日ごろ意識しない時間軸を入れて、制度の、そして制度を取り巻く時代や社会の再考が求められる。制度に訪れる「節目」は、過去と対話する絶好のチャンスである。その一方で、「節目」にも、全体像が見やすくなる角度や、それとは逆の盲点というのもあるらしい。だが、二〇二三年五月の連休期間中、その節目――イギリスの新国王チャールズ三世の即位式典（五月六日）を見ていた私の目は、思わぬ方向へとずれていく。まずはそのあたりから書き起こしてみよう。

盛り上がらなかった戴冠式――エリザベス二世とチャールズ三世

なにしろ、七〇年ぶりの戴冠式である。イギリス史を研究してきた私としては、君主制とは何かを考える格好の時空間になるだろうとワクワクしていた。きっとイギリスの友人たちも盛り上がっているだろうなあ……。彼らの声はいつも、イギリス君主制の来し方行く末を考える重要な素材だ。

ところが、である。王室ウォッチャーを自認する友人たち（在英の日本人を含む）にメールしても、新国王を戴く興奮のようなものが伝わってこない。彼ら／彼女らからは、異口同音に、「今回は盛り上がっていない」という短い返信が来ただけ。九か月前のエリザベス二世崩御の折には、物見心も手

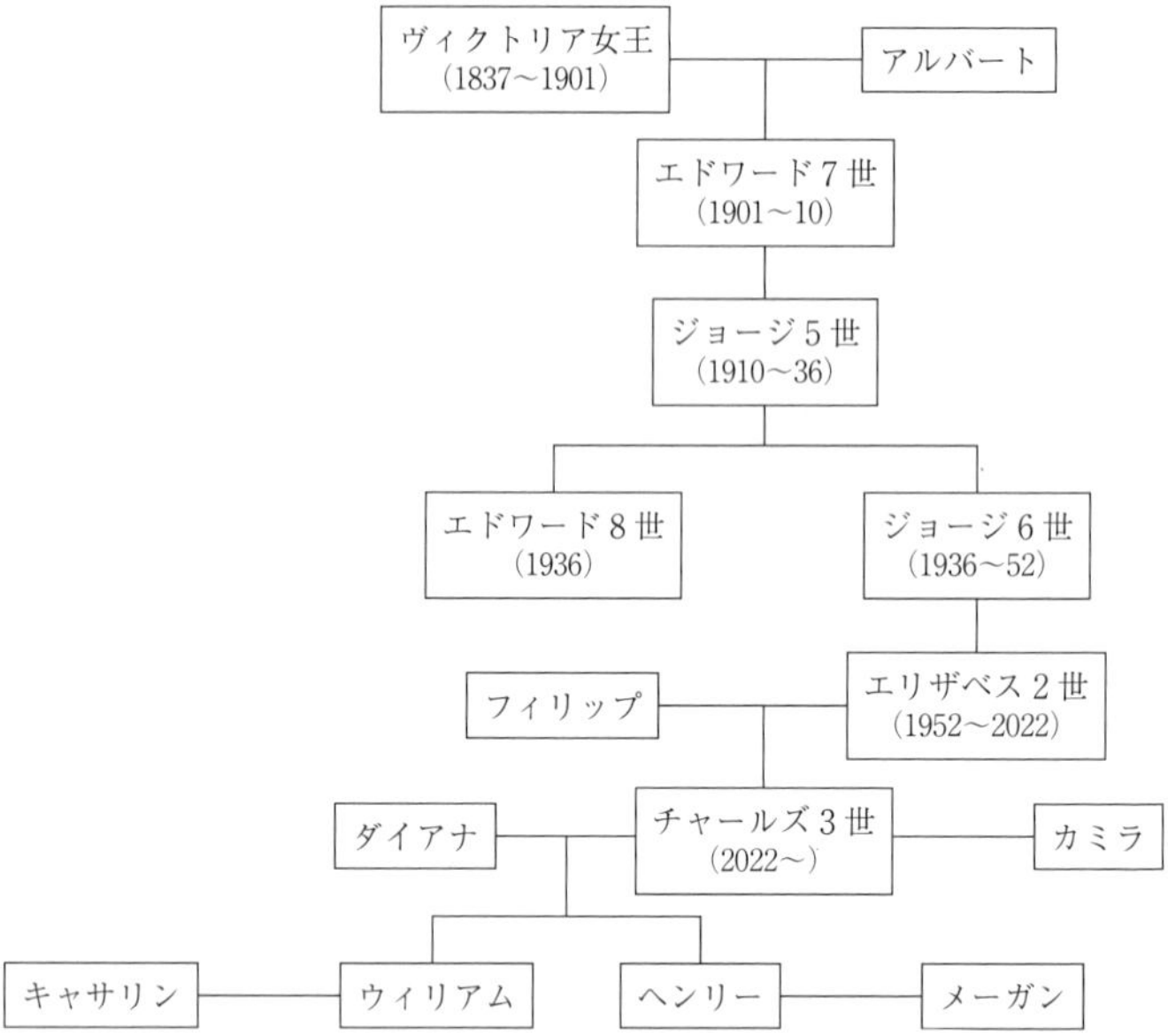

イギリス王室家系図

伝ってウエストミンスタ寺院の長蛇の列に並んだという友人も、「女王はチャーミングだったけど、チャールズはねえ……」と言葉を濁す。「即位式典の週は休日になるんでしょ？」と水を向けても、「その日はパリに行く」と仲良しの彼女もそっけない。他にも「その週は海外旅行を楽しむ」とメールしてきた友人が複数いた。なるほど、報道されているように、チャールズ三世は国民の人気が高いとはいえないようだ。

　その大きな理由が、皇太子時代のプライベートにあることは容易に想像がつく。ダイアナ・スペンサーとの結婚の陰で密かに続いたカミラとの不倫。ダイアナの不倫（疑惑）とともに、互いに不誠実な皇太子夫妻に対する報道合戦は過熱化し、それは二人の離婚後も続いた。一九九七年、パリでの自動車事故でダイアナがこの世を去ったのち、生きている元夫が「王室劇場」を一身に引き受けている感は否めない。

あるいは、チャールズ三世の戴冠式がどこか盛り上がりに欠けたとすれば、それは新国土が即位時七三歳という高齢であったことが一因かもしれない。七〇年という母の長い治世を考えれば、それも至極当然のことであるのだが……。

非男性化する君主制――ヴィクトリア女王とエドワード七世

高齢での即位という点から、チャールズ三世には、母の長い治世ののち、六〇歳近くになって即位したエドワード七世（在位一九〇一～一〇）の姿が重ねられることが多いようだ。実際、母ヴィクトリア女王の治世（在位一八三七～一九〇一）は六三年七か月ほどに及び、エリザベス二世に破られる二〇一五年九月まで、イギリス王室史上、最長を誇っていた。

一九世紀の約三分の二を網羅するヴィクトリア女王の時代は、産業革命を通じた工業化と都市化に彩られ、階級の再編が進められて、政治的にも経済的にも道徳的にも、「中産階級」が大きな力を持ち始める時代であった。商工業や金融業などで財を成した銀行家や実業家、工場主、医者や弁護士といった専門職から成るこの階級の人びとは、女王即位の五年前に改正された選挙法（第一次）で参政権を得て政治力を高めつつあった。しかも彼らは、上の貴族階級とも下の労働者階級とも異なる独自の価値観を育んでいった。彼らは、外から見られることを意識し、ゆえに何事にもきちんとしていること（リスペクタビリティ）をよしとし、家族を重視した。ヴィクトリア女王は、社会で発言力を強めるこの階級の志向と嗜好を強く意識して、彼らを惹きつける自らの見せ方、プレゼンテーションに心をくだいた。そのために選ばれたのが、「家族で見られる王室一家」というイメージづくりであった。宮廷御用画家による絵画はもちろん、一九世紀に入って激増した多種多様な雑誌のイラスト、一九世紀前半のうちに技術革新が進む写真が、そのツールとなった。

言い換えれば、君主には、実際に持っているリアルな政治権力とは別に、国民のモデルとなる「家族としてのモラル」が求められたことになる。現実はどうあれ、ヴィクトリア女王は、家族として見られるための戦略を練り、そのための王室のかたち、姿を模索した。一九世紀後半にはさらに二度にわたって選挙法改正が行われ、参政権が労働者階級(男性のみだが)にも広く与えられたことで、政治に加わる「国民」の数が増えた。「王室一家のイメージ作戦」は、こうした動きと呼応していた。ヴィクトリア女王は、変わる国民の姿を意識しながら、「国民に心を寄せる」という新しい君主のあり方とその可視化を試行錯誤したといえる。

追い風となったのは、同時期に領土を拡大した大英帝国の存在であった。それまで東インド会社に任されてきたインド帝国が正式にイギリスの植民地となり、ヴィクトリア女王はその初代皇帝として戴冠した(一八七七)。その後一〇年ごとに、即位五〇周年(一八八七)、六〇周年(一八九七)という統治の節目が続くなかで、ヴィクトリア女王は、それまでにない「帝国の母」という役割への傾斜を強めていく。マッチョな帝国ではなく、母なる帝国——それは、君主が女性であったがゆえに拓かれた、君主制の新たな地平であった。これを「君主制の非男性化」と呼ぶ研究者もいる。このイメージの転換こそ、君主制か共和制かに揺れた一九世紀後半のヨーロッパにあって、イギリス君主制の存続を可

エドウィン・ランシア「現在のウィンザー城」(1841～45年)
ヴィクトリア女王のプライベートを描いたこの絵画は、一見、女王が妻であり母であること（左端は長女ヴィクトリア）が強調されているように見える。だが、女王が立ち、夫アルバートが座っていることで、女王の公的な立場はしっかりと確保されている。また、室内で狩猟服姿が描かれることは珍しく、しかもアルバートが身に着けているのは、当時の上流階級の間ですでに時代遅れとなっていたタイツであり、それが彼の身体から微妙に「男性性」を失わせている点にも留意されたい。半開きになった右端のドアが示すように、女王のプライベートは確実に“見られていた”のである。

能にしたのではないだろうか。

　息子エドワード七世が母から継承したのは、まさにこの「マッチョではない」君主制――「国民に寄り添い、国民から敬愛される」君主のあり方であった。

『絵入りロンドンニューズ』の即位60周年特集版（1897年６月26日）の表紙。地球の表面積の約４分の１を占める大英帝国各地から植民地軍隊が駆けつけ、「帝国の母」を祝福した（Christopher Hibbert, *Social History of Victorian Britain*, 1975, p. 154）

「不肖の息子」を待ち受けるもの

　とはいえ、国民への寄り添い方にも国民からの反発にも、君主の個性や趣味が滲むものである。エドワード七世が母ヴィクトリアと対照的な趣味の持ち主であることは、メディアを通じて広く国民に知られていた。ヴィクトリア女王は、上流階級とともに中産階級の人びとにも人気のオペラを好んだのに対して、息子エドワードは、労働者階級の「娯楽の殿堂」であるミュージックホールとその芸人をこよなく愛した、というように――。

　だが、この母と息子の場合、その確執はもっと深いところに根ざしていた。一八六一年一二月、息子の不祥事で、体調不良を押してケンブリッジ大学からの呼び出しに応じた夫アルバートが、その後まもなく腸チフスを併発して亡くなった。四一歳の早すぎる死であった。以後、生涯喪服を貫いた女王にとって、最愛の夫の死は「不肖の息子」のせい――。ヴィクトリア女王の息子不信は長らく消えず、この母子関係は君主制にも暗い影を落とした。一八六〇年代末、当時の首相で自由党党首のW・E・グラッドストン（第一次内閣、一八六八〜七四）は、長すぎる服喪で公務不在の女王について、外務大臣宛ての手紙にこう綴っている。「女王は姿が見えず、皇太子は尊敬されていない」。

しかしながら、人間の性格とは、（まったくの私見ながら）プラスとマイナスが表裏一体であることが多い。不真面目だが陽気な「不肖の息子」は、やがてその社交性で外交に居場所を見出していく。王室外交が実質的に機能していた一九世紀後半から二〇世紀初頭にかけて、皇太子エドワードの陽気さは、ロシア皇帝アレクサンドル二世、フランスのナポレオン三世、さらにはアメリカ合衆国や植民地インドへの訪問外交に生かされたと評価されている。

だが、いかんせん、六〇歳まであとわずかという高齢で、しかも南アフリカ戦争のさなかに即位した彼に、国王として残された時間は長くはなかった。エドワード七世はわずか一〇年でその治世を終える。想定外の苦戦で長期化した南アフリカ戦争の戦後処理、そして第一次世界大戦（一九一四〜一八）へと続く緊張のヨーロッパ国際情勢のなか、六〇代の終わりを迎えた彼の心身の疲弊ぶりは察するに余りある。

それから一〇〇年余りの時が過ぎ、王室外交が儀礼上に留まる二一世紀の今、チャールズ三世の強みは、皇太子時代から積み重ねてきた環境保護、持続可能な社会の実現や生物多様性に関する発言や活動にある。自ら農場を構えて有機農法を実践し、収穫されたオーツ麦を使って作られるビスケットはなかなかの人気である。「王室御用達」として知られる高級スーパー、ウェイトローズには、皇太子がプロデュースしたオリジナル・ブランドのオーガニック食品がずらりと並ぶ。住居には太陽光パネルが設置され、スコットランドの離宮バルモラル城には水力発電タービンやバイオ燃料稼働のボイラーが備えられていて、地球温暖化に向き合う本気度が感じられる。愛車のアストンマーティンの燃料には、ワインとチーズの副産物である乳清を使っていると聞く。それ以外にも、社会的弱者への慈善活動は、ヴィクトリア女王の時代以降、イギリス王室の伝統として継承されており、チャールズも皇太子時代から力を入れてきた。

　とはいえ、今見るべきところはそこではないようだ。母と子の個性や趣味、王室一家のあるべき家族観の違い以上に、チャールズ三世の戴冠前後に明らかになってきたのは、国王が寄り添うべき「国民」の側の変化である。

　まずは、王室に「無関心」な人が増えた。世論調査会社の「ユーガブ（YouGov）」によれば、戴冠式に「あまり関心がない」「全く関心がない」が合わせて六四パーセント、全体の三分の二近くを占めた。この傾向は若い世代ほど高い。新国王が次世代育成にも情熱を傾けてきたことは、国内外で広く知られているというのに……。

「無関心」とともに危惧されるのが、強まりつつある「君主制反対」の声である。コロナ禍やウクライナ戦争などで物価高や高失業率が続くなか、（多少経費削減されるにせよ）費用のかかる戴冠式はすべきではないという声は説得的に響く。なかでも、「私の王ではない（Not My King）」と書かれた黄色いプラカードを掲げる人たち――君主制を廃止して共和制《リパブリック》への移行をめざす（その名も）「リパブリック」の活動は目を引く。エリザベス二世の葬儀ではさほど目立たなかった彼らの姿は、チャールズ三世の戴冠式を控えた二〇二三年初頭から急速に顕在化していった。二〇二三年二月には、エリザベス二世の即位七〇周年の際に「市（シティ）」へ格上げされたミルトン・キーンズ（オクスフォードとケンブリッジの間の町）で、七月にはスコットランドの戴冠宝器を新国王に授与する式典が行われたエディンバラでも、黄色のプラカードが目を引いた。

イギリス国内にもまして、「私の王ではない」という叫び声が響き渡るのは、大英帝国の後身組織、独立後の旧植民地との緩やかな連合体である英連邦（コモンウェルス）だ。「帝国の母」であったヴィクトリア女王にも似て、エリザベス二世は「コモンウェルスの母」として、コモンウェルスの国ぐに、人びとに深い共感を寄せてきた。この「共感」がどのように継承されるのかを考えるとき、気になるのがカリブ海域の島々である。

いざ、カリブ海へ！

イギリス以外でイギリス君主を元首としているのは一四か国（二〇二四年一〇月末時点）であるが、そのうち、八か国がカリブ海域の島々（一二六頁の地図参照）に集中している。いずれもイギリスの旧植民地であり、たとえば最も古いバルバドス（一六二八年に王領植民地化）は、エリザベス二世治世末期の二〇二〇年、君主制を廃止し、共和制への移行を決めた。五五回目となる翌二〇二一年の独立記念日（一一月三〇日）に行われた共和国誕生を祝う式典には、当時皇太子だったチャールズも参加している。

現在、バルバドス以外のカリブ海域の旧英領、アンティグア・バーブーダやジャマイカでも、今後数年以内に「君主制を廃止して共和制に移行するか否か」を問う国民投票を実施する意向が表明されている。カリブ海域でいったい何が起こっているのだろうか。

そんなことを考えていたとき、日本学術振興会の科学研究費助成事業（科研費）の研究チームでカリブ海域調査の話が持ち上がった。調査地は、イスパニョーラ島のドミニカ共和国とフランス海外県のグアドループで、いずれも旧英領ではない。だが、だからこそ、違う角度から今回の「節目」の意味を考えることができるかもしれない。イギリスの「盲点」もわかるかもしれない。何はともあれ、行ってみよう。私はすぐさま参加を決めた。

猛暑の八月上旬、大学内外の業務をなんとかやりくりした私は、カリブ海域へと向かった。

2 スペインのイスパニョーラ島入植

いざ、サントドミンゴへ

日本からカリブ海諸国に向かう直行便はない。乗り継ぎにはアメリカやカナダ、ヨーロッパ諸都市を経由するなどいくつかのルートがあるが、今回の経由地はメキシコシティ。アエロメヒコ航空が二〇二三年三月下旬から成田空港に直行便を一日一便運航しており、中南米のハブであるメキシコシティがぐっと近くなった。そこから、最初の調査地であるドミニカ共和国の首都、サントドミンゴへは五時間前後で行ける。メキシコシティでの乗り継ぎ時間が半日近くといささか長いのだが、調査メンバー一同、空港ラウンジでやることは（日頃の睡眠不足解消を含めて）たくさんある！

ラウンジでひと仕事終え、メキシコ現地時間（日本より一五時間遅い）で日付が変わるころ、飛行機はメキシコシティを出発。到着予定時刻より少し遅れて、午前七時前、サントドミンゴのラス・アメリカス国際空港に到着した。日本との時差は一三時間。大阪・伊丹空港を出てから三二時間余りがたっていた。「はるばる来たぜ、カリブ海！」と、心躍らせながら空港建物を一歩出たとたん、眼鏡が曇った。すごい湿気だ。猛暑は日本で慣れていたはずなのに、少し動いただけで着ている服はぐっしょりと汗ばんだ。さすが高温多湿の亜熱帯、これがカリブか……。

大アンティル諸島（キューバ島、ジャマイカ島、イスパニョーラ島、プエルト・リコ島とそれらに付属する島々）に位置するイスパニョーラ島は、キューバに次いで、カリブ海域で二番目の面積を持つ。七万六〇〇〇平方キロメートル余りというから、北海道本島（七万八〇〇〇平方キロメートル弱）とさほど変わらない。地形も多様であり、沿岸部にはカリブと聞いてなぜか想像する白い砂浜と青い海があるが、内陸部には五つの大きな山脈があり、島の中央を走る山脈の最高峰ピコ・ドゥアルテの標高は三〇〇〇メートルを超える。

ヌエバ・エスパーニャ開発の拠点

この大きさのせいだろうか。一四九二年、第一回航海でイスパニョーラ島を「発見」したコロンブスは、ここをずっとインドの一部、黄金の郷ジパングあたりだと信じていたらしい。このときコロンブスは、沿岸に砦（ナビダー砦）を設けて、三九人の部下を残して帰国した。

翌一四九三年、イスパニョーラ島の入植をめざすコロンブスの第二回航海は、黄金と香辛料で一攫千金を夢見る参加者を含め、一七隻にも膨れ上がった。だが、砦は破壊され、部下全員の死亡が確認されたため、コロンブスはその東に新たな入植拠点――新大陸におけるスペイン最初の植民都市プエルト・イサベラ（現プエルト・プラタ県）を作り、その統治を弟バルトロメに託した。コロンブス自身は黄金を求めてイスパニョーラ島内部の探索を続け、その後キューバやジャマイカにも足をのばした。だが、その間、プエルト・イサベラの統治はうまく進まなかった。一四九六年にいったんスペインに帰国したコロンブスが、二年後、第三回航海でイスパニョーラ島に戻ってくるまでに、バルトロメは拠点を島の南部、オサマ川河畔の東岸に移し、ヌエヴァ・イサベラを建設した。

その後も、バルトロメの失政、部下の裏切りなどでヌエヴァ・イサベラの迷走は続いた。一五〇〇年、スペイン両王（フェルナンド二世とイサベラ一世）が派遣した査察官により、コロンブスは逮捕され、本国に送還された。罪は免れたものの、新大陸に関するあらゆる地位を剝奪されて、一五〇二年に試みた第四回航海では、イスパニョーラ島への寄港すら禁じられた。

同一五〇二年、ヌエヴァ・イサベラはハリケーンで壊滅。同年ここに赴任した新総督ニコラス・デ・オバンド（一四六〇～一五一八）は、より安全な対岸（オサマ川西岸）に町を移動した。これが現在のサントドミンゴの旧市街である。

この町の発展の基礎を固めたのも新総督オバンドであった。貴族出身の軍人オバンドは、第三回、第四回航海で植民地経営能力の欠如を露呈したコロンブスに代わって、スペイン両王から厚い信頼を寄せられていた。一六世紀前半、サントドミンゴはオバンドのもと、スペイン王室を頂点とする新世界の植民地、ヌエバ・エスパーニャ開発の拠点として、人やモノ、文化や情報の交流を牽引した。アステカ帝国やインカ帝国などを征服した遠征隊はすべて、サントドミンゴから出発している。

サントドミンゴ観光の目玉、旧市街ソーナ・コロニアルは、そんなスペインの黄金時代を彷彿とさせる空間である。一九九〇年にユネスコ世界遺産に登録されたこの地区の中心には、新大陸を指さすコロンブス像がそびえ立つ、その名もコロンブス広場がある。この広場に面して建てられたアメリカ大陸初の大聖堂、サンタ・マリア・ラ・メノール大聖堂は、一五四六年、新大陸における首座教会となった。一五〇六年に亡くなり、いったんセビリアの修道院に埋葬されたコロンブスの遺骨は、生前の遺言により、一五四四年、この大聖堂に移送された。歴代総督の公邸は王室博物館となり、新大陸初の修道院であるサン・フランシスコ派修道院の跡地では、現在修復作業が進められている。

博物館からつながるスペイン広場に面して、コロンブス宮殿（アルカサル・デ・コロン）がある。一五〇九年、オバンドの後継として、イスパニョーラ島第四代総督となったコロンブスの長男ディエゴの私邸として造られ、五〇以上の客室、礼拝堂やコンサートホールまで完備した贅沢な造りが、スペイン国王のひんしゅくを買ったと伝えられる。その後、ドミニカ共和国独立をめぐる紆余曲折（後述）のなかで、この建物はうち捨てられて荒廃し、二〇世紀後半になってようやく修復された。

コロンブス宮殿の運命にも似て、ヨーロッパによりヨーロッパに向けて開かれたイスパニョーラ島から見る「カリブの近代」への道は、けっして平坦ではなかった。

「独立」への紆余曲折

スペイン人がアステカ、インカ、マヤというアメリカ大陸の三大文明を征服し、銀鉱山の開発を本格化させていく一六世紀半ば、早くも新大陸におけるイスパニョーラ島の立ち位置は大きく変化する。

コロンブス広場。後ろにサンタ・マリア・ラ・メノール大聖堂が見える（2023年 8 月 8 日筆者撮影）

サン・フランシスコ派修道院の跡地（2023年 8 月 8 日筆者撮影）

この島に入植したスペイン人の多くが大陸側に移動し、スペインと新大陸との交易拠点もキューバ島のハバナに移ったからである。イスパニョーラ島もサントドミンゴも、その重要性を大幅に低下させていく。

フランスやイギリスの海賊によって、スペインの全島支配も揺らいだ。一五八六年には、イングランドのエリザベス一世から「サー」の称号を賦与された海賊で、世界一周を成し遂げたフランシス・ドレイクがコロンブス宮殿を襲撃し、絵画や財宝をごっそり略奪した。イングランドに来襲したスペイン無敵艦隊（アルマダ）をドレイクらが撃退するのは、その二年後のことである。一六九七年にはフランスとの間にライスワイク条約が結ばれ、島の西側三分の一がフランス領サン・ドマング（現在のハイチ共和国）に、東側三分の二がスペイン領サント・ドミンゴ（現在のドミニカ共和国。首都サントドミンゴは特別区となっている）にと、正式に二分された。

フランス革命期の一七九五年には、スペインとフランスの和約で、イスパニョーラ島全体が一時的ながらフランスの支配下に置かれた。それゆえに、ハイチが「世界初の黒人共和国」として独立への道を歩み出したとき、東のサント・ドミンゴもその一部として、フランス共和国政府による奴隷制の廃止（一七九三）、奴隷反乱を指揮したトゥサン・ルヴェルチュールによる全島制圧（一八〇一）、ナポレオンによる奴隷制の復活（一八〇二）といった一連の「ハイチ革命」の真っただ中に放り込まれた。

二一世紀の私たちには、ハイチといえば、二〇一〇年一月に首都ポルトープランスを襲った巨大地震で三一万人余りが亡くなり、政治的・社会的な機能まひを露呈した「破綻国家」のイメージが強いが、フランス革命期のハイチには明るい未来があったのだ。

ハイチ支配に対する抵抗のリーダーであり、ドミニカ共和国独立（1844年２月）の三英雄のひとり、ファン・パブロ・ドゥアルテの記念碑（2023年８月８日筆者撮影）

　ナポレオン失脚（一八一四）後、黒人共和国ハイチの一部だったサント・ドミンゴは再びスペイン領となった。と同時に、今度は折からのラテンアメリカ独立運動と相まって、一八二一年、スパニッシュ・ハイチとして独立する。だが、翌一八二二年には再度ハイチの支配下に置かれ、イスパニョーラ島全島がハイチの領土となった。一八四四年、島の東側三分の二からハイチ人を追放し、ドミニカ共和国の名のもとに独立を果たしたものの、以後も隣国ハイチの脅威は続いた。ドミニカ共和国は、スペインに保護を求めて植民地に逆戻りしたり、アメリカの「保護国」になったりと、一九世紀後半から二〇世紀初頭にかけて不安定な状態が続いた。第一次世界大戦前後にはアメリカの軍政下に置かれている。

　イスパニョーラ島も植民都市サントドミンゴも、スペイン、フランス、ハイチの間を行きつ戻りつしながら、近代という時代のとば口で立ちすくみ、揺れ続けた。

3　先住民は絶滅したのか？

タイノの場合

カリブ海域の大きな特徴は、スペイン人の到来で先住民の人口が激減し、その後の人口構成がまったく入れ替わってしまったことにある、と説明されることが多い。

スペイン人をはじめとするヨーロッパ人が、南北アメリカ大陸にインフルエンザや天然痘、コレラなどの感染病を持ち込んだため、これらに耐性のない先住民はつぎつぎと倒れて亡くなった。高校世界史の授業以上に、コロナ・パンデミックの経験から、今の私たちには極めてリアルな史実に思える。これに、金銀鉱山開発で、さらには（これまた）ヨーロッパ人がカリブ海域に導入したサトウキビのプランテーション労働で、いずれも先住民が酷使された事情を加味すれば、先住民人口の激減も納得できよう。

世界史の授業では、この後にこう続く。先住民に代わって、アフリカ大陸から黒人奴隷が連れてこられてサトウキビ・プランテーションの労働力となり、大西洋上では奴隷（三角）貿易が展開した、と。言い換えると、ヨーロッパ人の到来がもたらした「近代のとば口」で、カリブ海域の先住民は「絶滅」し、以後、カリブの近代は、ヨーロッパ人、アフリカ人、その混血であるクレオールによって彩られることになった、となろう。

その典型例、かつ極めて早期の例が、イスパニョーラ島の先住民族、タイノである。近年のＤＮＡ

解析によってわかってきたのは、彼らが南米アマゾンの奥地に起源を有するアラワク語族の亜グループであり、南米北岸からカリブ海域へと木製カヌーで漕ぎ出し、海流に乗って、小アンティル諸島（カリブ海の東端、カリブ海と大西洋とを区切るように南北に連なっている島々、一二六頁の地図参照）から大アンティル諸島、およびバハマ諸島に移動、定着したことである。ドミニカ人類博物館の展示によると、今から二五〇〇年ほど前、タイノはこれらの地域に入植を開始し、一〇〇〇年以上もの間、海域内の諸島とその住民たちと盛んに交流していた。ちなみに、この人類博物館の展示はすべてスペイン語だが、スマートフォンの翻訳アプリをカメラ入力モードにして展示説明にかざせば、瞬時に概要くらいはつかむことができる。進化し続ける翻訳アプリは、海外調査の頼もしい味方だ。

さて、一四九二年、第一回航海でコロンブスは、「インド」の一角に到着したと勘違いしていたため、彼らを「インディオ（インディアン）」と呼んだ。「タイノ」とは「良き人」の意味であり、カリブ海域の他の民族と区別するために、彼ら自身が使った自称であった。

タイノの人口変化は、スペイン人がまめに行った人口調査に明らかである。コロンブス到来の一四九二年、イスパニョーラ島の先住民は二五万人前後と記録されている。それが十数年後の一五〇八年には六万人、一五一四年には一万四〇〇〇人と激減。「生態学的視点から歴史を見る」という副題を持つアルフレッド・W・クロスビー『ヨーロッパの帝国主義』（佐々木昭夫訳、ちくま学芸文庫、二〇一七年）によれば、一五一八年終わりから一五一九年初頭にかけて天然痘が大流行し、この島のタイノの三分の一から半分近くが亡くなり、その数は三〇〇〇人前後にまで落ち込んだという。ちなみに、このときの天然痘流行はさらに北上して同じ一五一九年にメキシコに到達し、スペインの征服者コルテス（彼はもともとイスパニョーラ島の入植者であった）によるアステカ帝国滅亡を速めたと考えられる。

新大陸の三文明が崩壊した後、イスパニョーラ島の停滞期と重なる一五六五年の人口調査では、この島の先住民の数は二〇〇人と記録されており、その直後から「絶滅した」と語られるようになった。一六世紀後半以降のアフリカ系黒人奴隷の急増とは対照的な先住民のこの運命は、現在のドミニカ共和国の人口構成にも影響を及ぼしている。外務省の基礎データによれば、ヨーロッパ系一六パーセント、アフリカ系一一パーセント、クリオール（混血）七三パーセント（二〇二二年一一月一〇日現在）。そこに、先住民族タイノの痕跡を想像することは難しい。

多くの専門家が強調するように、カリブ海域では、スペイン人の到来により、実に短期間に人間の入れ替えが完了した印象が強い。だが、人間とは、民族とは、それほど単純、容易に入れ替われるものなのだろうか。たとえば、イスパニョーラ島にやってきたスペイン男性がタイノ女性を妻や愛人にしていたことはよく知られているが、彼らの間に生まれた子どもたちは、タイノの文化や歴史とどのようにつながることができたのだろうか。子どもたちにタイノとのつながりを教える大人が誰もいなかったとは考えづらい。

先住民探し――ドミニカ人類博物館

「絶滅」した先住民が注目された時期がいくつかある。一九世紀初頭、フランス革命の影響を受けて、スペインからの独立運動がラテンアメリカ全体に広がった時期はそのひとつである。フランスからのハイチの独立、ハイチによるドミニカ支配を含み、先述したドミニカ共和国の独立をめぐる複雑な経緯のなかで、イスパニョーラ島の知識人や独立を模索するリーダーたちは、スペインでもハイチでもなく、「絶滅」した先住民族タイノに、ナショナリズムの核を求めた。もっとも、そこに「絶滅」したタイノ自身の姿や形、主体性はなかった。

より本格的で実際的な「先住民探し」は、タイノの文化的遺産の収集と展示を目的とするドミニカ人類博物館の設立（一九七三）を待たねばならない。当時のカリブ海域は、一九五〇年代から六〇年代にかけて高揚したアメリカ公民権運動から強い影響を受けており、人種差別に抗議して白人と同等の権利を求めたアフリカ系黒人の姿は、一九七〇年前後のカリブ海域でも認められた。だが、ドミニカ共和国の場合、紆余曲折の独立事情から、この国立博物館の使命はもっと複雑であったようだ。ドミニカ人類博物館の正面に立つ三体の立像はそれを端的に物語っている（本章の扉参照）。

中央に立つのは、新大陸におけるスペイン人支配の横暴、先住民への不当な虐待を厳しく非難したドミニコ会の宣教師、バルトロメ・デ・ラス・カサス（一四八四〜一五六六）である。一五〇二年、オバンド総督の遠征時、父とともにイスパニョーラ島に移住（この時は一五〇六年にスペインに帰国）して以来、ラス・カサスは半世紀ほどの間に六回も大西洋を往復し、イスパニョーラ島を中心に先住民の置かれた厳しい状況を見つめ、スペイン人入植者による先住民への暴力を批判し続けた。スペイン王カルロス一世（神聖ローマ皇帝カール五世）に謁見して征服活動の即時停止を訴えた彼は、一五五二年、皇太子（のちのフェリペ二世）への序詞を追記して、『インディアスの破壊についての簡潔な報告』（染田秀藤訳、岩波文庫、二〇一三年）を出版した。この報告書はヨーロッパ各国語に訳されて評判となるが、彼が求めた先住民保護の法案は、スペイン人入植者の反対で実現しなかった。

その左隣、博物館の入口に向かって右側に立つのが、先住民タイノの英雄、首長のエンリキージョだ。タイノに対するスペイン人の非人間的な扱いに憤り、一五一九年に立ち上がった。エンリキージョの指揮のもと、山岳地帯に身を隠したタイノたちは統制のとれたコミュニティを形成し、農作物を育てて自給自足の生活をしながら、一〇年以上もの間スペイン人を攪乱し続けた。他の先住民族や以下に述べるレンバのような黒人奴隷からの信望も厚かったと記録される。スペイン側と休戦が成立した翌年、一五三五年に亡くなっている。

ソーナ・コロニアルにあるラス・カサスの立像。ぎゅっとこぶしを握り締めて天を仰ぐ彼は何を思っているのだろうか（2023年8月8日筆者撮影）

入り口に向かって左側の像は、「絶滅」した先住民に代わる労働力としてアフリカから連れてこられた黒人奴隷で、一五三二年の奴隷反乱を主導したレンバである。山岳部に逃亡したが一五年後に捕まり、処刑された。新大陸で起こった極めて初期のアフリカ系黒人奴隷反乱のリーダーとして、近年のドミニカ共和国で広く知られるようになった。

先住民タイノ、スペイン人（広くはヨーロッパ人）、アフリカ系黒人――ドミニカ人類博物館の正面に立つ三つの像は、この島が育んだ多様性、ひとつに収斂しないこの国のアイデンティティを象徴している。そう、先住民は絶滅などしていなかったのだ。

「私はタイノ」

一九九〇年代に入ると、二つの動きが先住民族タイノの存在をさらに浮上させた。

ひとつは、先住民族の権利運動の高まりである。一九九〇年に「アメリカ先住民の墳墓保護と返還に関する法律（ＮＡＧＰＲＡ）」が成立して以降、先住民族であるという意識とその権利を保護する動きは大きく前進した。国連の「世界の先住民族の国際年」宣言（一九九三）に続き、一九九五年から二〇〇四年は「世界の先住民の国際一〇年」とされた。二〇〇七年には国連総会における「先住民族の権利に関する宣言」が採択された。これを受けて、日本でもアイヌを日本の先住民族とする決議が採択されて、二〇一九年に「アイヌ施策推進法（正式名称「アイヌの人々の誇りが尊重される社会を実現するための施策の推進に関する法律」）」が可決・成立したことは記憶に新しい。

もうひとつは、ＤＮＡ技術の飛躍的向上により、現代のカリブ海域の人びとが先住民のミトコンドリアＤＮＡを持っていることが確認されたことである。スタンフォード大学の遺伝学者カルロス・バスタメントの調査では、プエルト・リコの場合は人口の一〇〜一五パーセント、ドミニカ共和国では五パーセントに、タイノのＤＮＡが保持されているという。二〇一一年の国際人類遺伝学会で披露されたこの結果は、国際共同事業である「一〇〇〇人のゲノムプロジェクト」（二〇〇八年設立）にも加えられた[1]。こうした情報は、ＩＴ技術の革新を通じて広く共有されるようになり、タイノを受け継ぐ人びとは、まずはネット上で、次いでリアルに、交流を開始した。

二〇一五年には、デンマークの遺伝学者たちが、今から一〇〇〇年ほど前の頭骨にあった歯からタイノの完全ＤＮＡ鎖の抽出に成功した。カリブ海域のような湿気の多い熱帯ではＤＮＡの保存状態が悪く、抽出はほぼ不可能とされてきた。技術革新によって抽出可能となったＤＮＡは、今から一〇〇〇年前、つまりスペイン人到来以前のカリブ海域にいたタイノが、現代のドミニカ共和国やプエルト・リコの人びととつながっていることを証明したのである。[2] 同様の調査結果は、二〇二〇年の『サイエンス』[3] や『ネイチャー』[4] でも報告された。

そのなかで高まってきたのが、従来の「タイノ絶滅説」の否定である。批判は、「絶滅」したとして先住民の存在を抹消した植民地時代の人口調査に向けられた。イスパニョーラ島では一五六五年の人口調査直後にタイノの絶滅宣言が出されたことは前述したが、同じくタイノの分布地であるプエルト・リコでは、一七八七年の人口調査で二三〇〇人だった先住民数が、一八〇二年には〇人と記録され、以後、民族を問う選択肢から「先住民」は消えた。二一世紀に検出されたＤＮＡ鎖は、これら人口調査をはっきりと否定したことになる。人口調査に結婚・出生記録や遺言書をクロスさせた歴史研究者の検証からは、スペイン人がタイノの女性を「妻」にすることが多かったこと、奴隷にされた「先住民」が「アフリカ人」に書き換えられた例が少なくないことも明らかになってきた。

「先住民〇人」としたプエルト・リコの一八〇二年の人口調査を修正しようと、二〇一九年、ニューヨークのタイノ・コミュニティを主宰するジョージ・バラクティ・エステベスの試みとして、ある写真展が企画された。タイノが民族の血や文化を確実につないできたさまを可視化するのが狙いである。さまざまな衣装に身を包んだタイノの子孫たちの肖像写真を撮ったのは、ニューヨークで活躍する写真家、阪口悠氏だ。登場した人びとのなかには、山に逃げ込んだ祖先が残した「タイノであることを忘れるな」との言葉を、ずっと大切に伝承してきたと語る人もいた。[5]

人口調査の選択肢から消されたタイノは、「絶滅」したわけではなかった。彼らは、スペイン人が強引に開いた「カリブの近代」をしたたかに生きてきたのである。

「私はタイノ」を称する人びとが確実に増えたことを受けて、プエルト・リコ政府は人口調査に「先住民（インディオ）」という選択肢を復活させた。二〇二〇年にこれを選んだ人は三万人を超えた。

彼らの過去に私たちの今を重ねる

遺伝子解析技術の進歩によって、もうひとつ別の「先住民絶滅否定説」が浮上している。コロンブスがやってくる一〇〇〇年以上も前に、カリブ海域の「先住民」は、南米大陸からカリブ海域に渡ってきた農耕民によって、ほぼ全滅していたのではないかという仮説である。日本経済新聞に掲載された記事のニュースソース、『ナショナル・ジオグラフィック』誌が伝える最新の研究成果はこうだ(6)。

アフリカ大陸を出た人類、ホモ・サピエンスが南米大陸に到達したのは約一万年前、そこからカリブ海域にたどり着き、定着するのは約六〇〇〇年前だといわれる。ゲノム解析からも、彼らが南米大陸からの渡来者であることが確認されている。彼らこそイスパニョーラ島の「先住民」であり、石器を使う狩猟採集民族であった。そのあと、今からおよそ二五〇〇年前には、南米北東部から製陶技術を持つ農耕民がカリブ海域に到来するようになり、八〇〇年ほどの時間をかけて、大アンティル諸島に定住した。「先住民」は、この農耕民との接触、戦闘や病気でほぼ全滅し、イスパニョーラ島でも到来した農耕民が「先住民」に置き換わったとされる。調査によると、二つの民が混じり合った可能性は低いらしい。

この説に従えば、一四九二年にコロンブスが出会ったのは、石器を使う狩猟採集民族を征服した、陶器を作り使う農耕民族であったことになる。「先住民」とはどこまで遡ることのできる／遡るべき存在なのだろうか。たとえば、二〇〇七年の「先住民族の権利に関する宣言」では、先住民族の具体的な定義を意図的に避けた。宣言自体に法的拘束力はなく、具体的な措置は各国に委ねられている。そこには、先住民族の多様性を勘案して、定義することで排除される集団が生まれることへの懸念があったと説明されている。「先住民」という言葉は、文化とともに、その時々の政治が絡む言葉でもある。だからこそ、本質を見極めねば――。

そんなことを思っていたとき、こんな文章が目に留まった。

自分の子どもや兄弟姉妹、親たちが虐殺され、レイプされるのを見ながら、自分たちの村が襲われ、略奪されるのを目にしながら、祖母や母たちは何をしただろうか。彼女たちもまた懸命に祈ったに違いない。苦しむ人びとがみなそうであるように。だが、その祈りはどうなったのか。キャンプファイアの煙のように、空中に消えてしまったのか。(7)

これは、「私はタイノ」の写真展を主宰したエステベスがあるインタビューで語った話である。学校でコロンブスの航海を学んだ彼は、その冒険談にワクワクしながら帰宅し、母親にその話をした。すると母親は、コロンブスによって祖先たちがどれほど犠牲になったかを語り、少年だった彼に大きな衝撃を与えた。この引用は、母親の話を聞き、スペイン人によって虐殺された祖先の姿を思い浮かべたというエステベスの言葉である。彼の言葉から読者は何を想い浮かべるだろうか。
本書冒頭に書いたように、WEB連載中のタイトルは「過去につながり、今を問え！」であった。だが、つながる過去は「私たちの過去」である必要はない。そもそも、二一世紀の今、「私たちの過去」と無関係なものなどどこにもないだろう。先の言葉に、エステベスはこう続けている。

ここではっと気づいた。私たち子孫が彼女たちの祈りなのだと。物事を正し、自分たちの物語を伝えるために、私たちは戻ってきたのだと。

4　カリブ海域のプランテーション遺構

エア・アンティルというカリブ海域のローカル航空は、一日一便、サントドミンゴとグアドループとを結んでいる。この航空会社から突然、「予定していたフライトは欠航となり、翌日早朝に変更する」とのメール連絡が入り、いささか慌てた。理由は不明。急ぎもう一泊できるホテルを探し、タクシーの予約時刻を変更した私たち科研チームは、翌朝早く、ラス・アメリカス国際空港に到着し、出発手続きを終えた。荷物を預けて搭乗ゲートに向かうと、出発便一覧ボードに、なんと当該便の「キャンセル」が表示されているではないか。はあ？　戸惑う私たち。事情がわからないままゲート近くでまごまごしていると、（これまた理由不明だが）なぜかその便が「復活」し、予定時刻を四時間近く遅れてサントドミンゴを飛び立った。

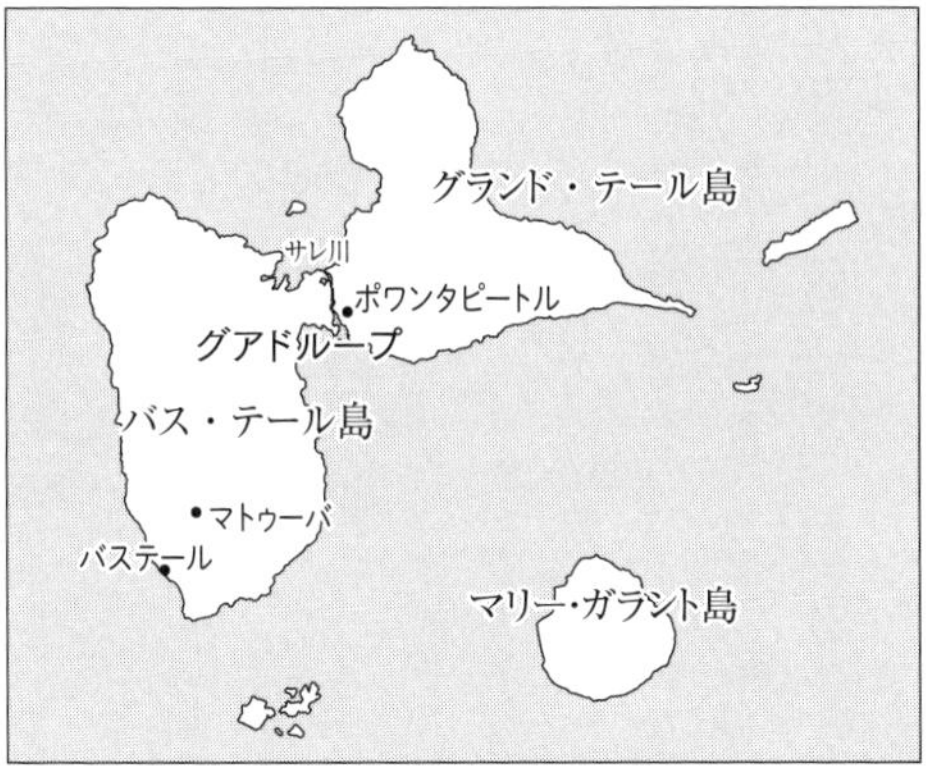

グアドループとマリー・ガラント島

自由席の窓側座席をしっかり確保し、目をぱっちり開けて外を観察した。メキシコシティからサントドミンゴへの便では座席が窓側ではなく、しかもナイトフライトとあって気がつかなかったのだが、サントドミンゴから第二の目的地、小アンティル諸島に位置するグアドループへ向かう昼間の機内では、サントドミンゴが位置するイスパニョーラ島の大きさを実感することができた。そうやって、東に向かって飛ぶこと一時間半余り。プロペラ機は小アンティル諸島の一角にあるグアドループ島、ポワンタピートル国際空港に降り立った。

カリブでユーロ

グアドループのメインアイランドは、蝶が羽を広げたような形をしていることから、「バタフライ・アイランド」の愛称で知られる。東がグランド・テール島、西がバス・テール島で、この二つを隔てるサレ川には現在橋がかかっており、車で自由に行き来できる。首都は西のバス・テール島南西部沿岸にあるバステール（一六四三年にフランスが建設）という町だが、観光も経済も、その中心は、東のグランド・テール島のサレ川沿いに位置するこの島最大の都市、ポワンタピートルで、国際空港もここにある。

ポワンタピートルの近くには、白い砂とヤシの木という絵にかいたような海岸へと続く長期滞在型のリゾートホテルが数多く林立している。エア・フランスはじめ、パリやリヨン、マルセイユといったフランス国内からの定期直行便も多く、この島がフランスの「海外県」であることを改めて意識させられる。

欧米諸国が支配してきた植民地では、第二次世界大戦を大きな契機として「脱植民地化」が進み、その多くが「独立」をめざして宗主国との闘争に突入し、時に内部対立で戦闘が長期化、激化して、市民に多くの犠牲者が出た。仏領インドシナしかり、英領ケニアや仏領コンゴなどアフリカの諸地域しかり。だが、独立だけが脱植民地化のゴールではない。一九四六年、カリブ海域のグアドループとマルティニーク（ナポレオンの最初の妻ジョゼフィーヌの出身地）、すぐ近くの南米北東部に位置する仏領ギアナ、インド洋に浮かぶレユニオン島が選んだ道は、独立ではなく、その後もフランスの一部に留まるというものであった。フランスに帰属し続けることに島全体の合意を得るためにいくつもの葛藤があっただろうことは想像に難くない。複雑な思いを抱く島民は今なおいるだろう。だが、独立運動後も各地で続く民族・宗教対立や経済的な貧困状況を見ると、フランス政府から規制はあるが補助金もある「海外県」という脱植民地化の方法もありか……と思えてくる。

現在、フランスの「海外県」は、法律的、行政的にはフランス本土と異なる体系を有しており、独自の議会を持ち、自治権がある。かつフランス本土の議会代表選出権があり、さらにはフランスが加盟する欧州連合（ＥＵ）の一部として欧州議会の投票権もある。二〇一一年には、アフリカ大陸南東部の沖合、コモロ諸島に属する旧仏領マヨット島も、島民投票の結果を受けて海外県に「昇格」し、二〇一四年には正式にEUの一部となった。海外県の公用語はフランス語、通貨はもちろん、ユーロである。カリブでユーロ。そこにもまた、カリブの近代が関わっている。

カリブ族の男たちは森に逃亡した

一四九三年九月にスペインのカディス港を出発し、イスパニョーラ島に向かう第二回航海の途中、コロンブスは小アンティル諸島のある島に立ち寄り、タイノとは異なる先住民族に出会った。農耕を中心とする温和なタイノとは対照的に、漁労中心の荒々しいその人びとこそ、「カリブ海」という地名と直結するカリブ族である。「人喰い」を意味する「カニヴァリズム」の語源ともなった。コロンブスはこう綴っている。

> この島には村は多くなく、さまざまな丘陵の斜面に点在しておりました。家々は大変良く、備蓄に溢れていました。男たちは、その大勢が森に逃亡してしまったため、わずかにしか遭遇せず、捕らえることができませんでした。女たちしか捕らえられませんでした。
>
> （中村隆之『カリブ－世界論』人文書院、二〇一三年、三三～三四頁）

このときコロンブスは、捕らえた女たちから、カリブ族の男たちが彼女たちの故郷の村を襲撃し、彼女らの兄弟や夫を食べたこと、この島に連れてこられた自分たちにも人を喰うことを強要することなどを聞いた、とある。コロンブスは「この島」に、スペインのサンタ・マリア・デ・グアダルーペ王立修道院（エストレマドゥーラ州）に祀られている聖母にちなむ、グアドループの名を与えた。第一回航海でコロンブスが「発見」したサン・サルバドル島（「聖なる救世主」を意味するスペイン語）同様、神への感謝を表す命名であろう。

コロンブスの記述に「男たちは、その大勢が森に逃亡してしまった」とあることから、カリブ族のこの集落はおそらく西の島、バス・テール島にあったと思われる。地図を見れば二つの島の地形の違いは一目瞭然。平野が多いグランド・テール島に比べて、バス・テール島は山がちで、その周辺には光を遮る深い熱帯雨林の森が密集している。バス・テール島が火山島で最高峰の山が一五〇〇メートル近いことを知ったのは帰国後のことだった。

調査中、この島の標高差を実感する出来事があった。車でバス・テール島の中央部を移動中に、突然耳がキーンと痛くなり、一気に周囲の音が聞こえづらくなったのである。飛行機の着陸時に経験する、あの不快な感覚である。それがなぜここで……?

地形に合わせて揺れ続ける車中で思い出したのが、先のコロンブスの記述であった。そうだ、第一回航海でコロンブスを歓迎したタイノ族とは違い、戦闘的なカリブ族の男たちは森に逃亡したのだった。

サトウキビ・プランテーションの遺構――マリー・ガラント島

時をバス・テール島調査の四日前――ローカル航空会社エア・アンティルの飛行機が、グアドループのポワンタピートル国際空港に大幅遅れで到着したとき――に戻そう。

荷物を取り、タクシーに飛び乗ってフェリー乗り場に急いだ私たち一行は、なんとかマリー・ガラント島行き最終便に間に合った。マリー・ガラント島は、バタフライ・アイランドの南に浮かぶ島。約一時間後、船が島に到着するころには、周囲はすっかり深い闇に包まれていた。

ホテルで私たちを迎えたのは、聞いたことのない奇妙な音だった。私には「キョイキョイ」と聞こえた。何だ？　鳥か？　いや、鳥は夜は寝ているから啼かない（はずだ）。ならば虫か？

キョイキョイを子守唄に眠った翌朝、キョイキョイの音は消えていた。音の方向に目をやると、木や草がこんもりと大きな茂みを作っていた。キョイキョイはどこに行った？　調査チームの面々も気になったようだが、正体がわかる者は誰もいなかった。その日の午前、午後を目一杯調査に費やし、暗くなってきたホテルで食事をとり始めたころ、再び「キョイキョイ」の大合唱が始まった。どんな生物かはわからないが、暗くなると啼きはじめ、朝が来て明るくなると啼きやむようだ。カリブ海域特有の生物だろうか。気になる。その音はとても言葉で説明できるものではないため、録音して夫に調べてくれるように頼み、私は自身の調査に集中することにした。

さて、今回のカリブ海行きは、この海域の島々に残る奴隷制遺構の調査が主目的である。コロンブスによって拓かれた「カリブの近代」が、ヨーロッパ、アフリカ、南北アメリカという三つの大陸を結ぶ大西洋上の奴隷貿易、それと併行して進められた植民地化と直結していたことはよく知られている。一六世紀から一九世紀末までの約四〇〇年間に新大陸に運ばれた奴隷のうち、約半分がカリブ海域に集中していた。特に一八世紀の一〇〇年間にカリブ海域で取り引きされた奴隷の数は、四〇〇年近く続いた奴隷貿易全体の七割余りを占めたと算定されている。

イスパニョーラ島の西側三分の一を占めたフランスの植民地サン・ドマング（現在のハイチ）は一八世紀の一大砂糖生産地であり、「カリブの真珠」と呼ばれていた。だが、グアドループも負けてはいない。グアドループの沖合約二五キロメートルに浮かぶマリー・ガラント島も、一八世紀末、一七九〇年の調査では、総人口約一万一五〇〇人のうち、奴隷は九四〇〇人を数えた。フランス革命期でもあった当時、この島の製糖工場は一〇〇を超えたと記録される。なお、この島の名も、一四九三年、第二回航海の旗艦マリア・ガランダ号にちなんで、コロンブスがつけたものである。

マリー・ガラント島の奴隷制と関わる遺構のひとつに、ミュラ家という家族が所有していたプランテーションがある。建物は一九七〇年代に大規模な修復が行われ、現在はエコミュージアムとして、この島の観光の目玉ともなっている。その遺構からは、当時のプランテーションの構造のみならず、ここがどのような場であったかも感じ取ることができる。

建物の説明書きによれば、このプランテーションの起源は一六六〇年代に遡る。サトウキビ畑を遠くに望む敷地内には、九基のボイラーを備えた蒸留施設のあるサトウキビ搾汁所、製糖所、圧搾の動力源となる風車、パン焼き窯や食糧備蓄用の小屋、奴隷監督小屋や奴隷小屋などが点在した様子が復元されている。少し離れた場所には奴隷の診療所跡もあり、プランテーション内で栽培されていた数々の薬草が使われたことを想像させる。風車ができる以前、一七世紀後半から一八世紀初頭にかけ

マリー・ガラント島、ミュラ家所有のプランテーションにある製糖所の遺構（2023年８月11日筆者撮影）

ミュラ家のプランテーション跡に復元された農園主の館。1807年にプランテーションの主となったドミニク・ミュラはフランス、アキテーヌ出身。この島の女性と結婚してここを買い、製糖所を拡大し、奴隷数も３倍近くに増やした（2023年８月11日筆者撮影）

ては、サトウキビ圧搾・搾汁の動力源として、牛や馬が使われていたという。見晴らしのいい敷地内の高台にあるのが、農園の主プランターの邸宅である。

これらをそれぞれ確認しながら、広い敷地を歩くと、プランテーションという空間が、農と工をつなぐさまざまな分業で成立していたことを実感する。その分業の末端に位置するのが、労働力であった奴隷たちだ。

ここをドミニク・ミュラと息子エマニュエルが購入したのは一八〇七年のことだった。一八〇七年といえば、イギリス議会が奴隷貿易廃止法案を成立させた年だが、その一〇年余り前、フランス革命中の一七九一年八月、イスパニョーラ島西側の仏領サン・ドマングでは大規模な奴隷反乱が起こり、島の東側を支配するスペイン、同じく対戦中のイギリスの介入を招いた。サン・ドマングに派遣されたフランス政府の代表委員らは、緊迫する現地状況に対応すべく、一七九三年八月、奴隷解放令を出す。これを翌一九七四年二月、フランス議会（国民公会）が追認した。フランス革命をめぐるヨーロッパの国際関係は、まさしくカリブ海域と陸続きであったのだ。違っていたのは、奴隷たちがフランス革命の理念を信じたのに対して、フランス本国が植民地の維持を優先させたことだろう。

同じことはグアドループにも当てはまる。グアドループは一七九四年四月、イギリス軍に占拠されたが、六月にフランス軍が奪還。と同時に、奴隷解放令が出された。グアドループのすぐ近くには、同じ仏領のマルティニークがあるが、この島は一七九四年三月からずっとイギリス軍の支配下に置かれていたため、奴隷制廃止は実行されなかった。フランス海外県である旧仏領グアドループとマルティニークの間には、英連邦の一員である旧英領ドミニカ国（一九七八年に独立）がある。この三つの島の位置関係は、カリブ海域における英仏の複雑な過去を想起させて興味深い。

一七九九年、クーデターで政権を握ったナポレオンは、すぐさま「植民地には本国の法体系を適用しない」ことを定め、一八〇二年、奴隷制を復活させた。解放されたはずの奴隷たちは、再び奴隷身分に戻される。サン・ドマングではこれに対する抵抗運動が起こり、一八〇四年、世界初の黒人共和国ハイチとして独立を果たした。だが、後述するように、グアドループの抵抗運動は成功しなかった。

かくして、一八〇七年にドミニク・ミュラがここを買ったときに一一四人であった奴隷は、一八三九年には三〇七人を数え、敷地内には一〇〇を超える奴隷小屋が並んだ。奴隷たちはここでさまざまな肉体労働を強いられたのだが、ミュラ家のみならず、奴隷労働の大きな特徴は、性差をまったく無視していたことにある。妊娠した女性に極めて短期間限定で配慮を示したプランテーションもあったようだが、基本的に、女性にも男性と同じ作業が割りふられた。人類学者シドニー・W・ミンツの以下の言葉は、農園主プランターを頂点とする農・工融合の組織体、プランテーションの本質を鋭く突いている。

> 性別を無視することにあらゆる手段が利用されたとき、同時にすべての個人の特性も消し去られることになっただろう。これはまさしく近代的な企てだ。まず能率を重要視して労働力を組織すること、これは近代的だ。労働形態も「産業的」である。この点を私は強調したい。
>
> （シドニー・W・ミンツ『［聞書］アフリカン・アメリカン文化の誕生―カリブ海域黒人の生きるための闘い』藤本和子編訳、岩波書店、二〇〇〇年、七六頁）

5　女性奴隷たちの選択

オウコチョウの花咲く島

奴隷貿易や奴隷制を「人道に対する罪」と明言したのは、二一世紀最初の年、二〇〇一年に行われた国連主催のダーバン会議であった。その後、イギリスの奴隷貿易廃止二〇〇周年（二〇〇七）、今世紀になっても終わらない奴隷労働や人身取引に関する法的強化を目的とする現代奴隷法の成立（二〇一五）、さらにはアメリカのブラック・ライヴズ・マター（BLM）運動の拡大（二〇二〇）など、奴隷貿易・奴隷制の過去を顕在化させる動きが続いた。言い換えれば、私たちは、奴隷貿易・奴隷制が過去にならない二一世紀を生きているのである。そこには、二〇世紀末から進む過去のデータのデジタル化とその公開、オープンサイエンスを通じて、ネット上を大量に浮遊する奴隷制関連の史料／資料に誰でも簡単にアクセスできるようになったことも含まれる。

そうした環境のなかで進められている研究のひとつに、奴隷のジェンダーに着目した分析がある。女性奴隷をとりあげた研究は一九八〇年代から存在するが、近年、歴史研究が遺伝子解析の成果とリンクするようになり、これまで見過ごされてきた事実にも光が当てられるようになった。それは、カリブ海域における「長年の謎」と深く関わる。曰く、アメリカ本土（南部）のプランテーションと比べて、カリブ海域のプランテーションで奴隷人口が増えなかったのはなぜか――それは、奴隷貿易廃止を見すえた一九世紀初頭、カリブ海域の英領植民地に広がるサトウキビ・プランテーションの所有者たちを悩ませた疑問でもあった。

奴隷貿易を廃止するには、すなわちアフリカ大陸からの奴隷の供給を止めてもプランテーション経営が成り立つためには、奴隷の再生産が必至である。ところが、カリブ海域の島々では、なぜか奴隷の出生率が低かった。栄養失調か？　過酷な労働や虐待のせいか？　はたまた劣悪な生活環境のためだろうか？　だが、奴隷労働の現状は奴隷の再生産がうまくいっていたアメリカ南部でも似たようなものであり、アメリカのプランターが特に奴隷に慈悲深かったわけでもないだろう。ではその差はどこから生まれたのだろうか。

答えが見え始めたのは、一九七〇年代後半以降、欧米のエコロジー運動が政治的、経済的、そして学術的な盛り上がりを見せたころのことであった。一九世紀初頭のカリブ海域を調査した医師たちの報告書が読み直され、分析し直されて、この地域で奴隷人口が増えない「隠された理由」があぶり出された。女性奴隷が自らの意志で行った中絶（時に嬰児殺し）である。

余りに明快、そして悲しいこの答えに、すでに一八世紀初めに気づいていた女性がいた。南米大陸の東端、カリブ海に面するオランダ領スリナムを旅したマリア・シビラ・メリアン（一六四七〜一七一七）である。ドイツのフランクフルトに生まれ、三歳で父を亡くした彼女は、静物画家であった義父、母の再婚相手であるヤーコブ・マレルの手ほどきで画才をのばした。イモムシがさなぎを経て蝶になる変態の様子に魅了され、描き続ける彼女に、当時の博物学者たちも注目した。

昆虫の変態観察を含む学術調査のため、五二歳のメリアンは、次女ドロテアを伴ってスリナムに渡った。先住民や奴隷の女性たちを現地調査のアシスタントに加えたメリアンは、彼女たちから聞い

マリア・シビラ・メリアン（ヤーコブ・マレル画、1679年）

た話を、女性ならではの観察眼と共感に絡めてこう記録している。

> オランダ人の主人からひどい扱いを受けていた先住民［邦訳ではインディアン］は、子供が奴隷になるくらいならばと嘆き（この植物の）種子を用いて中絶を行っています。ギニアやアンゴラから連れてこられた黒人奴隷は、子供をもつことを拒む素振りを見せて、少しでも境遇が良くなるよう願ってきました。実際あまりにもひどい扱いのため、彼女たちの中には耐えかねて自ら命を絶つ者もいました。生まれ変われば、自由に祖国で暮らせるものと彼女たちは信じているからなのです。私はこの話を彼女たちから直に聴きました。
>
> （ロンダ・シービンガー『植物と帝国——抹殺された中絶薬とジェンダー』小川眞里子・弓削尚子訳、工作舎、二〇〇七年、八頁）

彼女たちが中絶に使った植物は、リンネ式学名をPoinciana pulcherrima、英語の俗名をピーコック・フラワーといい、日本語ではオウコチョウ（黄胡蝶）と訳されている。今なおカリブ海域に広く自生している。ヨーロッパには観葉植物として紹介されたが、当時この植物の「中絶」という効能が伝えられることはなかった。

　その後長らく忘れられていたメリアンとオウコチョウの話を掘り起こしたのは、ジェンダーと科学の関係を問い続ける科学史家、スタンフォード大学のロンダ・シービンガーである。シービンガーは、オウコチョウを「女性奴隷が奴隷制に抵抗する闘争のなかで用いた、きわめて政治的な植物」と明言し、メリアンを「中絶を直接に植民地闘争という文脈に位置づけた」と評価した。

　そのうえで、シービンガーは、このことに当時の男性科学者が気づかなかったこと、いや、彼らが意図的に無視したことを問題視した。ここからシービンガーは、アグノトロジー（無知学）なる新しい学問を展開していく。私たちは何を知らないのか、なぜ知らないのか。意図的に抹殺、消去された知識や情報に着目し、「無知」が作られるプロセスに関心を向けるアグノトロジーは、現在、最先端の学問領域として大きな注目を集めている。

復元されたミュラ家の薬草園に咲くオウコチョウ。オウコチョウは島のいたるところに自生している。女性奴隷たちが中絶のために使った種子は、長いさやのなかにある（2023年8月11日筆者撮影）

23andMe が示すもの

二一世紀の今、奴隷貿易・奴隷制をめぐる「過去との対話」を推進する大きな力となっているのは、DNA解析技術の進展である。それは、私たちの健康志向の高まりと関わっている。DNA上の遺伝子を通じて、自分の病歴を過去に遡り、先祖をたどって病気の可能性をあらかじめ知り、未来に備えようというのである。二〇〇六年に設立された23andMeは、そんな人びとの健康熱のなかで急成長したアメリカのバイオテクノロジーの会社である。社名にある「23」は、父親と母親から各々一本ずつ受け継ぐ人間の染色体二三対（四六本）を意味する。ちなみに、同社の一般向け唾液検査キットは一〇〇ドルほどで、この手ごろな価格設定もあってか、企業としての成長とともに、23andMe社には膨大な遺伝子のデータベースが蓄積されていった。

二〇二〇年、このデータベースを利用した画期的な研究成果が報告された。現在南北アメリカで暮らす人びとと奴隷貿易の過去との関係を遺伝子レベルで検証した研究である。23andMeの研究者が歴史研究者と協力して行った「両アメリカにおける大西洋奴隷貿易の遺伝的影響」と題するその論文（*American Journal of Human Genetics* 誌に二〇二〇年七月掲載）は広くメディアで取り上げられ、遺伝子学の専門家のみならず、一般の人びとにも大きな衝撃を与えた。

サンプル数は五万余りで、うちアフリカ系は三万を超える。彼ら顧客たちの合意を得たうえで、現代の遺伝子データを、一五一五年から一八六五年の三五〇年間にアフリカから奴隷として運ばれた約一二五〇万人に関する歴史記録――彼らはどこで奴隷とされ、どの港から連れてこられたのか――とつき合わせた。すでに述べたように、二一世紀の現在、歴史記録の多くはデジタル化され、広く公開されている。

結果の多くは予想通り、奴隷貿易を通じた人の移動が現在の人口構成に影響を与えていることを追認するものであった。植民地での奴隷貿易廃止（一八〇七）、奴隷制廃止（一八三三）の法案がイギリス議会を通過したのちも、カリブ海域の英領植民地からアメリカ合衆国やブラジルなどに運ばれた奴隷がいたことも確認された。遺伝子には、大西洋上の奴隷貿易ルートのみならず、南北アメリカ大陸間の奴隷移動も記録されていたのである。

興味深いのは、文書に記録されなかった過去を遺伝子解析が暴いたことである。それはジェンダーとセクシャリティとに直接関わる。

従来の歴史研究では、アフリカから送られた奴隷の約三分の二が男性であることはわかっている。ところが、遺伝子解析の結果、現代のアメリカ合衆国やラテンアメリカ諸国の遺伝子プール（集団における遺伝子の総体）への影響は、アフリカ男性よりアフリカ女性の関与が圧倒的に大きいというのである。北米では女性の影響は男性の一・五倍ほどだが、ブラジルでは一七倍、カリブ海域では一三倍と、アフリカの遺伝子プールへの影響はアフリカ女性に偏っていた。この極端な偏向は何を物語っているのだろうか。

大西洋上の中間航路における高い死亡率（一五〜二〇パーセント）やプランテーションの過酷な労働実態などから、「アフリカ男性は自分の遺伝子を残せなかったのではないか」と想像する向きもあろう。だが、先に引用したミンツの言葉を想い起こしてほしい。プランテーションという空間における労働に、ジェンダー差はほとんどなかった。奴隷たちの「個人としての特質は完全に消され、男女の労働力の互換性が強調」（ミンツ、前掲訳書、七七頁）されて、男女ともに酷使されたのである。

それゆえに、女性奴隷と現代の遺伝子プールとの濃密なつながりからは、そこに何らかの人為的な力が働いていたことが推測される。ここに、ヨーロッパ系、つまり白人を先祖に持つアフリカ系の遺伝子解析結果を重ねてみると、中南米では白人の父親を持つ傾向が顕著に認められた。分析にあたった研究者によると、ラテンアメリカではアフリカ系の血を希釈化するために、ヨーロッパ系男性の移民が奨励されたという。加えて、白人プランターによる女性奴隷に対するレイプが日常化していたことも示唆された。

遺伝子に刻まれた奴隷制の歴史は、この労働システムが機能したプランテーションという空間が、多様な「暴力」をはらんでいたことを今に伝えて余りある。メリアンの記述にあったように、それが、島のどこででも手に入るオウコチョウを使って中絶を考える（考えざるを得ない）状況に女性奴隷を追い込んでいた、カリブの島々のリアリティなのだろう。

私ならどうするだろうか。オウコチョウで堕胎するか、自らの明日をはかなんで自殺するか。いずれも自分の意志で選び取る未来ではある。いや待て。自分と子どもの未来を拓く方法はもうひとつある！

6　逃亡奴隷と先住民の抵抗

逃亡という選択

私の頭をよぎったのは、ポワンタピートルの市街地からほど近いウォーターフロントにある「メモリアルACTe」に展示されたある光景であった。夜陰にまぎれて山をめざし、森に隠れる逃亡奴隷の姿だ。

ダルブシエ製糖所の跡地に二〇一五年五月にオープンしたメモリアルACTeは、その奇抜なデザインがひときわ目を引く建物である。フランス政府からの巨額の資本投入で作られた施設の一角は、古代から現代に至る奴隷貿易、奴隷制の歴史を伝える博物館となっている。博物館内は左右にいくつかの展示室があり、それらを貫く中央の長い通路壁面には、地元グアドループはじめ、カリブ海域出身のアーティストの絵画が飾られている。どの絵にも共通するのは、奴隷制を非白人側、奴隷や解放された元奴隷の目で見ようとする視点である。

メモリアルACTe（2023年8月13日筆者撮影）

コロンブスの「新大陸発見」五〇〇周年となった一九九二年前後から、とりわけ二〇〇一年のダーバン会議以後、奴隷貿易・奴隷制の過去を持つ欧米諸国では、博物館という場を中心に、この過去を今どう可視化するかの試行錯誤が続けられてきた。それは近世から近代にかけての時代をどう捉えるかという歴史認識の問題でもある。そこに顕著に認められるのは、「奴隷を解放した」として、もっぱら白人側から記述されてきた歴史を奴隷側から描き直し、奴隷たちを白人の運動家らによって「解放された」受け身の存在として捉えるのではなく、彼ら自身の主体性に注目する動きである。この試みには、第二次世界大戦後、独立したものの生活が成り立たず、旧宗主国に移民せざるを得なかった旧植民地の苦悩と、彼らを受け入れざるを得なかった旧宗主国の葛藤とが混在する。奴隷貿易の一大拠点だったリヴァプールに奴隷貿易廃止二〇〇周年を記念して設けられた国際奴隷博物館（二二三頁参照）も、そんな苦悩と葛藤の産物に他ならない。

解放の受け手のみならず、解放の主体として奴隷たちを捉え直そうとする点で、ここメモリアルACTeは、リヴァプールの国際奴隷博物館とよく似ている。だが、この二つの施設は、解放の現場とその臨場感という点で決定的に違っている。奴隷や元奴隷らが解放を闘った現場は、リヴァプールではなく、グアドループをはじめとするカリブ海域にあるからだ。そのせいだろうか、二〇〇七年から定点観測し続けてきたリヴァプールの国際奴隷博物館では感じなかった情感が、メモリアルACTeでは伝わってくるような気がした。

バス・テール島内のサトウキビ・プランテーションの遺構調査で、太い幹に蔓が絡みつき、光の通路が閉ざされた深い森を歩いた。このとき私が想い出していたのは、メモリアルACTeの片隅、最新鋭のデジタル機器を駆使してスクリーン上に再現された逃亡奴隷たちの（想像上の）声であった。プランターやプランテーションの見張りに悟られぬよう、獣の声を模したその音のひとつひとつに、逃亡奴隷独自のコミュニケーション方法が隠されていた。共感しながら、「私も絶対に逃げるぞ！」と心の中で叫んだ。初めての経験、これぞフィールド調査の醍醐味！

フランス語で逃亡奴隷を意味する「マルーン（maroon）」は、スペイン語で「野生」を意味する「シマロン（cimarron）」からの派生とされる。当初、「山に逃げて野生化した家畜」に当てられたこの言葉は、やがて逃げた人間、逃亡奴隷を含むようになった。

彼ら、先住民やアフリカからの黒人奴隷が逃げ込んだ場所は、スペイン語でパレンケと呼ばれる。越川芳明『カリブ海の黒い神々――キューバ文化論序説』（作品社、二〇二二年）によると、先住民と黒人奴隷が混在、協力するコミュニティはカリブ海域各地に点在しており、時に白人が経営するプランテーションを襲撃するなど、抵抗の企画・実行の場となって白人支配を揺さぶり続けた。先に紹介したタイノ族のエンリキージョが築いたコミュニティもそのひとつであり、彼のように英雄視される存在も少なくない。英領ジャマイカでも、白人が容易にアクセスできない険しい山岳地帯や複雑な地形となっている場所にマルーンのコミュニティが存在し、白人支配への抵抗において大きな役割を果たした。それなのに、私はこれまで、逃亡奴隷の心情に思いをはせることはほとんどなかった。「現場」に足を踏み入れたことがなかったからだろう。

今回の調査でそのような「現場」をいくつか経験し、逃亡という選択肢の意味に少しだけ触れることができたような気がしている。

デルグレスとソリチュード――脱植民地化は終わらない

「現場」のひとつに、バス・テール島西部、ナポレオンによる奴隷制復活に反対する反乱の拠点となったマトゥーバという地区がある。一八〇二年五月、ここに立てこもり、ナポレオンが送り込んだフランス軍と応戦したのは、ルイ・デルグレス（一七六六～一八〇二）という混血《クレオール》の自由人率いる元奴隷たちであった。現在ハイキングコースがある公園となっているそこは、標高七四〇メートル余り。

1802年の奴隷制復活に反対して爆死したデルグレスの記念碑
（2023年８月14日筆者撮影）

「デルグレスの砦」と呼ばれるここで、彼ら四〇〇人ほどの反乱者は追いつめられ、火薬庫に点火。フランス軍を巻き添えに、自決の道を選んだ。戦闘から一八日目のことであった。

このとき、デルグレスの呼びかけに応えて集まった有色の人びとのなかに、ソリチュードという女性がいたと伝えられる。一七九四年の奴隷解放令で自由の身となった彼女は、一八〇二年の奴隷制復活とともに、「マルーン」に分類された。デルグレスらの抵抗に参加したソリチュードは火薬庫爆破で負傷し、フランス軍に捕らえられたが、妊娠していたため、しばらく生き延び、出産の翌日に処刑された。生まれた子どもは奴隷にされたと思われるが、その消息は不明である。母の思いは届かなかったのだろうか。

マトゥーバ周辺を歩きながら、「デルグレスの砦」の先にある山に目をやり、ある空想（妄想？）が私の頭をよぎった。あの山の上から、あるいは近くの森に隠れて、火薬庫爆破とともに散ったデルグレスの最期を、ソリチュードの逮捕を、固唾をのんで見ていた逃亡奴隷（より正確には、ナポレオンが奴隷制を復活させるまでは解放身分であった人たち）がいたのではなかったか。彼らはその後、易々とフランス軍に捕まり、再び奴隷にされただけだろうか。いや、そうではないだろう。そのまま、一八四八年の奴隷解放の日まで山奥に身を潜め、「自分たちの物語」を語り続けた者がいたとしても、何ら不思議ではあるまい。逃亡とは、単に今を捨てて逃げることではない。

すでに紹介したように、奴隷制の過去に対する二一世紀の歴史認識は、当時と大きく変わった。ソリチュードの思いもまた、息を吹き返しつつある。なるほど、フランス本国で歴史を学ぶ人たちのなかに、デルグレスやソリチュードを知る人は今なお少ないかもしれない。それでも、彼らが「カリブの近代」を見るもうひとつの視点を提供していることは間違いない。

＊

そうそう、例のキョイキョイ、である。

私が録音した啼き声を聞き、いろいろな音声にあたったという夫から、「コキガエルかもしれない」との返信があった。ドミニカ共和国のすぐ近く、プエルト・リコ原産、体長五センチ足らずの小さなコキガエルは、カリブ海域のどこにでも生息しているようだ。口に入る大きさの虫ならば片っ端から食べるという恐るべき食欲の持ち主とのこと。二〇一〇年代、外敵のいないハワイ島で大増殖し、その後マウイ島やオアフ島でもその存在が確認されて、ハワイでは侵略的外来種に指定されているという。見つけたら届け出る義務があるそうだ。「コキ」は、その鳴き声に由来するらしい。

「なるほど」と思う一方で、「コキか?」と首をかしげた。何度聞いても、私には「キョイキョイ」と聞こえる。それはまるで、夜陰にまぎれ、今日を明日につなごうとする逃亡奴隷の合言葉のようだ。少なくとも、今の私には、「キョイキョイ」をそう妄想する方がずっとしっくりくる!

【注】

（1）「絶滅した民族を復活、アメリカ先住民タイノ族のゲノムの再構築」『カラパイア』二〇一一年一〇月二一日（https://karapaia.com/archives/52044540.html）

（2） Hanns Schroeder et al., 'Origins and genetic legacies of the Caribbean Taino', *PNAS*, Vol. 115, No. 10.

（3） Kathrin Nägele et al., 'Genomic insights into the early peopling of the Caribbean', *Science* vol. 369, Issue 6502, pp. 456–460, 4 June, 2020（https://www.science.org/cms/asset/03f01d51-522d-4d53-b2d3-efea3cdc9ceb/pap.pdf）

（4） Daniel M. Fernandes et al., 'A genetic history of the pre-contact Caribbean', *Nature*, vol. 590, 2021 (https://www.nature.com/articles/s41586-020-03053-2）

（5）「歴史から抹殺されたカリブのタイノ族、復活の肖像、写真8点」『ナショナル・ジオグラフィック』二〇一九年一〇月二〇日（https://natgeo.nikkeibp.co.jp/atcl/photo/stories/19/101600066/）

（6）「カリブ最初の民はほぼ絶滅していた、南米から侵入者」『ナショナル・ジオグラフィック』二〇二〇年一二月二六日（https://natgeo.nikkeibp.co.jp/atcl/news/20/122500761/）

（7） Jorge Baracutei Estevez & Nina Strochlic, 'Meet the survivors of a "paper genocide"', 14 Oct. 2019（https://www.nationalgeographic.com/history/article/meet-survivors-taino-tribe-paper-genocide） 訳は筆者による。

（8） 参考訳は https://www.jetro.go.jp/world/eports/2021/01/aa1e8728dcd42836.html

Chapter 5

ベニン・ブロンズとは何か？

ベニン王宮を飾ったレリーフ入り銘板（大英博物館、2023年9月27日筆者撮影）

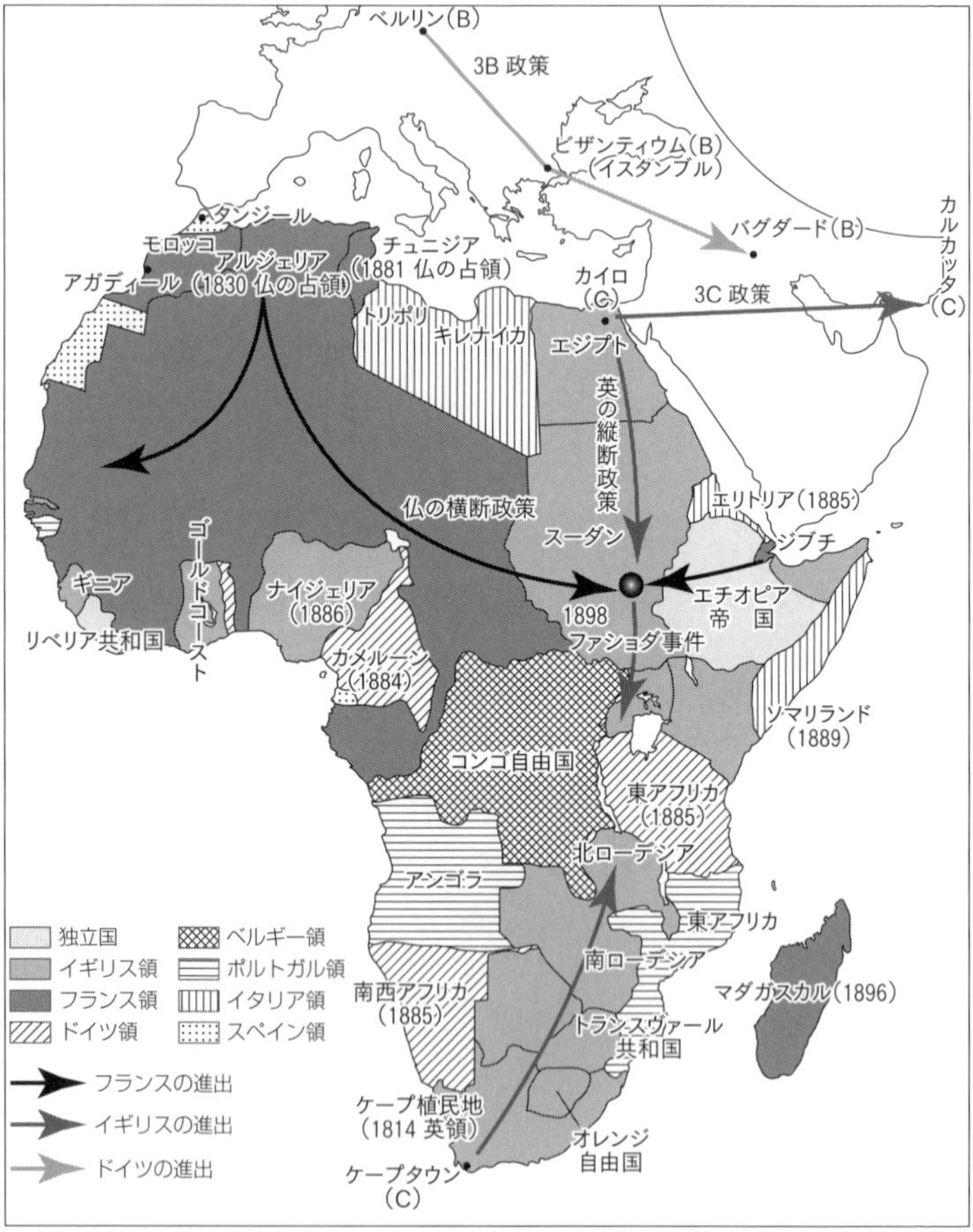

アフリカ分割図（1875〜1912)（『世界史図録ヒストリカ』山川出版社、2013年、198頁、「アフリカの分割」をもとに作成）

1　ベニン・ブロンズとベニン王国

大英博物館のベニン・ブロンズ

イギリスの首都ロンドンにある大英博物館。その原点は、アイザック・ニュートンのあとを受けて王立協会《ロイヤル・ソサエティ》会長を務めた医師ハンス・スローン（一六六〇〜一七五三）の個人コレクションにある。スローンの遺言で七万点余りのコレクションがイギリス政府に寄贈（有償）され、議会の承認を得て一七五三年に博物館が開設。その六年後に一般公開された。よって、大英博物館は、世界初の公共博物館でもある。

ベニン王国の王（オバ）の権力の象徴であるヒョウの像。象牙でできた精巧な作品で、2つともにヴィクトリア女王に献上された（2023年9月27日筆者撮影）

以来、議会制定法である「大英博物館法」に守られながら、時々の国内外の情勢に応じて形を変えつつ、大英博物館は収集品の数を増やしてきた。現在その数八〇〇万点を超える。これら「人類の至宝」を一目見ようと、世界各地からやってきた来館者で、博物館周辺には連日長蛇の列ができる。

二〇二三年九月下旬、久しぶりに大英博物館を訪れた私が足早に向かったのは、ロゼッタストーンでもパルテノン神殿の彫刻群（通称パルテノン・マーブル）でもなく、アフリカ・セクションであった。地下二階へと階段を下り、右手奥に広がる展示室に入ると、今回の渡英調査最大の目的が目に飛び込んできた。ベニン・ブロンズである。その大半が、イギリス、フランス、ドイツ、オランダ、アメリカなど北半球の博物館や美術館、大学、および個人コレクターに所蔵されており、現在、それぞれの政府を巻き込んで、その「返還」が議論されている。

ベニン・ブロンズとは、青銅や真鍮、象牙に精巧、緻密な細工を施した像やレリーフ銘板（プレート）などの総称である。ブロンズとはいうものの、主軸は真鍮の鋳物であり、ワックスロスト製法という独特の製作過程も、アフリカ・セクション展示室内のビデオで見ることができる。

ベニン・ブロンズが作られたベニンとは、現在のナイジェリア南西部、エド州の中心地であるベニン・シティを首都として、一九世紀末まで存在したアフリカの王国である。一三世紀ごろに興り、全

王母を象ったペンダント・マスク。ベニン王国全盛期の16世紀、重要な儀礼でオバが腰につける飾り（ヒップ・ペンダント）として、特別に制作された（2023年9月27日筆者撮影）

王国全盛期、16〜17世紀のレリーフ入り銘板。中央がオバ（2023年9月27日筆者撮影）

盛期の一六、一七世紀には「ベニン帝国」と呼ばれるほどの勢力圏を誇った。

ちなみに、現在、ナイジェリアの西隣には、同じ綴りで「ベナン」と発音する共和国があるが、ここは一九世紀末、フランス軍に征服されてフランス領西アフリカに組み込まれるまで、ダホメ（フランス語読みではダオメ）王国という名で知られていた。現在、ベナン共和国でも、フランスに奪われた「文化財」の返還が問題となっている。その様子の一部は、二〇二四年二月、第七四回ベルリン国際映画祭コンペティション部門で最優秀賞（金熊賞）に選ばれたドキュメンタリ『ダホメ』（マティ・ディオップ監督）に描かれ、「略奪品の返還」問題への注目度を高めた。

とはいえ、日本ではあまりなじみがない話だろう。ベニン王国からどのようにしてベニン・ブロンズが奪われたのか、その「返還」がなぜ今議論されているのか、見ていくことにしよう。

ベニン王国のベニン・ブロンズ

ベニン王国は、ポルトガルとの間に交易が始まった一五世紀末以降、オランダやイギリスなどのヨーロッパ諸国との間にも平和裏に交易関係を築いてきた。重要な貿易品としては象牙や黄金がすぐに浮かぶが、パーム油の需要も当初から高く、食用だけでなく、石鹼やローソクの原料としても広く使われた。イギリス（イングランド）の場合、一六世紀半ば、一〇〇人余りの商人が西アフリカでマラリア（一部は黄熱病か？）に罹患して死亡したため、時の君主メアリ一世がベニン王国への渡航禁止令を出した記録がある。だがその後、メアリ一世の義妹エリザベス一世の治世末に交易は復活し、パーム油が初輸入された。産業革命を経た一九世紀には、鉄道や機械の潤滑油として、パーム油の需要は激増した。

パーム油と並ぶベニン王国の主要交易品――それが奴隷であった。ベニン王国からの奴隷は、象牙や黄金とともに、ギニア湾沿岸あたりで取り引きされた。ギニア湾が奴隷海岸、黄金海岸、象牙海岸などと呼ばれる由縁もここにある。

イギリスが奴隷貿易を廃止した一八〇七年以降、一九世紀のうちに、他のヨーロッパ諸国も次々と奴隷貿易、奴隷制の廃止に舵を切った。奴隷の代替品として、パーム油に加えて木材（特にマホガニー）が注目され、一八八〇年代以降はゴムが目玉商品となった。ちなみに、イギリスからは、西アフリカ交易で広く使われたビーズやガラス製品、鏡などの日用品、銃や弾薬などがベニン王国にも輸出されている。

ベニン・ブロンズは当時交易品ではなく、ベニン・シティの王宮のためだけに作られた。レリーフが彫られた銘板は王宮を囲む城壁に掲げられ、オバと呼ばれるベニン王の功績を讃える年代記の役割を果たしていたとされる。「作品」として歴代ベニン王の頭像が多いのは、祭政一致の王国にあって、国王は「部族全体の神」と崇められ、その頭像には死後も魂が宿ると考えられていたからである。ベニン・ブロンズには、オバのみならず、彼の母（王母）や妻（王妃）、王に仕える戦士、さらにはオバの権力の象徴であったヒョウやワニなどの動物が象《かたど》られた。

こうしてオバの宮殿限定で製作されたベニン・ブロンズは、ベニン王国の外部にほとんど知られることなく、オバの手厚い保護を受けた職人たちによって作られ続けた。一九世紀末、ベニン・シティがイギリス軍に襲撃され、火を放たれて灰燼に帰すあの日までは……。

2　イギリスの愚行とベニン王国の消滅

アフリカ分割からベニン侵攻へ

大英博物館には数多くの「略奪品」や「戦利品」が存在する。古代エジプトのロゼッタストーンしかり、古代ギリシャのパルテノン・マーブルしかり。ベニン・ブロンズも、ベニン王国から略奪されたものであることがわかっている。その数は大英博物館だけで九〇〇を超え、その大半の来歴に、一八九七年という数字が見える。この年にいったい何があったのだろうか。

ジョン・ピンカートン作製のアフリカ地図(1818)

その一〇年余り前、一八八四年一一月から一八八五年二月にかけて、ドイツのベルリンで、その後のアフリカの運命を大きく変える国際会議が開かれた。ヨーロッパ諸国やアメリカ、ロシア、オスマン帝国など計一四か国が参加し、欧米列強の論理で行われた会議の概要は、「アフリカ分割」の名で知られている（一七六頁の地図参照）。

一九世紀に入っても、アフリカ大陸にはヨーロッパ人に未知の土地が多く、スコットランドのジョン・ピンカートンが作製したアフリカの地図（一八一八）では、詳細な地名が書き込まれた沿岸部とは対照的に、大陸中央部は「未知の部分（Unknown Parts）」と記されたに留まる。ベルリン会議以後、アフリカ奥地への探検と「開発」は急速に進んだ。一八八〇年の地図に存在したベニン王国もダホメ王国も、一九世紀末までにそれぞれイギリス、フランスに征服されて、二〇世紀の地図にはその痕跡すら認められない。

この会議で、イギリスは、当時の西アフリカで「奴隷海岸」と呼ばれた地域（現ナイジェリア沿岸部）、ニジェール・デルタ周辺を「オイル・リヴァーズ保護領」とすることが承認された。この地域を足場に、内陸部の支配と開発を進めたのが、王立ニジェール会社（RNC）というイギリスの特許会社である。この保護領はまもなく「ニジェール沿岸保護領」（一八九三〜一九〇〇）に改称、改編され、陸軍将校出身のクロード・マクドナルドが総領事を務めたことは、第3章でも述べた。

マクドナルド総領事は、RNCの露骨な支配欲とは距離を置きながら、現地人の王や部族長らとの交渉に臨んだとされる。だが、現地人支配者たちは、植民地化を進めるイギリス政府、ならびにニジェール川とその支流ベヌエ川における権益確保をめざすRNCに対して、警戒感を強めた。パーム油をはじめ、王国内の貿易や河川運航のいっさいを独占していたベニン王国のオバ（第三五代、オヴォンラムウェン）も例外ではない。

一八九六年二月、北京に異動となったマクドナルドの後任としてニジェール沿岸保護領の新総領事に任命されたのは、オバへの強硬姿勢で知られるラルフ・ムーア（一八六〇〜一九〇九）であった。同

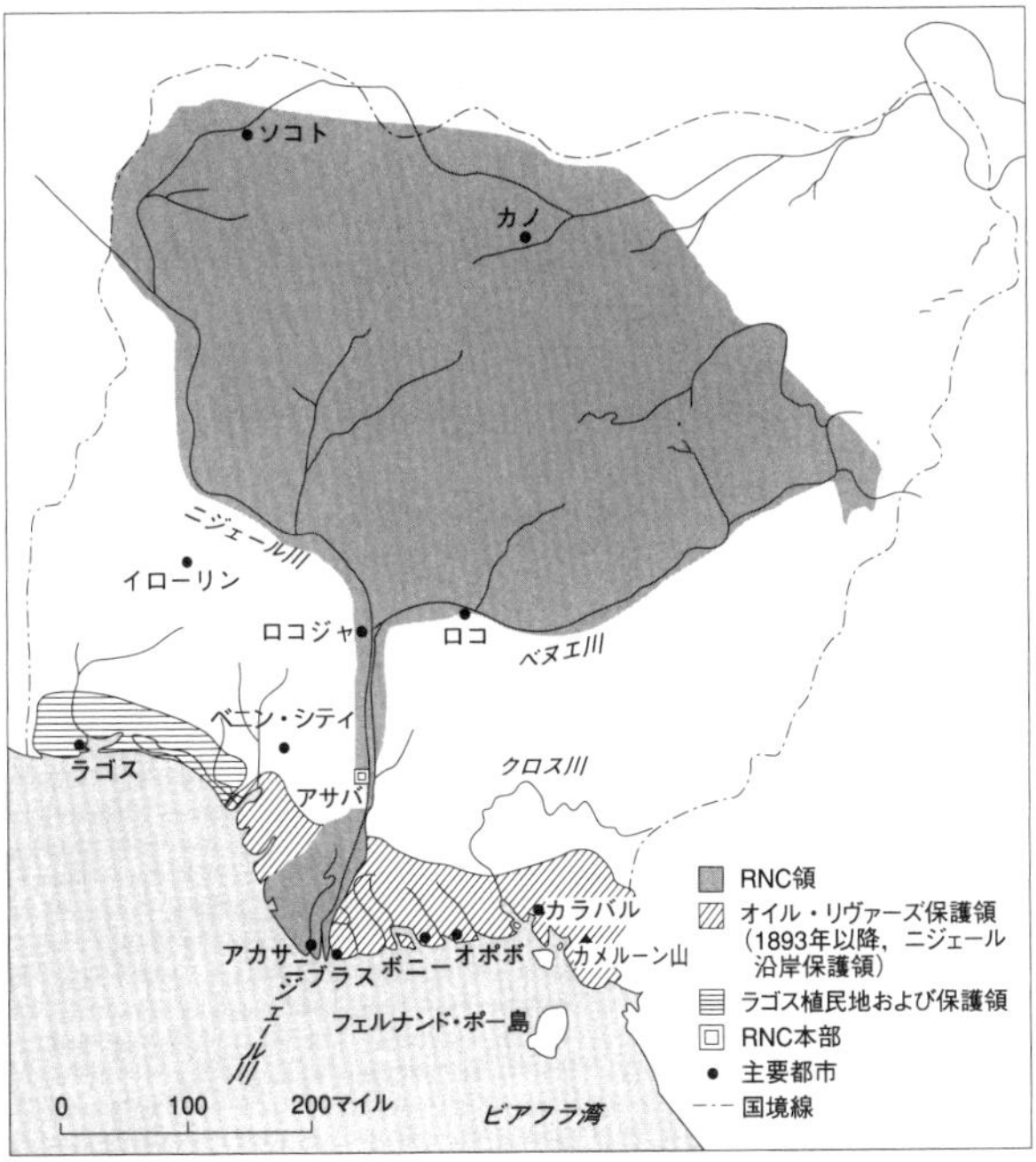

1886〜99年当時の英領西アフリカ（現ナイジェリア）の領有状況
（井野瀬久美恵『植民地経験のゆくえ』人文書院、2004年、126頁をもとに作成）

年一〇月には、新しい副総領事として、ケンブリッジ大学（トリニティ・カレッジ）で法学を学んだジェイムズ・ロバート・フィリップス（一八六三〜九七）が保護領の拠点カラバルに到着した。休暇で本国に帰還したムーアの代理として、フィリップスは、到着早々、RNCの幹部や現地の部族長らと会い、ベニン川周辺の情報をつかむと、オバの交易独占に大いに憤慨する。そして、現在のオバと直接対峙して彼を退位させ、自由な交易関係を確立すべきだという私見を外務省に打診した。と同時に、来たるべきオバとの対面に際して「危険を回避すべく」として、こう書いている。「保護領軍の兵士二五〇人、七ポンド砲二門、マキシム機関銃一門、ロケット砲一門と、ラゴス〔直轄領〕とハウザ〔北部ナイジェリア保護領〕の分遣隊一五〇人から成る十分な武装部隊——といった程度の軍事動員を、植民地大臣閣下に認めていただければ幸いに存じます」。追伸にはこうある。「ベニン王をその玉座から引きずり下ろすための費用を賄うに十分な象牙が、王の館で見つかると思います」。

その後フィリップスは、外務省からの返答を待たずにひそかに遠征隊を準備し、一八九六年一二月一七日、六人のイギリス人の役人、二人のイギリス人ビジネスマン、通訳、そしてポーターを含む軍服姿の現地人兵士二〇〇人余りとともに、オバのいるベニン・シティをめざした。カラバルからベニン川河口へ。そこから川を遡り、王国領内の村（ウゴトン）に上陸後は陸路となる。

出発前、フィリップスは、現地の部族長を介してオバに会見を求めたが、王国の重要な宗教儀礼が予定されており、外国人にはベニン・シティへの入城が禁止されるという事情から、オバは「儀礼が終わるまで待つように」との警告を発していた。フィリップスはこれを完全に無視して、ベニン・シティに向かったわけである。上陸した村の部族長も「今は行くべきではない」と引き留めたが、フィリップスは耳を貸さなかった。オバやその周辺が、「白人が戦争を仕掛けにくる」との疑念を深めたことは推測に難くない。

一八九七年一月四日、村を出発したフィリップス一行は、ベニン王国の兵士に待ち伏せされ、激しい衝突となった。このときの戦闘でフィリップスは他の三人の白人とともに殺され、別の三人は捕虜とされた（のちに死亡）。白人の生存者はわずか二人で、アフリカ人たちも死傷したり、逃亡したりした。正確な犠牲者数は不明ながら、公式記録には「二五〇人以上が死亡」とある。

イギリス政府は白人七人の犠牲者が出たことに大いに憤った。だが、事実を今改めてふり返ってみれば、一八九七年一月四日の出来事は、現地の文化をまったく無視、蔑視したイギリス側の愚行でしかない。とりわけ謎なのは、外務省からの返答を待たずにオバへの面会を強行した副総領事フィリップスの行動である。勇み足、判断ミス、傲慢さが招いた顚末、としか見えないが、当時は、イギリスのみならず、ヨーロッパ諸国が、アフリカの天然資源への欲望を露わに膨らませた時代である。とりわけ、西アフリカ一帯では、イギリスとフランスが植民地獲得のにらみ合いを続けていた。

フィリップスの軽率な行動は、結果として、ベニン王国を組み伏す「懲罰」という口実をイギリスに与えることになる。

イギリスの懲罰遠征

イギリスはこの出来事を「ベニンの虐殺」と名づけ、そのわずか一か月ほどのち、一八九七年二月上旬、ベニン・シティへの軍事遠征を実行に移した。イギリスのメディア各紙は、これを「懲罰遠征」と呼んだ。遠征の「懲罰的」性格を前景化、かつ正当化すべく、イギリス政府が強調したのは、ベニン王国が「人間の生贄」を行う「野蛮で邪悪な国」であり、統治する王（オバ）はパーム油やゴム樹液、象牙などの取引を自国民に許さず、取引に携わったことが発覚すれば直ちに関係者を処罰する「残忍な独裁者」であることだった。こうしたベニン王国とオバのイメージは、「ベニンの虐殺」の二人のイギリス人生存者の話として、さらには「懲罰遠征」参加者のベニン・シティ入城後の目撃談としても、メディアで書き立てられた。文化人類学者のフィールド調査により、ベニン王国の「人間の生贄」には、伝統的な宗教儀式とともに（あるいはそれ以上に）、犯罪者の「公開処刑」の意味合いが強かったことが明らかになるのは、二〇世紀後半のことである。

かくして、ベニン王国を悪とみなし、「懲罰」を正当化するイギリス国内世論は、確実に整えられていった。『絵入りロンドンニューズ』（一八九七年二月二七日号）には、懲罰遠征で使われたマキシム機関銃が描かれている。アメリカ生まれのハイラム・マキシムがイギリスで開発した（一八八四）マキシム機関銃は、世界初の全自動式機関銃であり、持ち運び可能、かつ強力な殺傷力で知られた。一分間に五五〇〜六〇〇の銃弾発射を可能にしたマキシム機関銃は、一八八〇年代後半以降の植民地戦争で広範に使用され、イギリスのみならず、ヨーロッパ諸国の植民地拡大に貢献した。

一六門のマキシム機関銃を担いだ一二〇〇人の植民地軍隊がベニン王国の首都になだれ込んだのは、一八九七年二月半ばのことである。勝負はあっけなくついた。見せしめのために六人の部族長の首が

『絵入りロンドンニューズ』（1897年3月27日）でベニン懲罰遠征を伝える記事のイラストには、「ベニンのゴルゴダの丘」とのタイトルがつけられ、こんな説明が見える。「ベニン・シティはまさに血の町で、いずれの屋敷にも穴があり、死者や死にかけている者たちで溢れていた。人間の生贄がいたるところに散乱し、私たちが行く道の両側には、大きな磔の木に吊るされた犠牲者が60人以上並んでいた」

投降後の1897年９月、保護領の拠点カラバルに移送中の蒸気船アイヴィ号の船上で撮られた第35代オバのオヴォンラムウェン。彼の両足首は鎖でつながれていた。

ベニン・シティの王宮から象牙やベニン・ブロンズなどを略奪したのち、記念写真を撮る「懲罰遠征」軍の兵士たち。こうした写真もまた、大英博物館や世界博物館（リヴァプール）などに数多く所蔵されている。

市場で晒された（うち一人は獄中で自殺したと伝えられる）。第三五代ベニン国王は逃亡するも六か月後に降伏し、カラバルに幽閉されて、一九一四年に亡くなった。

ベニン・シティがイギリス遠征軍の手に落ちた翌日、二月一九日、王宮調査とともに、財宝の略奪が始まった。フィリップスが外務省宛ての手紙に「追伸」として記した象牙に加えて、ベニン・ブロンズと総称されるレリーフ入りの銘板や彫像などが続々と発見された。これら戦利品を背景に、将校らは多くの記念写真を撮ったが、何を奪ったかの記録は残さなかった。その二日後、ベニン・シティでは火災が発生し、王国の都は灰燼に帰した。現地では今なお、イギリス軍による放火説が根強い。跡地にはゴルフコースが作られたというから、開いた口がふさがらない。オバ逃亡後もゲリラ的抵抗を続けた部族長らの屋敷も遠征兵士たちに襲われ、略奪後に村ごと焼かれた。「野蛮」とはいったい誰のことを言うのだろう?

この「懲罰遠征」の戦利品である彫像や銘板、象牙細工などは、ロンドンに送られたのち、遠征費用捻出の必要性から、ヨーロッパ諸国の博物館や個人コレクターに売られた。記録によれば、早くも一八九七年秋、大英博物館でベニン・ブロンズの展示が行われている。

3 ベニン・ダイアローグ・グループ

他人のものは盗んではいけない。盗んだものは返さなければならない。誰でもわかる理屈なのだが、盗んだときから年月がたつにつれて、盗んだものの正当な持ち主が誰かわからなくなり、返すことは容易ではなくなっていく。略奪は、ヨーロッパによるアフリカ支配の時代、植民地主義という圧倒的な力のアンバランスによって引き起こされたものだが、一九六〇年に独立しても、一九六三年に連邦共和国になって以後も、ビアフラ内戦(一九六七~七〇年、飢餓や栄養失調による感染症、そして虐殺により、一五〇万人を超えるイボ人が死亡した)はじめ、軍事クーデターが続いたナイジェリアでは、ベニン・ブロンズどころではなかっただろう。

第二次世界大戦後、アフリカ大陸全体で植民地状況を脱する動きが起こり、各々の地域で国民国家づくりが始まった。だが、そこには「内戦、民族浄化、強制移住」といった暴力が伴い、多くの命が失われた。大英帝国史家のデイン・ケネディは、『脱植民地化——帝国・暴力・国民国家の世界史』(長田紀之訳、白水社、二〇二三年)のなかで次のような数字をあげている。一九四五年から一九九九年の間に、国家同士の戦争は二五、死者数三三〇万人であるのに対して、内戦は一二七、死者数は一六二〇万人――。内戦の多くは、脱植民地化の波が押し寄せたアジアやアフリカで起こった。ナイジェリアもそのひとつであり、暴力の嵐が吹き荒れた二〇世紀後半に、ベニン・ブロンズの返還が政府を巻き込む公的な問題となることはなかった。「懲罰遠征」から一〇〇周年（一九九七年）という節目にも、特に何も起こらなかった。

目に見える形でベニン・ブロンズが意識されたのは、その一〇年後、二〇〇七年に立ち上げられた「ベニン・ダイアローグ・グループ（ＢＤＧ）」の活動によってである。ローテンバウム世界文化美術館（旧ハンブルク民族学博物館）の館長バーバラ・プランケンシュタイナーを中心に、研究者や学芸員らが集まり、オーストリアやドイツ、オランダ、イギリス、アメリカなどの博物館や大学などに散在するベニン・ブロンズの所蔵状況を明らかにする動きが始まった。ＢＤＧは、各地で特別展を開催して「ベニン・ブロンズとは何か」への理解を促すとともに、関係する博物館や政府機関と（文字通りの）対話《ダイアローグ》を粘り強く進めていった。

ＢＤＧが立ち上がった時点ですでに、二〇〇七年五月のウィーンを皮切りとするベニン・ブロンズの巡回展が予定されており、そのための図録――縦二九・五センチ、横二四・五センチ、厚さ四センチの分厚く重たい『ベニ

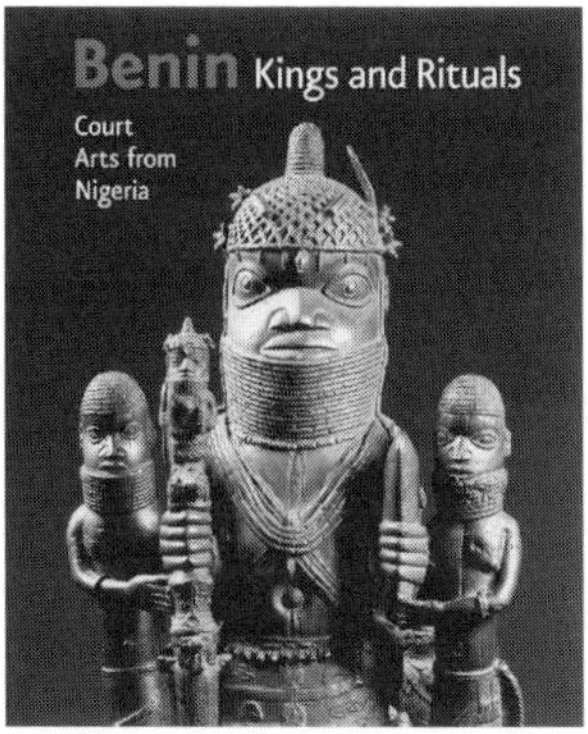

図録『ベニン　王と儀礼　ナイジェリア宮廷美術』の表紙

ン　王と儀礼　ナイジェリア宮廷美術』（二〇〇七年）もできあがっていた。ベニン・ブロンズに関する情報満載の一冊である。

恥ずかしながら、私がこの図録の存在を知ったのは、二〇二三年秋、大英博物館の学芸員へのヒアリングにおいてであった。しかも、ウィーン民族文化博物館、ベルリン国立博物館、パリのケ・ブランリ博物館、シカゴ美術館（アート・インスティテュート）と続いた巡回展の開催地に、「どんな文化遺産にとっても最適な居場所」を自認してきた大英博物館は入っていない。実際、大英博物館がベニン・ブロンズをめぐる対話に本腰を入れるのは、コロナ禍以降である。二〇二二年には、「デジタル・ベニン」というウェブサイトが開設され、世界二〇か国、一三六機関に所蔵されているベニン・ブロンズ五二八五点の詳細が、誰でも簡単に見られるようになった。

だが、ベニン・ブロンズへの理解が深まっても、それですんなり「返還」に進むわけではない。そもそも略奪時の記録がないのに、「元の所有者」をどうやって特定し、どのように返せばいいのだろうか。それに何より、略奪された文化財の返還問題は、巡回展の開催や学芸員・研究者間の対話だけで決着するはずもないだろう。事態を前に動かすには「政治の力」が必要である。

学芸員や研究者が地道に進めてきた「対話」が一気に脚光を浴びるのは、BDG結成から一〇年後の二〇一七年。二一世紀の今なお、圧倒的に北半球に集中するアフリカのモノや遺産のアフリカへの返還を自らの使命と考える人物が、この年の選挙でフランス大統領に選ばれたことによる。エマニュエル・マクロン（一九七七〜）である。フランス大統領となった彼は、二〇一七年一一月、西アフリカのブルキナファソの首都ワガドゥグで、次代を担う八〇〇人余りの学生たちを前に講演し、アフリカの文化遺産が「ヨーロッパの博物館の囚われ人であってはならない」と述べ、その返還に向けて大きく舵を切った。「アフリカ最高の文化遺産はヨーロッパにある。だが、フランス人同様、アフリカの人びともそれらを見たいはずだ」と踏み込んだ発言のあと、マクロン大統領は、返還条件を整える期限にこう触れた。「本日に始まる五年以内に」――まさしく「二一世紀版フランス革命」ではないか！

そう語ったのは、翌二〇一八年三月、マクロン大統領からフランス植民地時代に略奪されたアフリカ文化財の実態調査を託された歴史研究者、ベネディクト・サヴォワである。彼女がセネガルの経済学者フェルウィン・サールとともに行ったフランスの国内調査、およびそれを踏まえた返還計画は、二〇一八年一一月にまとめられ、フランス語と英語でウェブ公開された。詳細は、報告書『アフリカ文化遺産の返還――新しい関係倫理に向けて』をご覧いただきたい[1]。

かくして、議会法で守られ、ロゼッタストーンやパルテノン・マーブルの返還要求にいっさい応じようとしなかった大英博物館に、所蔵物返還要求の波が一気に押し寄せた。

4　記憶を語る場としての博物館

揺れる大英博物館

一九六三年にイギリス議会を通過した大英博物館法は、一貫して所蔵品の移動を禁じている。例外は、所蔵物が複製品であるか、破損しているか、所蔵品として「ふさわしくない」と判断された場合のみだ。この議会法に守られて、大英博物館は今日に至るまで、いっさいのコレクションの「返還」に応じてこなかった。

たとえば、一九七〇年代以降、ギリシャ政府は、古代ギリシャ、アテネのパルテノン神殿の破風（屋根の先端部分）を飾る大理石彫刻、通称「パルテノン・マーブル」の返還を主張し続けてきた。これらは、持ち帰ったイギリス人外交官で、当時ギリシャを支配下に置いていたオスマン帝国の駐英大使であった第七代エルギン伯爵にちなんで、「エルギン・マーブル」とも呼ばれている。全体の半分以上を大英博物館が所蔵する。

ギリシャはことあるたびに、公式・非公式に、その返還を求めたが、大英博物館はいっさい耳を貸さなかった。この強硬姿勢は、アテネ・オリンピック（二〇〇四）をきっかけに、ギリシャ政府がパルテノン・マーブルの完全収容――アテネに遺された彫刻と大英博物館所蔵の彫刻との一体化――をめざして新アクロポリス博物館を完成させ（二〇〇九）、パルテノン・ギャラリーを披露しても変わらなかった。二〇二三年一一月、イギリスの首相リシ・スナクは、パルテノン・マーブルの返還を議論するために渡英したギリシャ外相との会談をドタキャンしている。

ことほどさように、大英博物館は、所蔵品の返還に応じない姿勢を貫いてきた。二〇一七年、フランスのマクロン大統領がアフリカの文化遺産の返還計画を宣言しようが、翌二〇一八年、サヴォワとサールによる文化財返還の倫理ガイドラインが公表されようが、大英博物館の姿勢は基本的に変わらなかった。ベニン・ダイアローグ・グループのように、二〇一〇年代に入る以前から、欧米の博物館では所蔵品を「元の場所」に戻すべきか否かの議論が巻き起こっていたのだが、大英博物館が事ある

アテネのパルテノン神殿破風部分の彫刻群（2023年９月29日筆者撮影）

ごとに繰り返したのは、「ここ大英博物館こそ、歴史的・文化的遺産にとって最も安全な居場所である」という主張であった。

この頑固な主張を見直さざるを得なくなったのは、直接的には二〇二〇年代に起こった二つの出来事によると思われる。

ひとつは、二〇二〇年五月下旬、アメリカ、ミネソタ州ミネアポリスでのジョージ・フロイドの死をきっかけに、世界各地に拡散した「ブラック・ライヴズ・マター（ＢＬＭ）」運動だ。「黒人の命は大切」を訴えて人種差別《レイシズム》に厳しい批判の目を向け、その責任を過去の人物たちにも求め、イギリスの港町ブリストルでエドワード・コルストンの像が引き倒されたことについては第1章で述べた。見るべき問題の論点が、コルストンが行った慈善活動の中身ではなく、慈善資金の出処に移行した結果、彼と奴隷貿易との関わりが浮上、問題視されたのである。それ以外にも、歴史上の「偉人」たちに奴隷貿易・奴隷制との関係が問われたことも、すでに第1章で触れた通りである。

大英博物館がＢＬＭ運動のなかで指弾されたのも類似の問題、すなわち、七万点ものコレクションを寄贈して博物館の基礎を築いたハンス・スローンと奴隷貿易・奴隷制との関係にあった。

スローンは北アイルランド、アルスター出身のプロテスタント系アイルランド人、いわゆるアングロ・アイリッシュの家系に属する。子どものころから博物学に興味を持ち、ロンドンとパリで医学と植物学を学んだのち、一六八九年、大英博物館のほど近くで内科医として開業した。ちょうどイングランドで、「主権は国王ではなく議会にあり」という原則を確立した「名誉革命」が起きていた頃のことである。以後、裕福な上流階級を患者として抱えたスローンは、一七一九年に由緒ある王立内科医協会の会長となり、一七二七年には王立協会の会長にも就任した。

開業以前、スローンはジャマイカ総督の主治医を務めた関係で、ジャマイカに一年余り（一六八七〜八九）滞在している。このとき彼は、先住民族や西アフリカから連れてこられた黒人奴隷の助けを借りて、現地の事物、特に植物の標本を集めはじめた。やがて『マデイラ諸島、バルバドス、ネービス、セント・クリストファー、ジャマイカへの旅』（全二巻、一七〇七〜二五年）としてまとめられるその成果には、イギリス（広くは西ヨーロッパ諸国）がカリブ海域との間に築き上げた知のネットワークが顔をのぞかせている。このネットワークは、アフリカ人奴隷やカリブ海域先住民らの自然観、植物の知識や理解と深く結びついていた。大西洋上で展開された奴隷貿易・奴隷制には、奴隷を介した「知の混淆」という一面があったのだ。語弊を恐れずに言えば、近代科学は、ヨーロッパのオリジナルでも独占物でもないのである。

このときスローンがジャマイカから送った八〇〇点余りのコレクションは、大英博物館の分館であるロンドンの自然史博物館に今なお保存されていると聞く。増え続ける植物や昆虫、動物の標本、その他珍品を収容するために彼が新たに購入した土地屋敷の存在は、ロンドン西部の特別区ケンジントン・アンド・チェルシー王立区にある公園名「スローン・スクエア」に今なお健在である。

スローンのコレクション拡大に大きく貢献したのは、何と言っても、ジャマイカのサトウキビ・プランターの未亡人、エリザベス・ラングレイ・ローズとの結婚（一七九五）であった。彼女が相続した大農園は、コレクション収集に潤沢な資金を提供するとともに、スローンを奴隷所有者にもしたのである。加えて、当時の上流階級によく見られたように、彼もまた奴隷貿易と関わる企業に投資していた。

高揚するＢＬＭ運動のなか、大英博物館は、コロナ禍によるロックダウンに伴う閉館期間（二〇二〇年三月一八日〜八月二六日）を利用して、奴隷貿易・奴隷制や植民地主義の観点から館内全体を見直し、展示の改修、変更を行った。博物館のシンボル的存在であったスローンのテラコッタ製胸像（一七三〇年代制作）は、それまで一階中央「啓蒙ギャラリー」の目立つ場所に置かれてきた。それが台座からはずされて、「ハンス・スローン、帝国、そして奴隷制」と銘打たれたガラスケースに収められたのである。同じギャラリー内、わずか数メートルの移動ではあるが、その差の

鍵付きガラスケースに収められ、「帝国と奴隷制の遺産」と題する説明が付記されたハンス・スローンのテラコッタ製胸像（2023年９月29日筆者撮影）

意味するところは歴然としていた。スローンの立ち位置を変えることで、大英博物館は、その基礎となったコレクションが奴隷制の産物であることを認めたのである。「啓蒙ギャラリー」自体の説明にも、スローンが生きた一八世紀が、「新たな知識と科学的発見の時代」のみならず、「ヨーロッパの植民地主義と大西洋上の奴隷貿易の時代」でもあったことが明記された。同時期、同じ視点から見直されたアフリカ・セクションでは、ベニン・ブロンズに略奪の来歴が地図入りで加えられている。

もうひとつ、大英博物館がこれまでの主張を見直す契機となった出来事がある。二〇二三年八月、二〇〇〇点を超える所蔵品の紛失が発覚し、新聞や雑誌、ネット上で大々的に報じられ、厳しい批判にさらされたことである。古代ギリシャ・ローマの宝飾品を中心に、二五年にもわたって窃盗と転売に手を染めたシニア・キュレータは免職処分となった。館長と副館長も責任をとって辞職した。関連する調査では、大英博物館が所蔵品すべての記録を残していない事実も明らかにされ、博物館の名誉は大きく傷つけられた。大英博物館は歴史的・文化的遺産にとって「安全な居場所」ではなかったのである。

創設者の像を台座からはずして歴史的文脈に置き直した大英博物館は、すべての所蔵品の来歴を見直し、そのデジタル化とともに、倫理コードの見直しも進めつつある。大英博物館法ではどうにもならない時代の変化を受けて、大英博物館は、ベニン・ブロンズについても返還を視野に入れながら、その実際的、具体的な方法を模索中である。

『ブラックパンサー』

記憶を喚起するツールとして、映画は時に有効である。ここである映画の一シーンを紹介しよう。

場所は大英博物館を模したとおぼしき「英国博物館（Museum of Great Britain）」のアフリカ展示室。ひとりの黒人男性が、食い入るようなまなざしで展示品を見ている。不審に思った警備員から通報を受けた女性学芸員がコーヒーの紙コップ片手に彼に近づき、「おはようございます。何か御用ですか？」と話しかけた。「展示品を見ています。美しい。あなたのご専門ですね」と応じた男性は、近くの黒い仮面に目をやり、こう尋ねた。「これはどこのものですか？」

女性学芸員は、手にしたコーヒーを飲みながら、「アシャンティ、今のガーナ、一九世紀の作品です」と答えた。「まじで？」と黒人男性。彼は別の仮面を指さし、「ならば、あれは？」と質問を続けた。「あれは一六世紀、ベニンのエド人たちのものです」と学芸員。その仮面は、先に紹介した大英博物館のアフリカ・セクションを彩るベニン・ブロンズのひとつ、オバを象った象牙の腰飾りによく似ている。

「じゃあ」と、黒人男性は展示品の斧を指さし、「これについて教えてくれる？」と続けた。学芸員はコーヒーを飲みながら、「これもベニン王国で入手されたもので、七世紀のフラ人〔ナイジェリア北部の民族〕のものだと思われます」と答えた。これに対して、「そうかな？」と黒人男性は疑問を呈す。「なんですって？」と聞き返す学芸員。彼は彼女にこう言った。「これはイギリス兵士によってベニン王国から持ち出されたものだけど、実はワカンダのもので、ヴィブラニウムでできている」。女性学芸員は即座妙な顔をする学芸員に、「落ち着いて。僕がもらっていくから」と彼は言った。

に、「これは売り物ではありません」と応じた。注目したいのは、このあとの黒人男性の言葉である。「じゃあ、君の祖先はどうやってこれを手に入れたと思う？　適正価格を支払ったの？　あるいは、他のすべてのもの同様に、奪ったのかな？」。

これに対して、学芸員は「申し訳ありませんが、お引き取りを……」と言ったところで、なぜか喉を詰まらせた。その様子を見ながら、黒人男性は冷たく言い放つ。「私がここに入ってきたときから、警備員たちはずっと私のことを監視していたけれど、あなたの飲み物にはまったく注意を払わなかったね」――はっとして、手に持つ紙コップに目をやった学芸員は、次の瞬間、信じられないという表情を浮かべて倒れ込んだ。彼女に近づく警備員に、黒人男性は「ご同僚はどうも調子がよくないようだ」と介抱するふりをしながら、救急救命士を装って博物館に入ってきた仲間たちと合流。監視カメラ画像をフェイク画像と入れ替えた仲間のフォローを受けて、黒人男性らはヴィブラニウムでできたその斧を持ち去った……。

「ヴィブラニウム」という言葉でピンときた読者もいるだろう。そう、これは、キャプテン・アメリカやアヴェンジャーズ、ドクター・ストレンジやアントマンといったヒーロー物で知られるマーベル・シネマティック・ユニバース制作の映画『ブラックパンサー』（二〇一八年公開）の一シーンである。ヴィブラニウムは、ブラックパンサーの故郷（に設定された）アフリカの仮想未来国家、ワカンダ王国のみで採掘される鉱物資源で、振動や衝撃を吸収するという特性からその名がつけられ、ワカンダ王国の繁栄を支えた。博物館シーンに登場する黒人男性は王国の王位を狙う殺し屋であり、このシーンでも人殺しを躊躇しなかった。だが、ベニン王国からの略奪品にワカンダのヴィブラニウム製の斧を加え、それを「英国博物館」から取り戻そうとする設定自体は、大英博物館が現実に直面しつつあった返還問題そのものといえる。

この映画は、公開からわずか一二日間で七億ドルを超えるチケットセールスを記録し、興行収入競争に大きな旋風を巻き起こした。だが、そのなかで、このシーンに込められた皮肉を、黒人男性の問いのリアルな問題性を、嗅ぎ取った人はどれくらいいただろうか。

5　大学という空間の脱植民地化

ピット・リヴァーズ博物館

二〇二〇年五月のＢＬＭ運動は、世界各地の博物館に倫理コードの再検討を求めた。オクスフォード大学ピット・リヴァーズ博物館（ＰＲＭ）も例外ではない。

オクスフォード大学附属の人気の博物館、自然史博物館の正面玄関を入り、一階の吹き抜け部分、自然光に満ちた展示室に居並ぶ恐竜の骨を横目で見ながら回廊を進むと、その奥、明るい光が途切れた瞬間、ＰＲＭの世界が一気に開けてくる。目に飛び込んでくるのは、木組みのガラス張り展示ケースにぎっしりと詰め込まれたモノ、またモノ。この光景は一八八四年の設立、二年後の開館以来、変わっていないと聞く。ともかくも写真をご覧いただきたい。

パンフレットによると、設立から一四〇年が過ぎた今、ＰＲＭのコレクションは七〇万点余りを数える。とりわけ興味深いのは、多くの博物館が地域別、民族別、あるいは時代別の展示構成をとるなかで、PRMが、ブーメランや仮面、喫煙道具や鍵といったモノの種類別、ないしは「魔術や儀礼、信仰」とか「光や火を起こす」といった目的別の展示を貫いていることだろう。

ゆえに、「順路」などはあるはずもなく、来館者は「どこからでもご自由に」観覧できる。三階建ての展示室のどこにも、各階の全体像を語るパネルはない。それぞれの展示ケースには収められているモノのざっくりした種類名が、各々のモノには手書きかタイプ打ちしたラベルや簡単な説明があるだけだ。さまざまな地域から似たような用途のモノを集めた各キャビネット空間からは、時代も地域も超えた「人類の世界」を展望しようとする空気を感じる。これこそ、一八八四年、オクスフォード大学に二万六〇〇〇点ものコレクションを寄贈して博物館にその名を刻んだイギリス海軍の軍人、オーガスタス・レイン・フォックス・ピット・リヴァーズ（一八二七〜一九〇〇）の願いだったと伝えられる。

彼は、従兄で後継者のいない第六代リヴァーズ男爵ホレイス・ピットから、「ピット・リヴァーズを名のること」を条件に、二万七〇〇〇エイカーの土地を継承し、当時イギリス最大の地主となった。豊かな資産を使い、考古学や人類学、博物学への自身の興味のおもむくままに、彼は古物商からモノを買い集めた。彼の関心を支えたのは、妻アリス・マーガレット・スタンリー（一八二八〜一九一〇）との結婚を介してつながった、スタンリー家の知のネットワークである。妻の父で男爵のエドワードは枢密顧問官、母アンリエッタは女子教育推進の運動家で、スタンリー家はいわゆる「知的貴族」と呼ばれる名家だった。スタンリー家の一員となったことで、ピット・リヴァーズは、進化論のチャールズ・ダーウィン、エジプト考古学者のフリンダーズ・ペトリ（ピートリとも発音）といった有名知識

木組みのガラス張り展示ケースが並ぶピット・リヴァーズ博物館
（2023年10月３日筆者撮影）

鍵の展示ケース（2023年10月３日筆者撮影）

人の知己を得る。とりわけ社会進化論を展開した哲学者ハーバート・スペンサーとの親交が、独特の博物館展示につながったとされている。

博物館設置にあたり、オクスフォード大学が条件としたのは、人類学の教授ポストを設けることであった。かくして、ピット・リヴァーズの寄付講座として始まった大学の人類学教室で初代教授となったのが、「文化人類学の父」といわれるエドワード・バネット・タイラー（一八三二～一九一七）である。彼の著作『原始文化』（一八七一年）は、文化を「知識、信仰、芸術、道徳、法、習俗など、人間が社会の一員として獲得したすべての能力と慣習の総体」と定義しており、この定義はその後も広く使われた。PRMの設立は、イギリスにおける人類学の発展と直結していたのである。

他方、コレクションの寄贈にあたって、ピット・リヴァーズが大学に求めた条件は二つあった。ひとつは展示構成を変えないこと。もうひとつはコレクションを研究や教育に生かすこと。彼は教育が一般大衆に与える影響に強い関心を抱いており、その場として博物館に注目した。男性労働者にも選挙権が広がりつつあった一八八〇年代、ピット・リヴァーズは博物館が民衆教育に果たす役割を確信していたのである。PRM開館後、一八九〇年代には二つ目の民族学博物館（ファーナム博物館）を、イングランド西部、ドーセット州の所領に設立して、地元コミュニティの農民らを広く受け入れた。そこでも、PRM同様、モノの種類別、目的別の展示方法が貫かれた。

「ローズ・マスト・フォール！」の響きのなかで——変わる倫理コード

PRMに変化をもたらしたのは、BLM運動の数年前、二〇一五年に南アフリカから伝播し、オクスフォード大学のキャンパスと周辺道路を埋め尽くした学生たちの叫び声であった。「ローズ・マスト・フォール！」――イギリス帝国主義を象徴する「南アフリカの巨人」、セシル・ローズの像は倒されねばならない！

二〇一五年三月、南アフリカのケープタウン大学で始まった学生たちのこの草の根運動は、根強く残る植民地主義に反対し、カリキュラムの脱植民地化を求めた。この「ローズ・マスト・フォール（RMF）」運動もまた、BLM運動同様、Z世代の大学生らが使いこなすSNSを通じてあっという間にアフリカ大陸を越え、同年秋にはイギリス各地の大学に広がった。

オクスフォード大学には、セシル・ローズの遺言により、二〇世紀初頭から（その名も）「ローズ奨学金」なる制度が設けられ、今なお多くの留学生がその恩恵に預かっている。そのひとり、オクスフォード大学博士課程に在籍する学生がこうツイートした。「PRMはオクスフォード大学で最も暴力的な空間のひとつだ」――。

そんな折、二〇一六年春、「脱植民地化」へと舵を切る新しい館長がPRMに着任した。ローラ・フォン・ブロークホーヴェン教授である。前任のライデン大学人類学博物館で一足早く「博物館の脱植民地化」議論の一端を担った彼女は、大英帝国が収奪してPRMに収蔵されたモノたちをめぐって「元の持ち主」たちとの対話を開始し、返還に向けた交渉を丁寧に進めていった。

たとえば、二〇一七年、東アフリカ、マサイ族から、PRMが所蔵するビーズの装飾品に対して返還要求が出された。父から息子へと受け継がれるネックレスとブレスレット、割礼後の女性がつけるイヤリングと髪飾り、結婚した女性用の首飾り、の五点である。マサイの慣習では売買も譲渡も許されないこれら五点は、イギリスの行政官で作家だったアルフレッド・クラウド・ホリスによって持ち出されたとされる。二〇一七年から交渉を続けたＰＲＭは、牧畜を主な生業とするマサイの婚資を基準に、一家族四九頭ずつ、五家族に牛を送り、二〇二三年七月、和解と補償の儀式を執り行った。

また、コロナ禍によるロックダウンとＢＬＭ運動を経た二〇二〇年七月、ＰＲＭは、それまでの目玉展示であったラテンアメリカ、シュアール族の「干し首」――英語では「縮んだ頭部（shrunken head）」――を展示ケースから撤去した。と同時に、展示室内に、倫理コードに触れたパネルをいくつも設置した。それまでＰＲＭにはなかったものだ。そのひとつ、「『干し首』を見に来たことはありますか？」というパネルには、こんな説明が続いている。

かつてここに展示されていた人間の遺物《ヒューマン・リメインズ》は撤去されました。現地の人びとは、自分たちの祖先がこんなふうに展示されることにずっと異議を唱えてきました。

私たちの調査でわかったことは、人間の遺物の展示から、本博物館の来館者が彼らの文化を「野蛮」「原始的」「ぞっとする」と考えることが多いということです。そのような展示は、互いの存在をより深く理解させるどころか、人種差別的でステレオタイプの考え方を助長してしまい、今日の博物館の価値観とは相容れないものなのです。

「過去の研究実践には問題がある」と書かれた別のパネルにはこうある。

頭蓋骨の測定といった人間の遺物の研究は、白人には、黒人や女性の身体をモノとして扱える権利があるという人種差別的、性差別的な考え方に科学的なオーラを与えてしまいました。このような考え方は、今日なお人種差別や排除の行為として根強く残り、私たちに影響を与え続けているのです。

展示の見直しにより、ベニン・ブロンズは、モノの種類別、目的別というPRMの伝統的ルールではなく、「一八九七年のベニン懲罰遠征で王宮から略奪されたモノ」という説明とともに、ひとつにまとめられて展示されるようになった。すでに二〇一七年、PRMはベニン・ダイアローグ・グループの正式メンバーともなっている。

コロナ禍収束の兆しが見え始めた二〇二二年一月、ナイジェリア国立博物館・記念碑委員会（NCMM）は、オクスフォード大学に対して、九七点のベニン・ブロンズをナイジェリア連邦政府に返還するよう要請した。このうち、九四点がPRM所蔵である。PRM館長らは、同年四月、NCMMの代表二名と面談し、六月には大学評議会《カウンシル》から、九七点すべての返還に賛同を得た。新聞はこれを大きく報道した。(2)

所蔵品の来歴を調査したのは、PRMのキュレータを務めるオクスフォード大学考古学教授のダン・ヒックスである。大英博物館（British Museum）をもじったヒックスのベストセラー『野蛮な博物館たち（*Brutish Museums*）』（二〇二〇年）掲載のより詳細な所蔵リストによると、PRM所蔵のベニン・ブロンズの総数は、ナイジェリア政府が求めた返還数よりも多い一四五点。大半が懲罰遠征でオ

「1897年のベニン懲罰遠征で王宮から略奪された」とまとめて展示されている
ピット・リヴァーズ博物館のベニン・ブロンズ（2023年10月3日筆者撮影）

バの王宮から略奪されたものであり、競売での入手以上に、個人からの寄贈が多い。わけても私が衝撃を受けたのは、その二割近くの二八点が、あのメアリ・キングズリ（第3章参照）からの寄贈であったことだ。彼女は、南アフリカ戦争の戦場に看護師を志願するにあたり、万が一の事態に備えたのだろう、弟チャールズに遺言書を託した。そこに、所有するベニン・ブロンズのPRM寄贈が書かれていたのである。

　メアリ・キングズリはベニン・ブロンズとどのような接点を持っていたのだろうか。本章第6節、7節で考えてみたい。

イギリス初の返還事例——ケンブリッジ大学ジーザス・カレッジのオクコー

　セシル・ローズ像をファサードに置くオクスフォード大学オリエル・カレッジ周辺

が「ローズ・マスト・フォール！」を連呼する学生たちで埋め尽くされた二〇一五年の晩秋、ケンブリッジ大学ジーザス・カレッジの学生組合は、一風変わったモノに目を向けていた。カレッジのメインホールに置かれた雄鶏のブロンズ像、通称「オクコー（Okukor）」である。この雄鶏像を問題視したのはナイジェリアからの留学生で、オクコーはベニン王国からの略奪品であり、ホールから撤去して「元の場所」に返すべきではないかと主張した。これを受けて、学生組合は年末に「ベニン・ブロンズ評価委員会」を立ち上げてオクコーの来歴を調査し、今後の方向性を議論した。それは、南アフリカ発のＲＭＦ運動が突きつけた「キャンパスの脱植民地化」と文字通り呼応しながら、学生たちに、植民地を持つ「帝国」であったイギリスの過去と向き合うことを迫ったといえる。

ケンブリッジ大学ジーザス・カレッジの「オクコー」と類似の雄鶏のブロンズ像は、大英博物館でも展示されている（2023年９月28日筆者撮影）

ジーザス・カレッジの記録によると、オクコーは、一九〇五年、当時在籍していた学生の保護者、ジョージ・ウィリアム・ネヴィル（一八八六～一九七四）からの寄贈であった。ネヴィルはリヴァプールの船会社、エルダー・デンプスターの西アフリカ駐在員で、当時の二大交易拠点ラゴスとボニー（ともに現ナイジェリア南部）での駐在経験を持ち、植民地化に必須である金融政策のため、「イギリス西アフリカ銀行」（一九六五年にスタンダード銀行に吸収合併）の設立にも尽力した。懲罰遠征軍が王宮を陥落させたほぼ直後にベニン・シティに入ったネヴィルは、王宮陥落の一か月ほどのち、地元紙『ラゴス・ウィークリー』（一八九七年三月二〇日）のインタビューに応えて、こんな話を語っている。自分は遠征軍司令官ハミルトン大佐の助言を受けて、本隊より一足先に遠征拠点のカラバルに戻ったこと、ベニン王宮内で膨大な数のベニン・ブロンズが見つかったこと、ベニン・シティ脱出時には二〇人もの護衛がつき、かの地がかなり危険な状況にあったこと――。当時ネヴィルもかなりの略奪品を入手したようだが、そのなかから雄鶏のブロンズ像を息子が学ぶカレッジに寄贈したのは、ジーザス・カレッジの紋章が、創設者であるイーリー司教ジョン・オルコック（Alcock）の名にちなんで、三羽の雄鶏（cock）、であったからだろう。

ベニン・ブロンズ評価委員会は、この問題について大学とカレッジが果たす倫理的な役割を重視し、「オクコーはナイジェリアへの恒久的返還が望ましい」との結論を下した。一一頁にまとめられた同委員会の報告書には、オクコーの返還は、植民地を持つ帝国であった過去と向き合い、脱植民地化を進める行為であり、本事例がグローバルに議論されている「学術の脱植民地化」のモデルケースとなるだろうことも明記された。ケンブリッジ大学がオクコーを所蔵、展示し続けるならば、それは大学が植民地主義の暴力に依然として加担し続けることになるとする学生組合の見方は、セシル・ローズ像の撤去を求めたＲＭＦ運動とぴったりと重なる。

報告書を受けて、二〇一六年二月、ジーザス・カレッジの学生組合はオクコーのナイジェリアへの恒久的返還に合意し、翌三月、この件は実質的な決定権を有するカレッジの同窓会組織に諮られた。卒業生の意見は賛否両論に分かれた。学生たちの主張を「行き過ぎ」と批判する声が多く聞かれ、

「オクコーがナイジェリアに返還されれば寄付をとりやめる」と息巻く卒業生も複数いたという。加えて、「誰に返還するのか？」「返還行為を代弁、代表するのは誰か？」などの疑問も出されたと聞く。

ケンブリッジ大学に三一あるカレッジはいずれも独立した組織であるが、問題の性質を考えて大学本部が仲裁に入り、いったん、オクコーはカレッジのメインホールから撤去され、大学付属の考古学人類学博物館（MAA）に預けられた。大英博物館と同じく、植民地主義の遺産を収蔵、展示、議論する場として、「博物館こそが最も適切かつ安全な場」という暗黙の合意が働いたのであろう。二〇一七年三月には、ベニン・ダイアローグ・グループやナイジェリアのNCMM関係者を招いて、ワークショップも行われている。

その一方で、ジーザス・カレッジ学生組合との対話はなかなか前進しなかった。あくまで「ナイジェリアへの恒久的返還」を主張する学生たちは、MAAでのオクコーの保存と展示を「大学の組織的人種差別」だと激しく反発した。オクコーはジーザス・カレッジに戻され、鍵をかけた棚に保管された。ナイジェリアへの返還を視野に入れた対話は、暗礁に乗り上げたかに見えた。

硬直化した状況が動き出したのは、二〇一九年、第四一代ジーザス・カレッジ学寮長《マスター》に就任したソニタ・アレイネ・オベ（一九六八〜　）のリーダーシップによるものと思われる。ソニタはカリブ海に浮かぶ旧英領バルバドスの出身。ジーザス・カレッジ初の女性学寮長であり、オクスブリッジ（オクスフォード大学とケンブリッジ大学の併称）初の黒人学寮長でもある。実業界のみならず、ジャーナリストとしても活躍していた彼女は、学寮長に抜擢されるや、教員（フェロー）、職員、学生各々の代表から成る「奴隷制遺産作業部会（LSWP）」を設置した。「奴隷制遺産」という名称は、二〇〇九年、ロンドン大学ユニヴァーシティ・カレッジが中心となって立ち上げた奴隷貿易・奴隷制関連のデータベース構築事業、通称「レガシープロジェクト」を想起させる。(3) データベースには誰でも簡単にアクセスでき、二〇二〇年のBLM運動では、かつて奴隷貿易や奴隷制で儲けた企業や銀行、団体、個人との関係や責任を調査する資料としても機能した。

責任を問われたのは大学という教育・研究機関も例外ではない。二〇一六年、グラスゴー大学は、他大学に先駆けて「奴隷制とその歴史に関する運営委員会」を設置して、「過去の補償」に向けて動き出していた。

すなわち、ケンブリッジ大学ジーザス・カレッジのベニン・ブロンズ返還問題は、それ自体が独立した問題ではなく、イギリス、そしてそれ以外の欧米諸国の大学で噴出した「奴隷貿易・奴隷制の記憶」と深く連動していたのである。

作業部会の会合では、ジーザス・カレッジがこのベニン・ブロンズを所有するに至った歴史的、法的、倫理的な状況が詳細に調査された。学寮長は、大学本部とカレッジ双方の多様な意見に耳を傾けながら論点を整理し、オクコーのナイジェリア返還への道筋をつけていった。ナイジェリアのNCMM事務局長アッバ・イサ・ティジャニ教授やナイジェリア教育文化相、ベニンの現オバを招いてオクコー返還式典が行われたのは、二〇二一年一〇月下旬のことである。その模様は今なお、カレッジのウェブサイトで見ることができる。(4) 作業部会の委員長を務めたベロニク・モーティエは、返還実現の喜びとともに、オクコーを「正当な所有者から長期間奪ってきた歴史的な過ちを心から謝罪する」と述べた。公式の場で正式な謝罪あっての返還、ということなのだろう。

かくして、ケンブリッジ大学ジーザス・カレッジは、ベニン・ブロンズを返還したイギリス初の機関となった。とはいえ、友人のケンブリッジ大学教員の情報によると、ジーザス・カレッジでは今なお、この返還の是非をめぐって意見対立が続いているという。奪われたもの／奪ったものを「元に戻す」道のりはけっして平坦ではない。だからこそ、対話を重ね、記憶を共有し、忘れないようにしなければならない。

6　メアリ・キングズリとの再会

PRMのベニン・ブロンズ所蔵リスト

現在ピット・リヴァーズ博物館がウェブ公開しているベニン・ブロンズの所蔵リスト、「一八九七年、ベニン懲罰遠征での入手品」(5)によると、所蔵するベニン・ブロンズ九七点の三割近く、二八点を寄贈したのは、メアリ・キングズリであった。リスト一六～四三番の「来歴の詳細」欄には、次の短い言葉が並んでいる。

メアリ・ヘンリエッタ・キングズリ（一八六二～一九〇〇）がピット・リヴァーズ博物館に寄贈したもので、一八九七年の襲撃で入手と記録されている。

うち、四二・四三番の「鉄の腕輪のペア」には、メアリ自身の手でベニン懲罰遠征の略奪品とは明記されていないが、他の寄贈品同様、「懲罰遠征時の略奪品の一部であることは明らか」との説明が付記されている。

このリストに、私は大きな衝撃を受けた。メアリがベニン・ブロンズを持っていたことなど、数々の伝記のどこにも書かれていないからである。実際、彼女は西アフリカの旅でベニン王国には一度も立ち寄っておらず、ベニン・ブロンズとの直接的な接点は見当たらない。

博物館リストの来歴からは、彼女がベニン・ブロンズを入手したのは、一八九七年二月の懲罰遠征の後から、南アフリカ戦争の戦場に旅立つ一九〇〇年三月までの間、であることはまちがいない。この間、最初の著作『西アフリカの旅』(一八九七年)出版後の彼女は、相次ぐ講演や執筆の依頼に追われながら、西アフリカの貿易や植民地化をめぐって、商人、植民地省、宣教師ら、利害を異にする者たちの対立に巻き込まれた。その意味で、心身ともに疲弊した時期でもあったといえる。その様子を、伝記作家たちは彼女の心情に分け入り、交友関係のなかで浮き彫りにしながら、一九〇〇年六月、三七歳で亡くなるまでの非常に濃密な彼女の人生を、死してなお残る彼女の記憶を、表現豊かに記述している。これらの伝記を手がかりに、私は、「メアリの西アフリカ」から広がる知的・文化的ネットワークの存在を見いだし、拙著『植民地経験のゆくえ』(人文書院、二〇〇四年)にまとめた。

当時の私は、彼女の人生にベニン・ブロンズが絡んでいたなどと、予想だにしなかった。

書かれなかったベニン・ブロンズ

従来、メアリ・キングズリについては、伝記にせよ著作分析にせよ、本書第3章で述べた西アフリカの旅が中心であった。とりわけ、沿岸部の貿易拠点をひとり離れ、オゴウェ川を遡って内陸部へと向かった単独行、その途中で出会った「人喰い」ファン族との交流、ガボン沖合に浮かぶコリスコ島訪問、その後、ヨーロッパ人が試みたことのないルートで四〇〇〇メートルを超えるカメルーン山に登頂したことはよく知られる。彼女の命を奪うことになる南アフリカ戦争についても、伝記作家の多くは、メアリ自身は戦争が終わったのち、ケープタウンからアフリカ大陸沿岸を北上して西アフリカに向かい、三度目の旅を実現させようとしていたと推測している。

彼女の人生と活動を知る主な資料は、二冊の著作、執筆した数多の新聞・雑誌記事、そして彼女の手紙である。筆まめだった彼女は、西アフリカの旅を支えてくれた商人、現地で出会ったヨーロッパ諸国の植民地官吏、通訳を務めた現地人、ミッション教育を受けたアフリカ人エリート、帰国後の講演で知り合った学者や学芸員たち、外務省や植民地省の関係者などと、頻繁に手紙のやりとりをしていた。メールやSNSはもちろん、電話の普及率がまだまだ低かった一九世紀末、手紙こそが人と人とをつないでいた。

ところが、彼女の弟チャールズは、メアリの死後、姉宛ての手紙をすべて捨ててしまった（！）らしい。「オー、ノー！」という伝記作家の（そして私の）叫び声が聞こえてくる。あまり大きな声で言いたくはないが、この弟、姉の死の知らせが届くと、南アフリカ、ケープタウンへと駆けつけたのだが、そのあとがいただけない。「姉の伝記を書きたい」と言って、彼女の友人たちに姉からの手紙の回収を求めたものの、結局、伝記は完成しなかった。それどころか、着手すらされなかったともいわれる。メアリが深い信頼を寄せたリヴァプール商業会議所の有力者で、一八六〇年代から西アフリカとの交易に携わってきたジョン・ホールト（一八四一〜一九一五）は、「あのとき、［手紙の］控えの方を送っておいてよかった」と、友人のE・D・モレル（第3章参照）に漏らした。

ゆえに、メアリ・キングズリの生の声を聴くには、彼女の手紙を受け取った（と思しき）友人たちの周辺を細かに当たるしかない。そうやって編まれた数冊の伝記を手がかりに、私は、メアリが心を許した年上の友人で、シャイな彼女のいわば代理人の役割を果たしてきた女性――拙著『植民地経験のゆくえ』のもう一人の主人公、ロンドンでサロンの女主人として有名だったアリス・ストップフォード・グリーン（第3章参照）に目を留めた。アリスは、メアリが実現をめざした「アフリカ協会」設立の発起人ともなる。メアリとの交流のなかでアリス自身も大きく変わった。その先に開かれたアイルランドの未来（正確にはアイルランドの「過去」！）については、拙著をお読みいただきたい。経験とはそうやって継承され、人と人とをつなぎ合わせながら、「その人と出会わなかった未来」とは少し違った未来をもたらしてくれるものである。

しかし、である。二〇〇四年に拙著を刊行するまで、私はそれこそ目を皿のようにしてメアリ・キングズリと関わる文献をたどったつもりだったが、そこにベニン・ブロンズの記述を見つけることはなかった。その理由ははっきりしている。私の意識にベニン・ブロンズがなかったからである。二〇二三年秋、ベニン・ブロンズ返還の可能性という新たな視点でピット・リヴァーズ博物館を調査するなかで、私はメアリ・キングズリと「再会」した。この「再会」は、激しい衝撃とともに、私に運命めいたものを感じさせた。

『西アフリカの旅』人気の背後

メアリ・キングズリが西アフリカの旅のなかで学んだことを一言で言ってしまえば、「アフリカにはヨーロッパとは異なる文化や制度、世界観や価値観がある」ということになろう。多様性が声高に叫ばれる今でこそ当然視される見方だが、一九世紀末の当時は、ヨーロッパ諸国が競い合って領土を国外に広げ、その支配の正当性を人種主義や社会進化論と結びつけた帝国主義の時代。彼女の「学び」がどれほど奇抜なものであったか、想像していただきたい。そんなメアリの前に、アフリカの野蛮さ・未熟さ、人種的・民族的劣性、自己統治能力の欠如を強調して介入の必要性を見いだし、彼らを改宗させて「文明化」しようとするキリスト教各派の宣教師たちや、ヨーロッパの課税制度やヨーロッパ人が決めた「国境線」を押しつけようとする植民地行政官らが立ちはだかった。

旅とは常に、国際情勢の変化、それと呼応する現地社会の動きに左右されるものだ。イギリスの交易・統治拠点のカラバル周辺は、一八九三年、オイル・リヴァーズ保護領からニジェール沿岸保護領へと改称し、メアリが二回目の旅にあった一八九五年上半期のうちに、管轄も外務省から植民地省に移った。交易をめぐる現地人とのトラブルを逆手にとって、植民地化を一気に進めようとするイギリス政府の方針は、メアリの旅のルートにも影響を与えた。

一八九五年一月にカラバルのイギリス総領事館到着後、メアリは四か月もの間、カラバル周辺から動いていない。いや、動けなかった。その後、カラバルを北上してイギリスの王立ニジェール会社（RNC）が管轄するナイジェリア北部に向かう当初の計画は、逆方向――カラバルから沿岸を南下してフランス領内、オゴウェ川を遡る旅へと、大幅な変更をよぎなくされた。これらは、この時期に行われた植民地省の人事異動と関係している。

このとき、新たなトップに就任したのは、「帝国の時代」を代表する政治家、ジョセフ・チェンバレン（一八三六〜一九一四）だ。バーミンガム市長から国政に進出し、当初所属していた自由党を離党して自由統一党を結成し、保守党との連立内閣で植民地大臣を務めた。外務省から「格下」と見られていた植民地省をあえて希望したチェンバレンのリーダーシップによって、イギリスのアフリカ植民地化政策は加速度的に進められ、やがて南アフリカ戦争（一八九九〜一九〇二）へと突き進んでいく。

この動きに警戒感を募らせたメアリは、帰国直後からイギリス各地を講演して回り、新聞・雑誌の執筆を数多く引き受けて、アフリカ独自の文化や制度の存在とそれへの理解を社会に呼びかけた。一八九七年一月に出版された『西アフリカの旅』は、出版と同時に大評判となり、多くの書評が書かれ、大いに売れた。拙著『植民地経験のゆくえ』では、その人気の理由をもっぱら、著作の中身と彼女のユニークな文体に求めた。アフリカの自然や人びとに注がれたメアリ独特のまなざし、男性探検家と異なる目のつけどころ、それが生かされた文体、込められたユーモアのセンス——これらを、同書執筆中の私も大いに堪能した。

メアリの鋭い観察眼が最も発揮されているのは、西アフリカのさまざまな地域にさまざまな形で認められた「フェティッシュ」に関してである。フェティッシュとは、山や石、植物や動物、仮面など物理的な形あるモノに宿り、魔力や呪いを行使する超自然的な力を意味する。フェティッシュへの崇拝は、「偶像崇拝」との違いがわかるように、「物神崇拝」「呪物崇拝」などと訳されることが多い。それは、キリスト教やイスラム教、仏教などの（いわゆる）「宗教」とは明確に区分され、アフリカの未開性や野蛮性、劣性の象徴ともみなされた。

しかしながら、メアリは、フェティッシュとは「アフリカ人の行動を背後で動かす論理、あるいは規範」であり、アフリカの人びとにとっての「宗教」に他ならないと考えた。このフェティッシュ認識を展開した『西アフリカ研究』のなかで、メアリはベニン王国とその王オバに触れている（後述）。だが、『西アフリカの旅』には、ベニン王国の話はいっさい出てこない。本文と索引いずれにも出てくる「ベニン」は、ヨーロッパから西アフリカへの沿岸交易ルートに位置し、象牙海岸や黄金海岸に続く「ベニン湾（the Bight of Benin）」だけである。メアリ・キングズリが現実の旅のなかでベニン王国に関心を持つことはなく、よって彼女自身がベニン・ブロンズを西アフリカで入手、収集することはなかったと思われる。

だからこそ、ベニン・ブロンズの返還問題に揺れる二一世紀の今、気になるのは『西アフリカの旅』の中身以上にその出版のタイミング——ベニン・ブロンズの略奪につながる一八九七年一月、二月の出来事と同書の刊行が、時期的にぴったりと重なることである。すなわち、メアリ・キングズリの『西アフリカの旅』は、オバの警告を無視して王宮に向かった副領事ジェイムズ・フィリップスらへの襲撃（一八九七年一月上旬）とほぼ同時に公刊され、イギリス軍の懲罰遠征（一八九七年二月）と関連する報道のなかで爆発的に売れたのである。それはまさしく、懲罰遠征を正当化すべく、メディアがこぞって「ベニン王国は野蛮で残酷」と叫びはじめた時期でもあった。『西アフリカの旅』は、このメディア戦略とどこか共振したのではなかっただろうか。メアリ自身のフェティッシュ理解とは別に、当時の読者たちは、『西アフリカの旅』の記述のなかに、「懲罰遠征もやむなし」と納得する「野蛮さ」を確認したかったのではないだろうか。

そんな目で見直していると、『絵入りロンドンニューズ』（一八九七年二月六日）の『西アフリカの旅』紹介欄の一節が目に留まった。曰く、「驚くべき本である。ベニン王に対する遠征開始に合わせるかのような出版である」――。

二〇年前の私が気にも留めなかった一言に、過去はたえず「新たな現在」と対話するものであることを痛感させられる。

『西アフリカ研究』のなかのベニン・ブロンズ

二冊目の著作となる『西アフリカ研究』の第四章「フェティッシュ諸派」で、メアリは四頁ほどベニン王国に言及している。それが、略奪されたベニン・ブロンズに対する社会の強い関心に応えようとするものであったことは、下記の文章からも読み取れよう。


一七世紀末ごろまで、ベニンが、内陸部奥深くにある、より高度な文化を有する王国と関係があったことは間違いない。その王国はアビシニア［エチオピア］であったかもしれないし、ムスリムのスーダン侵攻による混乱で破壊された文化的諸国家のひとつであったかもしれない。現在の私たちの知識では、もっと多くのことがわかるまでは曖昧なままに推測するしかない。ただひとつ確かなことは、ベニンの芸術的展開が示すように、ベニンが影響を受けてきたということである。

（『西アフリカ研究』一四一―一四二頁）

強調されているのは、ベニン王国が独自の政治的、経済的、文化的な発展を遂げたわけではなく、より高次の文明国家の影響を受けてきたことである。このあとにも、ベニン王国が森林の湿地帯で孤立し、沿岸部の商業発展から取り残され、周囲に影響を与えるのではなく、周囲から影響を被ってきたことが繰り返されている。

交易したことのある外国の宗教思想をアフリカ人がどれほど安易に表面上採り入れたかを考えると、ベニン王国に金属加工技術を導入した人たちは、宗教の一部も採用したと推測せざるを得ない。ベニン・フェティッシュに見られる、フェティッシュとは異なる宗教的遺物は、間違いなくキリスト教のものである。これらの遺物がすべてポルトガルのローマ・カトリック伝道によるものか、あるいはそれより早い時期、ムスリムの北アフリカ侵攻以前に存在した西スーダンのキリスト教国家との交流の産物なのかについては、さらに詳しい情報が必要である。（中略）フェティッシュのなかのキリスト教的遺物は、起源はさまざまであっても、すべて現地のフェティッシュに吸収されたと確信する。（『西アフリカ研究』一四三頁）

これこそ、ベニン・ブロンズを見る当時のヨーロッパ人のまなざしであった。アフリカ人にこれほど繊細で精巧な芸術品が作れるはずもなく、高度な文明、おそらくはキリスト教文化の影響を受けたにちがいない――。その芸術性と写実性、高い技術力、洗練されたデザインなどから、ヨーロッパの美術関係者は当初より、ベニン・ブロンズに、エジプト起源説やエチオピア起源説、あるいはヨーロッパのなかで最も早くアフリカとの交易を開始したポルトガルのキリスト教文化からの影響を指摘していた。それほどベニン・ブロンズは、ヨーロッパが想像する「アフリカらしさ」——たとえば、二〇世紀初頭、パブロ・ピカソがパリの人類博物館で鮮烈なインスピレーションを得て描いた作品、「アヴィニョンの娘たち」に指摘されるアフリカのプリミティヴ・アートのような——に欠けていたということなのだろう。当時ピカソが人類博物館で見た作品の多くは、現在ケ・ブランリ美術館に移されているが、所蔵品をめぐっては、展示・観賞の対象か、それとも民族学・考古学の研究資料なのかという対立が今なお認められて興味深い。先に見たメアリ・キングズリの記述も、こうした当時のヨーロッパ中心主義、根拠不明の推測の域を出るものではない。それは、メアリ自身が現地でベニン・ブロンズを見ていなかったせいもあろう。

知識や情報の不足を補うためだろう、メアリは『西アフリカ研究』の最後に、附録としてベニン王国を旅した人たちの記録を掲載している。「附録I」は、友人のシャルル・ナポレオン・デ・カルディの「ニジェール沿岸保護領の現地人についての寸描。その習慣、宗教、交易などに関する若干の記述」である。デ・カルディはコルシカ島出身の探検家で、ニジェール川河口のデルタ地帯での生活経験が豊富であり、「西アフリカ通」として知られていた。彼は、「ベニンの現地統治制度と宗教」「ベニン・シティの人びとの起源」という二つのタイトルで、生贄の風習、王位継承や王に仕える官吏の制度、犯罪と刑罰、埋葬方法など、ベニン王国とその人びと、制度や慣習などを二一頁にわたって綴っている。

そのなかで、デ・カルディは、「真鍮、鉄、銅、青銅の鋳造品や象牙の彫刻、綿織物において、ベニン・シティの人びとは比類なき芸術性を発揮していた」と語る一方、「ベニン・シティの祖先は遠くカナンの地から真鍮細工技術を持ち込んだ」（『西アフリカ研究』四五六頁）という推測を示している。ヨルダン河畔のカナンは、旧約聖書で「乳と蜜の流れる場所」と記された約束の地。これもまた、ベニン王国にキリスト教文化の影響を認めるメアリの根拠となっていたのだろう。

7　ベニン・ブロンズから「もうひとつの物語」へ！

「マニラ」への注目

それでも、メアリ・キングズリの記述には、ベニン・ブロンズの核心を突くある重要な指摘が認められる。ブロンズ（青銅）は、銅と錫、亜鉛、鉛の四元素を主とする合金だが、これらの金属成分についてこう述べているのだ。

ここ［象牙海岸］で現地通貨に相当するものがマニラだ。ブレスレットの形をした、よくある代用通貨である。マニラは、銅とピューター［白鑞、主成分は錫］の合金であり、主にバーミンガムとナントで製造され、個々の価値は二〇

ポルトガル兵士の周りに「マニラ」があしらわれたベニン・ブロンズ

〜二五サンチームである。（中略）現地の［仲介］商人たちは、イギリス船の船長やフランスの製造所と取引して、仕入れた荷［商品］で内陸部の人びとからパーム油を買い、それを現地人や外国人の荷主に売る。そのとき現地商人はマニラで支払いを受けるが、希望すれば、マニラを製造所や交易船で再び商品に替えることができる。したがって、マニラは、黒人商人にしてみれば、儲けを一時的に蓄えておける一種の銀行のようなものである。（『西アフリカ研究』八二頁）

レリーフ銘板に描かれたマニラは、その大きさから、ブレスレットというよりは馬蹄を連想させるかもしれない。象牙海岸のみならず、広く西アフリカ沿岸部で、マニラはヨーロッパ人と現地商人の取引で使われ、メアリが言うように、いわば通貨の役割を果たしてきた。一五世紀末にベニン王国と交易を開始したポルトガルは購入した奴隷の支払いをマニラで行っており、以来マニラは、ベニン王国の「主要輸出品」である奴隷と交換されてきた。そのマニラが、ベニン王宮を飾るベニン・ブロンズの素材となったわけである。

一三世紀ごろに生まれたベニン王国は、当初はサハラ砂漠を渡るアフリカ内陸部の奴隷交易のなかで、マニラを、すなわちブロンズの素材を確保してきた。それが、一五世紀末以降、まずはポルトガル、次いでフランスやオランダ、イギリスが参入した大西洋奴隷貿易の増大とともに、ブロンズの素材が大量かつ安定的に入手できるようになったのである。

ベニン・ブロンズはオバへの献上品として、特殊な金属鋳造、象牙・木彫り細工の専門家集団によって作られており、大量かつ安定的な金属の供給は、オバの権力の誇示と直結していた。一五世紀から一六世紀にかけてのベニン王国の全盛期は、ベニン・ブロンズの製造と奴隷貿易のクロスオーバーのもとでもたらされたといえる。

イギリスでは一八〇七年に奴隷貿易が廃止され、一八三三年には植民地における奴隷制も廃止された。この廃止運動は、一九世紀後半までに広く欧米諸国やラテンアメリカ諸国に広がった。それに伴ってマニラの使い方も変化し、メアリ・キングズリが西アフリカを旅した一九世紀末にもなると、商品交換や銀行替わりの貯蓄として機能するようになったと思われる。

メアリは、さらに次のように書いている。

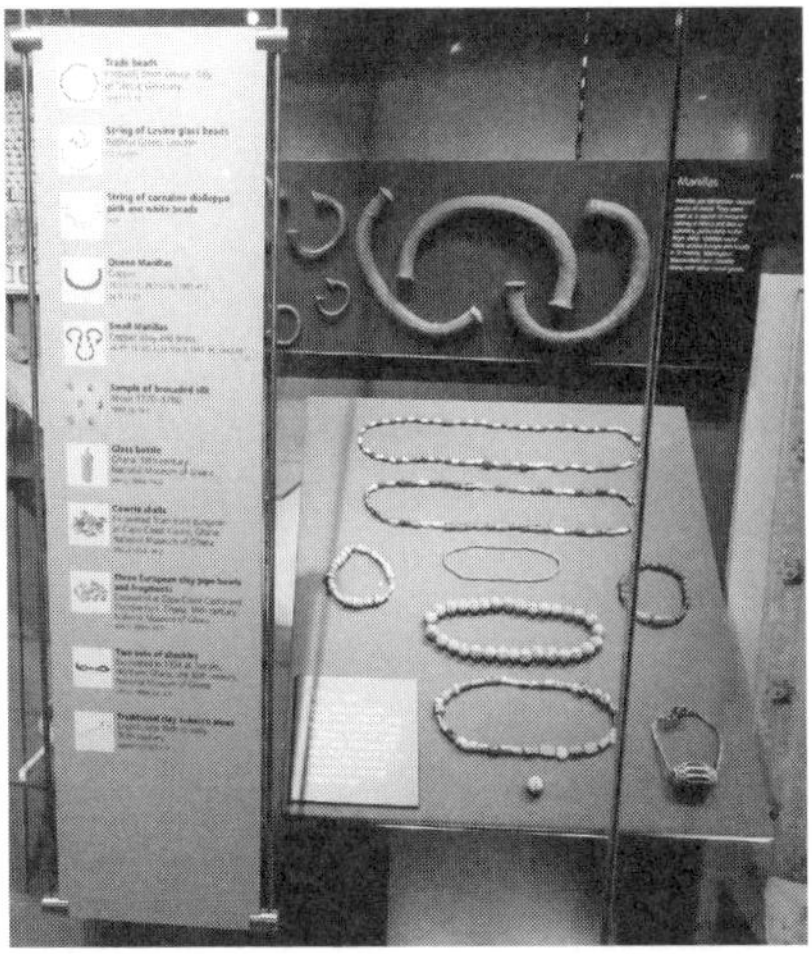

リヴァプールの国際奴隷博物館に展示されている「マニラ」（写真上部、2023年10月６日筆者撮影）

ベニンで発見された金属類のなかには、バーミンガムで作られたものもあれば、古いポルトガル製のもの、現地鋳造のものもあり、［ベニン王国に影響を与えた］その内陸国家から採り入れたものの複製もあれば、その内陸国家の製品そのものもあると私は思う。（『西アフリカ研究』一四三頁）

略奪したベニン・ブロンズの金属成分が、産業革命で勃興した製鉄の町、バーミンガム産であったとは！　彼女のこの指摘が興味深いのは、それが二一世紀に進められているマニラの成分分析と合致するからである。

近年、欧米の博物館が所蔵するマニラとともに、沈没船に残されたマニラに注目した水中考古学の最新調査として、「ベニン・ブロンズ——秘密の成分」[6]が公表され、西アフリカ沿岸で奴隷売買に使われたマニラには三タイプがあったことが明らかにされた。第一に、ポルトガルが使用した「ターコイズ・マニラ」と呼ばれるタイプであり、その成分はドイツ、ラインラントの鉛と一致した。第二に一八世紀に登場した「バーミンガム・マニラ」であり、この二つの移行期に使われたのが第三タイプの「ポポ・マニラ」だという。科学を駆使した二一世紀の調査は、マニラをめぐるメアリの推測を裏付けているように見える。

マニラの成分分析に注目する重要性は、一八九七年にイギリス軍が略奪したベニン・ブロンズが、ヨーロッパで製造された金属素材からできていた事実にある。それは、バーミンガム・マニラに素材提供したイギリスが、奴隷の買い手として、奴隷貿易に加担していたからだけではない。奴隷貿易のもう一方の主役、売り手であるベニン王国（並びにベニン・シティを抱える現在のナイジェリア）が、奴隷売買の対価であるマニラで作られたベニン・ブロンズの返還を求めることは適切なのかという新たな問いを誘発するからである。

文化財にせよ遺骨にせよ、過去の植民地主義によって奪われたモノの返還作業には、正当な返還請求者は誰なのか、その根拠は何か、という難しさがつきまとう。過去との対話において、返還の正当性とその科学的根拠はますます重要性を帯びつつある。

メアリはなぜベニン・ブロンズを持っていたのか？

繰り返しになるが、ベニン・ブロンズという切り口からメアリ・キングズリの人生を再考した伝記作家は、（目下のところ）誰もいない。それでも、手元にある数冊の伝記を読み返していると、彼女がベニン・ブロンズを持っていたことを示す言葉にぶつかるから、不思議である。見たいものが変わると、見えるものも変わってくる。

たとえば、よく知られるキャサリン・フランクの伝記は、「ロンドン、ケンジントンの自宅書斎で、メアリ・キングズリが真夜中過ぎまで書き物をしている」シーンから始まる。時は一八九九年の終わりごろ。当時のメアリは、貴族らの主治医を務めて世界中を旅した父ジョージの回想録を編もうとしていた。壁の本棚には大量の本が積み上げられ、周囲には彼女がアフリカで入手した象牙の仮面が散らばっていた。それに続いてこう書かれている。

メアリの自宅エントランスホール正面に置かれたムヴング
(Frank, 1986)

ベニン・ブロンズは書斎の隣の居間に人目を引くように飾られており、釘が何本も刺さった血まみれの偶像、高さ三フィートのムヴングが、エントランスホールの正面を誇らしく占めていた。
（Chatherine Frank, *A Voyager Out: A Life of Mary Kingsley*, 1986, p.3）

なるほど。メアリの自宅を訪れた人たちは、まずはムヴングを目にし、次いでいくつかのベニン・ブロンズを見たことになる。だが、話はここまでで、フランクの伝記にベニン懲罰遠征と関わる記述はまったくない。他の伝記同様、メアリがベニン・ブロンズをどのように入手したかに関する言及もいっさいない。

メアリ・キングズリはどうやって懲罰遠征の略奪品を二八点も入手できたのだろうか。この謎を解く鍵はまだ見つかっていない。オークションならば記録が残っているだろうが、彼女自身がオークションに出向いたというよりも、西アフリカの「専門家」である彼女に誰かが個人的にベニン・ブロンズを贈ったと考える方が理に叶っている。長年彼女とつきあってきた私の直感だ。エビデンスが必要なことは言うまでもないが、贈り主もなんとなく推測できる。この遠征と関わった軍人以外の誰か――おそらく、当時の西アフリカ交易と深く関わるリヴァプールの商人だろう。

メアリ・キングズリは、アフリカ人に対する人種偏見が根深い植民地省の官僚や植民地の役人、現地のフェティッシュを否定してキリスト教への改宗を図る宣教師らと対立する一方で、商取引を通じて現地の人びとと良好な関係を築いてきたヨーロッパ商人たちに信頼を寄せた。とりわけ、彼女との信頼関係で知られるのは、先にも紹介したジョン・ホールトである。一八六二年から西アフリカで取引経験を積んだホールトは、リヴァプールと西アフリカとの関係発展に大きく寄与してきた。ホールトは、かつての自分のような西アフリカ駐在のイギリス商人から、ベニン・ブロンズ入手の情報を得たのかもしれない。本章第5節で話したように、息子が在籍するケンブリッジ大学ジーザス・カレッジに雄鶏のブロンズ像、オクコーを寄贈したのは、リヴァプールに本社のある船会社エルダー・デンプスター社の駐在員ジョージ・ウィリアム・ネヴィルであった。リヴァプールには、入手したベニン・ブロンズをメアリ・キングズリに贈りたくなる人たちが何人もいたのではないだろうか。

そうそう、二〇二三年秋に立ち寄ったリヴァプールの世界博物館では、「ベニン・ブロンズとリヴァプール」という特別コーナーが設けられていた。そこに、メアリ・キングズリという「補助線」を加えてみると、何が見えてくるだろうか。

近い将来、メアリ・キングズリとの「再会」から生まれたいくつかの問いを解く旅に出かけよう。問いが解けていく私のワクワクに読者もワクワクしてくれる、そんな日を想像しながら……。

【注】

（1）https://www.about-africa.de/images/sonstiges/2018/sarr_savoy_en.pdf
（2）たとえば、以下の『ガーディアン』の記事を参照。'Oxford University may return items looted from Nigeria by Britain in 1897'（https://www.theguardian.com/education/2022/jul/30/oxford-university-may-return-items-looted-from-nigeria-by-britain-in-1897）
（3）Centre for the Study of the Legacies of British Slavery（https://www.ucl.ac.uk/lbs/）
（4）'Jesus College returns Benin Bronze in world first'（https://www.jesus.cam.ac.uk/articles/jesus-college-returns-benin-bronze-world-first）
（5）https://www.prm.ox.ac.uk/benin-bronzes　同博物館では二〇二四年秋まで所蔵品の検証作業が進行中とのことである。
（6）Daniel Weiss, 'The Benin Bronzes' Secret Ingredient', *Archaeology*, November/December, 2023（https://archaeology.org/issues/novemberdecember-2023/digs-discoveries/the-benin-bronzes-secret-ingredient/）

おわりに

アフリカからブラジルへ――ケイスメントとの「再会」

ブラジル、サンパウロ大学のキャンパスはともかく広い。亜熱帯特有のヤシ科やセンダン科、マメ科の植物が太い幹を競い合うなか、ブラジルの国花イペーがあちこちで黄色（時に白や紅紫）の花をのぞかせている。突然、南アフリカ戦争勃発一〇〇周年を記念する国際シンポジウム（一九九九）で南アフリカ共和国の行政首都プレトリアを訪れた時のことを想い出した。あのとき町中に咲き乱れていた薄紫色の「アフリカの桜」、ジャカランダ（和名シウンボク・紫雲木）と花の形やつき方がそっくりだ。それもそのはず。ジャカランダは南米原産で、イペーと同じノウゼンカズラ科に属するという。「コロンブスの交換」という言葉が脳裏をかすめた。

ヨーロッパと南北アメリカという二つの大陸の中間に位置するアフリカ大陸は、大西洋上の三角貿易で奴隷の供給地となり、この「交換」の構図に複雑さを加えてきた。二〇二三年のカリブ海域調査に続く翌二〇二四年の調査では、一五世紀末以降、奴隷貿易の拠点であったブラジル北東部、バイーア州の港町サルヴァドール、内陸部の物流拠点カショエイラなどを見て回り、「コロンブスの交換」

の狭間で立ちすくんだかに見えるアフリカの事物や文化の痕跡をながめ直した。奴隷、およびその末裔たちによって作られ、運営されて今に至るカンドンブレという宗教組織が、奴隷たちの故郷である西アフリカ、わけてもヨルバの神々を語る言葉や精神を受け継いでいることを、儀礼に参加して実感できた。ここ、ブラジル調査の終着点となるサンパウロ大学では、何が待ち受けているのだろうか。

八月第二週の講義開始とともに、キャンパスはにぎわいを取り戻しつつあった。学食でランチをすませた私たちは、国際共同セミナー「奴隷制とジェンダー」が予定されている高等研究所へと歩きはじめた。九州大学を中心に科研費助成（基盤研究A）を得て、奴隷制の比較史研究を重ねてきた私たち日本側と、「奴隷制、ジェンダー、母性」という国際シンポジウムを成功させた直後のブラジル側との本格的な対話が始まろうとしていた。この日、ブラジル側は三本の報告を準備しており、私にはそれらに対するコメントが割りふられていた。事前の資料配布がないため、どんな報告内容なのかがわからない。何を話せばいいのだろうか……。

そんな不安を、最初の報告が一気に吹き飛ばしてくれた。UNIFESSPA連邦大学（二〇一三年にブラジル北部パラー州に新設された連邦大学）のマリア・クララ・サンパイオ教授の報告タイトルには、「国際大義としてのゴム犯罪とプトゥマヨ虐殺の創造」とあった。えっ、プトゥマヨ？　ロジャー・ケイスメントが時の外相エドワード・グレイに命じられた調査地である。グレイ外相は本書第3章で触れたケイスメントの「コンゴ・レポート」（一九〇四年）を高く評価し、先住民虐待疑惑のあるこの地に彼を派遣した。ケイスメントは、イギリス外務省を代表して綿密な調査を行い、虐待を告発する渾身の報告書「プトゥマヨ・レポート」を書きあげた。一九一〇年九月から二か月におよんだアマゾン奥地調査の詳細は、『ロジャー・ケイスメントのアマゾン日誌』(監修アンガス・ミッチェル、一九九七年)のなかに「プトゥマヨ日誌」として収録されている。三五〇頁を大幅に超えるその分量に、まずは圧倒される。デジタル化により、今ではケイスメントの手書きの日誌や草稿も読めるようになった。

一気に記憶をよみがえらせた私は、急ぎネットをつなぎ、国立アイルランド図書館が公開しているケイスメント自筆の「日誌」(彼自身は「遠征記」と記している)を開いた。[1]「一九一〇年七月二三日にイギリスを出発し、八月三一日にイキトスに着き、九月一四日から調査開始」という短い冒頭文から、すでにいくつもの削除や修正、加筆が目につく。いつものことながら、手書きの文字は、私を一気に過去へと連れ出す「タイムマシン」だ。

かくして、ブラジル調査の終着点で、私はロジャー・ケイスメントと「再会」、いや何度目かの邂逅を果たした。パソコンの画面でケイスメントの手書きの文字を見ながら、彼が調査したプトゥマヨ関連の話を聴く。なんとぜいたくな時間だろう。サンパイオ教授の報告は、「奴隷」といえば「アフリカから連れてこられた黒人」との意識が強かった私に、先住民奴隷の存在とその苛酷な実態を印象づけた。時に質問をはさみながら、私はゆっくりと、ケイスメントの「プトゥマヨ日誌」の内容をたぐり寄せていった。

国際スキャンダル、「プトゥマヨ虐殺」

プトゥマヨ川は、コロンビアとペルーの国境を流れる河川であり、ブラジルに入るとその名をイサ川と変える。アンデス山脈に源流を有し、南米大陸の熱帯雨林を横切って大西洋へと注ぐ世界最大の

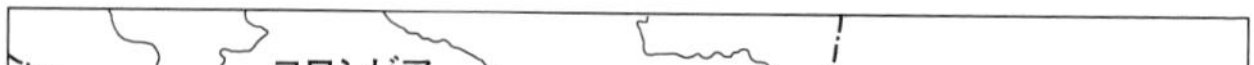

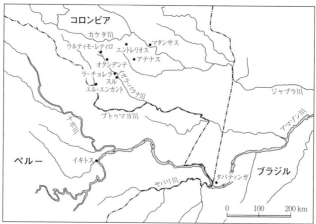

ロジャー・ケイスメントによる「プトゥマヨ・レポート」の調査地
（マリオ・バルガス=リョサ『ケルト人の夢』野谷文昭訳、岩波書店、2021年、「ロジャー・ケイスメント関連地図」をもとに作成）

河川、アマゾン川の支流のひとつだ。

一九世紀後半、天然ゴム（パラゴムノキ）の原産地であるアマゾン川流域にはゴム農園が広がり、自転車や自動車のタイヤ需要が高まる一九世紀末から二〇世紀初頭にかけて、年間一六〇〇隻を超える船が行きかう一大ゴムブームに沸いた。「ゴムの首都」と呼ばれたブラジルのマナウス（現アマゾナス州の州都）には、パリのオペラ座を模したオペラハウスが建設され（一八九六）、街はカフェやカジノといったヨーロッパの文化施設にあふれた。イギリスがブラジルからこっそりと持ち出したゴムの種子をロンドンのキュー植物園で栽培し、育った苗木をシンガポールやインドに移植し、その後マレー半島の栽培ゴムが市場競争力を持つようになるのは、二〇世紀に入ってからのことである。よって、ケイスメントの調査報告書「プトゥマヨ・レポート」（一九一二年に政府刊行物《ブルーブック》として公刊）は、ブラジルの天然ゴムが国際競争力を失っていく直前に出されたことになる。

天然ゴムブームはプトゥマヨ川周辺にも到来したが、アマゾン川本流から離れたこの地を訪れる船は、ここを支配するペルー・アマゾン会社（ＰＡＣ）所属のものに限られていた。このことが、この地域でゴム採取にあたる先住民に繰り返されてきた残虐な暴力の隠れ蓑ともなっていた。

だが、人の口に戸は立てられぬものである。二〇世紀に入ると、ＰＡＣの管轄下にあるゴム農園周辺では、ゴム採取作業をする先住民インディオの拉致や誘拐、彼らに対する虐待や拷問、ひいては殺害までもが日常化しているとの噂が抑えきれなくなっていた。男たちをゴム採取労働に駆りたてるために「人質」にされた先住民の妻や娘、年端もいかぬ少女に対する性的虐待も、ＰＡＣの本部のあるイキトス周辺では公然の秘密であった。

こうした地元の噂を国際世論へと開いたのは、二つの活字メディアだった。

ひとつは、ペルーのユダヤ系ジャーナリストで社会主義者のベンハミン・サルダニャ＝ロカ（一八六五〜一九一二）が創設したイキトスの地元紙『ラ・サンシオン』（スペイン語で「制裁」の意味）である。サルダニャ＝ロカは、裁判記録や地元ニュースを丹念に読み直し、ＰＡＣの元従業員から証言を集めて、一九〇七年七月から『ラ・サンシオン』で連載を開始した。だが、翌一九〇八年早々、ＰＡＣ代表フリオ・Ｃ・アラナ（一八六四〜一九五二）と結託したイキトス市当局によって、同紙の印刷所は襲撃され、代表のサルダニャ＝ロカは市から追放された。行方不明となった彼の死亡がペルーの首都リマで確認されるのは、四年後のことである。

もうひとつは、アメリカの鉄道技師ウォルター・ハーデンバーク（一八八六〜一九四二）がロンドンの雑誌『真実《トゥルース》』に書いた告発記事である。ハーデンバークはコロンビア太平洋鉄道の建設に携わった鉄道技師で、天然ゴムブームのなかで建設が始まったマデイラ・マモレ鉄道（ボリビアとブラジルの国境近く、マモレ川、マデイラ川沿いにブラジルのロンドニア州を走る鉄道。一九七二年に廃線）の建設現場に入る直前の一九〇八年、友人と旅したアマゾン川流域でＰＡＣに捕まった。イキトスに抑留されたハーデンバークをサルダニャ＝ロカの息子ミゲル・ガルベスが訪ね、父がイキトス脱出の際に密かに残した全文書を託した。その内容に驚いたハーデンバークは、それらの事実を裏取りし、さらに現地で新しい証言を得て記録し、翌一九〇九年、それらを携えてイキトス脱出に成功。イギリスの自由党議員によって創刊された（一八七七）雑誌『真実』に、「悪魔の楽園――イギリス領コンゴ」（一九〇九年九月二二日）と題する告発文を発表した。タイトルからも、アマゾン奥地のプトゥマヨとアフリカ奥地のコンゴとの相似形がはっきりとうかがえよう。

その結果、国際スキャンダルとして激しい批判を浴びたＰＡＣは、一九一〇年、独自の調査委員会をプトゥマヨ川一帯に派遣することを決めた。このとき、イギリス外務省は、会社の調査委員会にイギリス代表を加えることを強く求めた。ＰＡＣがイギリスの上場企業であり、幹部役員に著名なイギリス人の名前が並んでいたこと、ハーデンバークの告発がロンドンの雑誌に掲載されたことが、その主な理由だと思われる。時の外相グレイは迷うことなく、イギリス代表委員としてケイスメントを選んだ。一九〇六年以来、ケイスメントはサントス、マナウスで領事を務め、一九一〇年当時はリオデジャネイロで在ブラジル総領事を務めていた。それ以上に、彼が調査、執筆して国際的な人権侵害の追及につながった「コンゴ・レポート」が評価されての抜擢であったことはまちがいない。

休暇で一時帰国していたケイスメントは、一九一〇年七月、ＰＡＣが依頼した四人の委員とともにイギリスを出発。イキトス到着後の九月以降、ＰＡＣが所有するプトゥマヨ一帯のゴム農園を訪ね回りながら、各プランテーションの管理者や警備担当者に直接ヒアリングを行った。その過程で、彼自身、先住民虐待を幾度となく目撃することになった。

もともとは各地域、部族ごとに労働に関する取り決めがあったのだろうが、ゴムブームの到来で北の国境を接するコロンビアとの競合もあり、ＰＡＣはゴム採取の労働力確保のために「先住民狩り」を日常化し、現地における「先住民の奴隷化」の仕組みを精緻化していった。先述したように、妻子を人質にされた先住民の男たちは、二週間を単位として、採取量のノルマが課された。ゴムの量は秤に細工してごまかされ、ノルマが達成できていないとして拷問が繰り返された。ＰＡＣの現地責任者や現場監督らは、実に容易く先住民の身体を傷つけ、四肢を切断し、時にあっけなく殺して、遺体を密林に遺棄した。「プトゥマヨ虐殺」と呼ばれる由縁である。

先住民の体に残る生々しい鞭打ちや火傷の跡は、ケイスメントにたえずコンゴを連想させた。わずかな違いは、プトゥマヨではアラナ商会（Casa Arana）を示す「CA」の焼印が先住民の体に押されていたことだった。逃亡防止とも、PAC以外の組織に先住民を盗まれないためともいわれるが、この文字を目にしたケイスメントは、激しく心をかき乱された。これを「奴隷」といわずして、他にどんな言葉があてはまるだろうか。

ブラジル史における「先住民の奴隷化」は、禁止と復活を繰り返しながら、一九世紀前半、植民地時代が終わるころには終わったとされている。先住民奴隷がアフリカからの黒人奴隷に置き換わったということなのだろうが、ケイスメントの日誌に明らかなように、一九一〇年になっても先住民の奴隷化と虐待は続いていた。

植民地化とは何か

ケイスメントの報告書が注目された大きな理由は、プトゥマヨの先住民に対する常軌を逸した暴力の内容のみならず、その証言の詳細さと具体性にある。とりわけ、「プトゥマヨ虐殺」に決定的な証言を寄せたのは、先住民を「監督」するためにPACに雇われたバルバドス人たちであった。バルバドス島はカリブ海に浮かぶ英領であり、よって彼らはイギリス臣民であって、その「保護」は領事、総領事であったケイスメントの業務にほかならない。ケイスメントは、鞭打ちや四肢切断、そして殺人など数々の虐待に加担したバルバドス人から、彼らの保護と引き換えに先住民虐待の貴重な証言を得て、その具体的な詳細を「プトゥマヨ日誌」に記録していった。

その一方で、奴隷状態に置かれた先住民は誰も、ケイスメントの調査に口を開こうとはしなかったという。ＰＡＣの報復を恐れたのだろうか。あるいは、ケイスメントのヒアリング調査に現状改善の希望が持てなかったのか。

先住民の絶望を象徴するのが、バルバドス人の証言者たちがこぞって語りたがらなかったというボラ族の若き首長、カテネレの反乱失敗の顚末である。一九〇八年五月、妻をレイプしたＰＡＣの幹部を殺して密林に逃亡したカテネレは、二年余り逃げ続けたが、ＰＡＣに捕まった妻が水も食事も与えられないまま晒し台に放置され続ける姿に耐えかねて投降し、数々の拷問の末に処刑された。ケイスメントが調査に訪れる数週間ほど前の出来事であった。一九一〇年一〇月三一日の日付が入った「プトゥマヨ日誌」には、カテネレの悲劇的な死について、「英雄物語《ロマンス》の一頁のようだ」「反乱がうまくいかなかったのは残念だ」といった言葉が見える。それ以外にもカテネレへの言及は複数あり、虐待に沈黙して奴隷状態に耐えつづける先住民たちのなかで、雄々しく立ち上がったカテネレの行動は、ケイスメントの心に深く刻まれたと思われる。このあたりについて、ノーベル賞作家マリオ・バルガス＝リョサはこう書いている。

限定された場所で散発的に起きている、個人か少数グループの自殺行為［先住民による反乱］は例外でしかない。搾取の制度が極まると、肉体以前に精神を破壊してしまうからだ。彼ら［プトゥマヨの先住民」が犠牲になっている暴力は、抵抗する意欲、生き長らえる本能を失わせ、先住民を混乱と恐怖によって麻痺した自動人形にかえてしまう。

（野谷文昭訳『ケルト人の夢』岩波書店、二四四頁）

ここから浮かんでくるのは、「精神の植民地化」という言葉だろう。より具体的、より詳細な調査を心がけたケイスメントは、バルガス＝リョサが言うように、植民地支配の真の恐怖は心を麻痺させ、思考を停止させてしまうことだと見抜いていたのではないだろうか。

ペンと剣をふりかざして

ケイスメントがいつの時点から、コンゴやプトゥマヨの先住民虐待に故郷アイルランドの状況を重ねて考えるようになったのか、定かではない。それでも、中世以来続くイングランドによるアイルランドの植民地状態を脱するには「武力蜂起しかない」とケイスメントが確信するプロセスに、プトゥマヨでの実地調査が大きく影響していたことは確かだろう。どのように影響を与えたのか、時系列で考えてみよう。

一九一一年一月、ロンドンに戻ったケイスメントは、当時金融街シティの一等地に社屋を構えていたPACで重役たちと二度にわたって面談し、自ら調査した内容、すなわち先住民虐待の実態を詳しく伝えた。会社代表のフリオ・C・アラナの姿もあったが、重役たちの反応は鈍く、うわべを繕う発言しか得られなかった。

同年三月、ケイスメントは調査報告書をグレイ外相に提出。外相はアメリカ政府と協力して、ペルー政府に改善策を強く要請した。これを受けて、ペルー政府はゴム農園の虐待調査に首都リマから判事を派遣し、プトゥマヨ一帯の先住民人口がわずか数年間のうちに激減している事実を確認。会社代表のアラナを含むＰＡＣ関係者二三七人を虐待の容疑で告訴した。だが、その大半はコロンビアやブラジルに逃亡し、逮捕された少数もすぐに仮釈放となった。ＰＡＣと癒着したペルー政府に焦れたグレイ外相は、再度ケイスメントをイキトスに派遣し、「改善」状況の調査を命じた。

同一九一一年九月、ケイスメントは、ペルー政府も地元自治体も、もちろんＰＡＣも、先住民虐待の現実に本気で向き合う気などさらさらないことを思い知らされる。身に迫る危険を察知したケイスメントはイキトスを去り、虐待の告発で共同路線をとるアメリカに立ち寄ったのち、グレイ外相に提出する報告書執筆に専念した。

一九一二年七月、「プトゥマヨ・レポート」が公刊されると、ケイスメントのもとには取材が殺到した。同年三月に設置されたイギリス議会下院の特別委員会もケイスメントを召喚。『真相』掲載の記事をまとめて『プトゥマヨ、悪魔の楽園』（一九一二年）を刊行したハーデンバークも証言台に立った。委員会に呼び出されたフリオ・Ｃ・アラナは、会社ぐるみの先住民虐待をデマだと全面否定したが、翌一九一三年に出された特別委員会報告書には、会社の実態を知らないままＰＡＣに多額の資金を投資し、他の投資家にも影響を与えたとして、ＰＡＣの取締役の責任が明記された。特別委員会の審議過程でＰＡＣの株価は下落し、会社の活動は事実上停止に追い込まれた。

それからまもなく、ケイスメントは外務省を去った。伝記作家の多くは、心身の不調とともに、アイルランドの植民地状態を脱する活動に専念するためと見ている。一九一四年八月、第一次世界大戦が勃発。大戦中の一九一六年四月二一日（聖金曜日）には、わずか一週間で鎮圧されたアイルランドの反英武装闘争、イースター蜂起が起こった。ケイスメントは、ドイツ軍と組んだアイルランドの「反乱」との関連を問われ、一九一六年八月三日に処刑された。コンゴやプトゥマヨでの調査活動とその影響の大きさにもかかわらず、ケイスメントの処刑を阻止する動きが鈍かったのは、戦争中だったこと以上に、同性愛という彼のセクシュアリティを暴露する「日誌」（ブラック・ダイアリー）の一部コピーが（なぜか）関係者に出回ったことが大きい。一〇〇年余り前の現実《リアリティ》を見る思いがする。

近年の調査では、イースター蜂起の失敗を懸念したケイスメントは、蜂起の中止を仲間たちに伝えるべく、逮捕されることを承知で一九一六年四月、アイルランドに渡ったことがわかっている。ペンのみならず、剣をも辞さなかったケイスメントの脳裏に、カテネレの記憶は生きつづけていたのだろうか。

脱植民地化と植民地性の間

「脱植民地化」とは、読んで字のごとく、植民地状態を脱すること、である。『オクスフォード英語辞典』はそれを、「植民地権力の支配から解放されて、植民地に政治的ないし経済的な独立がもたらされること」と定義している。そこには「二〇世紀後半よりも以前に使われることは稀」ともある。それがもっぱら第二次世界大戦後の動きであることは、アフリカや東南アジア、中東などの事例が物語っている。

多くの事例が語るように、いったん植民地状態に置かれた地域や人びとがそれを脱するには、大変な困難がともなう。プランテーション栽培に代表されるモノカルチャー経済は、もともと現地に存在した植生や農業、その上に築かれてきた社会、民族構成などを破壊しながら、宗主国による収奪を可能にする政治や産業の構造、軍事や社会のシステムを構築してきた。それが何十年、いや何百年も続けば、たとえ植民地権力が撤退したとしても、すぐさま旧宗主国への「依存」状態から抜け出し、独り立ちできるわけではない。

だが、それ以上に難しいのは、政治や経済、軍事の体制が変わっても、精神的な植民地状態が継続してしまうことである。植民地化は、それを進める側と受ける側双方の文化や世界観、知の生産にも影響を及ぼす。一九世紀後半以降、欧米列強による帝国主義を通じて世界中に広がった科学技術は、各地で「近代化」を推進するツールとなる一方で、グローバルサウスの周縁化、低開発の原因ともなった。帝国主義の真っただ中で生まれた人類学という学問は、「文明／未開／野蛮」という「差異」で植民地を見るまなざしを強調し、人種概念を洗練して、「人種」によるヒエラルキーの構築に寄与した。仏領マルティニーク島出身の精神科医で、のちにアルジェリア独立運動に関わった思想家フランツ・ファノン（一九二五〜六一）は、『黒い皮膚・白い仮面』（一九五二年）で、植民地主義が培った人種差別を、支配する側のみならず、支配される側も内面化してしまうのはなぜかを深く掘り下げている。

近年、ラテンアメリカの研究者の間では、植民地化の本質を考えるために、「植民地主義（コロニアリズム）」に代わって「植民地性（コロニアリティ、coloniality）」という言葉が多く聞かれるようになった。

この言葉は次のように定義されている。

植民地性は、植民地主義の結果として現れた長期にわたる権力のパターンを指すが、それは厳密な植民地行政の範囲をはるかに超えて、文化、労働、相互主観的な関係、そして知識生産を定義するものである。ゆえに、植民地性は植民地主義を超えて生き残る。

（ネルソン・マルドナド＝トレス「存在の植民地性について」『カルチュラル・スタディーズ』第二一巻第二・三号合併号、二〇〇七年、二四三頁）

今ふり返れば、本書の五つの章の問い、「なぜ二一世紀の今なのか」には、いずれもこの「植民地性」が関わっている。なぜ今コルストン像が引き倒されたのか、なぜ今アイルランド移民の骨が海底からよみがえったのか、なぜ今先住民の「絶滅」に疑いを差しはさむのか、そして、なぜ今ベニン・ブロンズなのか。私について言うならば、メアリ・キングズリやロジャー・ケイスメントとの「再会」がなぜ今なのか、そこにどんな意味があるのか。これらにまとわりつくのが、植民地性を超えようとする脱植民地化のグローバルな動きなのである。

本書で触れたように、学術、学問とて、いや学術、学問こそ、植民地化と無縁ではなく、欧米中心の植民地性を二一世紀に持ち越すことに大きな力を与えてきた。今なお学術、学問が植民地主義の主体である欧米諸国をスタンダードに体系化されている側面は否めず、アフリカ諸国やブラジルを含む中南米諸国、グローバルサウスの知が対等に扱われているとは言いがたい。「知の脱植民地化」、あるいは知識や権力の「脱植民地性」は、こうした知の体系の偏りを意識し、正そうとする認識であり、運動だといえる。

この動きの主たる舞台となっているのは大学であり、担い手はキャンパスで学ぶ学生や若者たちだ。ローズ・マスト・フォール運動しかり。ブラック・ライヴズ・マター運動しかり。さらには、博物館に集う一般市民、とりわけ課外活動で博物館を頻繁に訪れる子どもたちとその保護者たち（特に母たち）も、「知の脱植民地化」の一翼を担う存在である。

本書で紹介したように、これら二一世紀に進行中の「知の脱植民地化」は、たとえば第一次世界大戦後のアジアやアフリカの脱植民地と並行して一九六〇年代に高揚した学生運動（ベトナム戦争反対や大学当局への抗議など）とは大きく異なっている。現代の若者たちは、マルクス主義や自由主義、保守主義といった何らかの政治的イデオロギーを核としない。排他的ではなく、寛容、寛大で、互いを認め合う。マナーを守る。何よりも彼らはデジタル革命の申し子であり、SNSを駆使して世界といとも容易くつながる。このようにリアルとヴァーチャルが交錯するなかで、若者たちは、生身の自分も他人も傷つけない抗議の手段として、彫像を引き倒す行為に訴えたのではないだろうか。

二一世紀を生きる若者たちは、植民地状態を脱する手法として、暴力も武器も忌避する。彼らが責任追及するのは、今の政治や経済、社会が抱える諸問題のルーツ——現在の不平等や不寛容、ジェンダーや人種をめぐる理不尽な差別、貧困といったさまざまな苦境をもたらした「過去」なのである。過去の情報はデジタル化されてネット上にあふれ、だれもが簡単に手が届く。手をのばせば、のばそうと思えば……。

今の日本では、この「知の脱植民地化」という大きなムーブメントは見えづらいかもしれない。だが、日本にも、一九世紀から二〇世紀にかけて、西欧列強に知識や科学技術を学び、日本内外に植民地を、あるいは植民地的状況をもたらした「大日本帝国」という過去がある。脱植民地化も植民地性という言葉も聞きなれないかもしれないが、すべてはつながっているのである。すでに一〇〇年余り前、ロジャー・ケイスメントは、ゴム採取をめぐってコンゴ、プトゥマヨで目撃したことを俯瞰しながら、コンゴ改革運動を共にした同志、E・D・モレルに宛ててこう書いている。

> この世の奴隷の巣窟――［ベルギー王の］コンゴ、フランス領コンゴ、メキシコ、ペルー、おそらく日本統治下の朝鮮と台湾、ポルトガルが支配するアンゴラとサントメ――、これら忌まわしき奴隷商人の場所は攻撃されねばならない。アフリカのレオポルド［二世］に挑むことは、大きな運動となったではないか。それは、世界中の人びとの解放運動でなければならない。自由という人間の大義は、世界と同じくらい大きいことを忘れてはいけない。[2]

ケイスメントのこの言葉は今の世界を、そして今の日本を、どう照らすものなのだろうか。過去につながり今を知る。知って、考える。ケイスメントの手紙に記された地域はすでに多くが独立を果たしたが、そこで生きる人びとにとって、精神の、知の「脱植民地化」は進んでいるのだろうか。考え続けていきたい。

【注】

（1） https://catalogue.nli.ie/Record/vtls000722808

（2） Séamas Ó Síocháin, "More Power to the Indians": Roger Casement, the Putumayo, and indigenous rights', *Irish Journal of Anthropology*, vol. 14 (2), 2011, p. 7.

＊

ＷＥＢエッセイ執筆時から、本書のもととなった研究は以下の学術振興会・科学研究費助成事業（科研費）に支えられてきました。関係者の皆様、「知の脱植民地化」を考える旅をご一緒くださり、ありがとうございました。

基盤研究（Ａ）研究者代表　清水和裕（九州大学）「「奴隷」と隷属の世界史——地中海型奴隷制度論を中心として」（令和二年度〜五年度）JP20H00029

基盤研究（Ａ）研究者代表　清水和裕（九州大学）「「奴隷制の想像力」——地中海型奴隷制度論の動態的検討」（令和六年度〜九年度）JP24H00106

基盤研究（Ｂ）研究者代表　窪田幸子（芦屋大学）「新啓蒙主義（ネオ・エンライトメント）と謝罪の文化——文化人類学と歴史学の共同研究」（令和四年度〜令和七年度）JP23K22047

最後に、ＷＥＢマガジン連載時から常に第一読者でいてくれた世界思想社編集部の川瀬あやなさん、たくさんの対話をありがとうございました。

1997	アイルランドのダブリンで「飢餓」群像の序幕式典 トニー・ブレア首相のアイルランド大飢饉への「謝罪」メッセージ
1998	ベルファスト合意により北アイルランド紛争終結。関係するアイルランド政党党首2人にノーベル平和賞授与
2001	ダーバン会議で、奴隷貿易・奴隷制を「人道に対する罪」と定義 アメリカ同時多発テロ
2007	奴隷貿易廃止法制定200周年 国連「先住民族の権利に関する宣言」採択 「ベニン・ダイアローグ・グループ」設立
2011	カナダのカップ・デ・ロジエの浜辺で人骨が発見される
2013	アメリカでトレイボン・マーティンの死をきっかけに「#BlackLivesMatter」(BLM) が立ち上がる
2015	イギリス議会で「現代奴隷法」成立 ケープタウン大学で「ローズ・マスト・フォール」運動が起こる
2017	フランスのマクロン大統領がアフリカの文化遺産の返還計画を宣言
2018	サールとサヴォワの報告書『アフリカ文化遺産の返還』公表
2019	アイヌを日本の先住民族と明記した「アイヌ施策推進法」施行
2020	新型コロナウイルス・パンデミック。BLM運動再燃、世界中に拡散。 ブリストルのエドワード・コルストン像が倒される
2021	英連邦加盟国のバルバドス、君主制から共和制へ移行 ケンブリッジ大学ジーザス・カレッジがナイジェリアに雄鶏のベニン・ブロンズ「オクコー」を返還
2022	エリザベス2世崩御、チャールズ3世即位
2023	君主制に反対する「Not My King」運動がイギリス国内外に拡大 ピット・リヴァーズ博物館、マサイとの間で和解と補償の儀式を行う オランダ国王、奴隷制廃止150周年の節目に奴隷制の過去を公式謝罪
2024	ブリュッセル控訴裁判所(高裁)が植民地コンゴにおける混血児強制隔離を「人道に対する罪」としてベルギー政府に賠償命令判決を下す

1895	西アフリカのカラバルでメアリ・キングズリ、ロジャー・ケイスメント、クロード・マクドナルドらが集合写真撮影 ブリストルにコルストン像設置
1897	メアリ・キングズリ『西アフリカの旅』出版 イギリス、ベニン懲罰遠征でベニン・ブロンズなどを略奪
1898	シエラレオネで小屋税戦争
1899	メアリ・キングズリ『西アフリカ研究』出版 第二次南アフリカ戦争（～1902）
1900	義和団事件。北京駐在イギリス公使クロード・マクドナルド、籠城の総指揮をとる。鎮圧後、駐日大使として日本赴任（～1912） 南アフリカで看護活動中のメアリ・キングズリ死亡
1901	ヴィクトリア女王崩御、エドワード7世即位（～1910）
1902	日英同盟締結
1904	ケイスメントの「コンゴ・レポート」公表
1912	ケイスメントの「プトゥマヨ・レポート」公表
1914	第一次世界大戦（～1918）
1916	アイルランドでイースター蜂起。ロジャー・ケイスメント処刑
1922	アイルランド自由国成立
1931	ウェストミンスタ憲章で英連邦（コモンウェルス）成立
1939	第二次世界大戦（～1945）
1947	インド、パキスタン分離独立
1948	南アフリカ共和国で人種隔離（アパルトヘイト）政策強化（～1994）
1949	アイルランド共和国成立宣言、英連邦離脱
1952	エリザベス2世即位
1960	アフリカの年（アフリカ大陸で17か国が植民地からの独立を果たす）
1969	北アイルランドのロンドンデリーで血の日曜日事件
1973	ドミニカ人類博物館設立
1982	フォークランド紛争
1985	イラン・イラク戦争中、トルコ政府の尽力でテヘランから日本人救出
1989	ベルリンの壁の崩壊
1990	アメリカ先住民の墳墓保護と返還に関する法律（NAGPRA）の成立
1991	ソ連の崩壊
1992	リヴァプール、ブリストル、ハルの連携で「帝国の略奪品」展開催
1993	国連「世界の先住民族の国際年」を宣言
1994	南アフリカ共和国でネルソン・マンデラが大統領に選出

1789	フランス革命
1791	フランス領サン・ドマングで奴隷反乱、ハイチ革命（～1804）
1793	フランス議会代表委員がサン・ドマングで奴隷解放宣言
1794	フランス議会、奴隷制廃止追認。仏領グアドループに奴隷解放令
1801	トゥサン・ルヴェルチュールの指揮でイスパニョーラ島全島制圧。トゥサン、憲法を制定してサン・ドマングの終身総督となる
1802	ナポレオンによる奴隷制復活。グアドループで復活に反対する反乱。トゥサン逮捕、フランスに連行（1803年獄死）
1804	ハイチ共和国独立宣言
1807	大英帝国内での奴隷貿易廃止法成立
1814	ナポレオン失脚。サント・ドミンゴ、再びスペイン領となる
1822	サント・ドミンゴ、再びハイチ支配下に置かれる
1833	大英帝国内の奴隷制廃止法案が議会を通過する（経過措置～1838）
1837	ヴィクトリア女王即位
1840	アヘン戦争（～1842）
1844	ハイチ支配からドミニカ共和国が独立
1845	アイルランドでジャガイモ飢饉（～51）
1847	アイルランド飢饉における「暗黒の47年」。キャリックス号がスライゴ港を出航、カナダのガスペ半島付近で沈没
1848	フランスで奴隷制廃止
1853	クリミア戦争（～1856）
1858	イギリスによるインド直接統治の開始（ムガール帝国滅亡）
1863	南北戦争（1861～65）中のアメリカで奴隷解放宣言
1877	ヴィクトリア女王、インド帝国初代皇帝となる
1878	イザベラ・バードが初めて日本を旅する
1880	第一次南アフリカ戦争（～1881）
1884	ベルリン会議でアフリカ分割（～1885） ピット・リヴァーズ博物館が開設
1885	レオポルド2世の私有地としてコンゴ自由国が成立
1886	ノルマントン号事件
1890	紀伊半島沖合でトルコ軍艦エルトゥールル号沈没
1892	フランス、ダホメ王国に軍事遠征
1893	メアリ・キングズリ、西アフリカへの第1回目の旅
1894	メアリ・キングズリ、第2回目の西アフリカへの旅に出る

関連年表

1448	ポルトガルが西アフリカ（アルギム要塞）を拠点にギニア地方と交易開始
1492	コロンブス、サン・サルバドル島に到達、イスパニョーラ島を探検（第1回航海）
1493	教皇アレキサンデル6世の勅書により大西洋上に教皇子午線を規定 コロンブス第2回航海（～96）
1494	トルデシリャス条約締結でスペインとポルトガルによる世界二分割
1502	ニコラス・デ・オバンド、イスパニョーラ島にサントドミンゴを建設
1519	先住民タイノの首長エンリキージョがスペイン支配に抵抗
1521	コルテス、アステカ王国を滅ぼす
1532	黒人奴隷レンバ、スペインに対する反乱を指揮
1533	ピサロ、インカ帝国を滅ぼす
1550	ポルトガル船、平戸に来航
1552	ラス・カサス『インディアスの破壊についての簡潔な報告』刊行
1558	エリザベス1世即位
1577	フランシス・ドレイク、世界周航（～1580）
1588	イギリス艦隊がスペイン無敵艦隊を破る（アルマダ海戦）
1600	イギリス東インド会社設立
1602	オランダ東インド会社設立
1642	ピューリタン革命（～1649）
1649	イングランド国王チャールズ1世処刑
1660	王政復古でチャールズ2世即位
1672	王立アフリカ会社（RAC）設立（1698年まで西アフリカ貿易を独占）
1688	名誉革命（～1689）。ジェイムズ2世、廃位されてフランスに亡命
1689	ウィリアム3世、メアリ2世即位。権利章典制定。エドワード・コルストン、RACの総督代理になる（～1692）
1697	最後のマヤ王国がスペインに併合され、マヤ文明が滅亡 ライスワイク条約の締結でイスパニョーラ島の西側がフランス領サン・ドマング、東側がスペイン領サント・ドミンゴとなる
1726	イギリスのブリストルでコルストン協会設立（～2020）
1753	大英博物館が開設
1775	アメリカ独立戦争（～1783）
1776	アメリカ独立宣言

Phillips, Barnaby, *Loot : Britan and the Benin Bronze*, Oneworld Publications, 2021.

Pitt Rivers Museum, *Annual Report* 2020/2021, 2021/2022 （https://prm.web.ox.ac.uk/sites/default/files/prm_annualreport_2021_finalweb.pdf; https://prm.web.ox.ac.uk/sitefiles/prm-ar-2021-22-web-final.pdf）

Van Broekhoven, Laura N. K., 'Calibrating relevance at the Pitt Rivers Museum', （eds.by Pellew, Jill & Goldman, Lawrence） *Dethroning historical reputations : Universities, museums and the commemoration of benefactors*, University of London Press, 2018, pp. 65-79.

Wood, Paul, 'Display, Restitution and World Art History : The Case of the "Benin Bronze"', *Visual Culture in Britain*, 13(1), pp. 115-137.

Zetterstrom-Sharp, Johanna T. & Wingfield, Chris, 'A "safe space" to debate colonial legacy? : The University of Cambridge Museum of Archaeology and Anthropology and the campaign to return a looted Benin altarpiece to Nigeria', *Museum Worlds*, 7(1), pp. 1-22.

飯田卓「民族誌博物館のデコロナイゼーション――ヨーロッパと日本の博物館コレクションの形成をふまえて」『国立民族学博物館研究報告』第 48 巻第 4 号、2024 年、475-525 頁。

井野瀬久美惠『「近代」とは何か――「昨日の世界・ヨーロッパ」からの問い』〈講座：わたしたちの歴史総合 4〉かもがわ出版、2023 年。

おわりに

Mitchell, Angus (ed.), *The Amazon Journal of Roger Casement*, London : Anaconda Editions, 1997.

Reid, B. L., *The Lives of Roger Casement*, Yale University, 1976.

東明彦「植民地時代初期ブラジルにおける先住民奴隷制に関する一考察」『大阪外国語大学論集』第 33 号、2006 年、131-146 頁。

伊藤秋仁・岸和田仁編『ブラジルの歴史を知るための 50 章』明石書店、2022 年。

ケネディ、デイン（長田紀之訳）『脱植民地化――帝国・暴力・国民国家の世界史』白水社、2023 年。

山田睦男・鈴木茂編『ブラジル史』山川出版社、2022 年。

井野瀬久美惠『大英帝国はミュージック・ホールから』朝日新聞社、1990 年。

――――「表象の女性君主――ヴィクトリア女王を中心に」『岩波講座 天皇と王権を考える　第 7 巻　ジェンダーと差別』岩波書店、2002 年。

――――「共感の女性君主――ヴィクトリア女王が拓いた可能性」『ジェンダー史学』第 16 号、2020 年、5-19 頁。

君塚直隆『ベル・エポックの国際政治――エドワード七世と古典外交の時代』中央公論新社、2012 年。

浜忠雄『ハイチ革命の世界史――奴隷たちがきりひらいた近代』岩波新書、2023 年。

平野千果子「ナポレオンと植民地――反乱，奴隷，女性」、鳴子博子編『ジェンダー・暴力・権力――水平関係から水平・垂直関係へ』晃洋書房、2020 年。

ベルデホ、J. R. ヒメネス＆布野修司「サント・ドミンゴ（ドミニカ共和国）の都市形成と空間構成に関する考察」『日本建築学会計画系論文集』第 75 巻第 648 号、2010 年 2 月、385-393 頁。

森本和男「フランスのアフリカ文化財返還政策とその波紋」2019 年 5 月 1 日（https://www.asahi-net.or.jp/~vi6k-mrmt/culture/korea/data/ronko/mr20190501.html）

――――「フランスの文化財返還レポートから 1 年――欧米の脱植民地化の流れと文化財」2020 年 4 月 27 日（https://www.asahi-net.or.jp/~vi6k-mrmt/culture/korea/data/ronko/mr20200427/mr20200427.html）

――――「ブラック・ライヴズ・マターとモニュメント・文化財――加速する脱植民地化の動き」2021 年 11 月（https://www.asahi-net.or.jp/~vi6k-mrmt/culture/korea/data/ronko/mr202108/mr202108.html）

第 5 章

Boisragon, Alan, *The Benin Massacre*, London : Methuen, 1897（https://library.si.edu/digital-library/book/beninmassacre00bois）
Hicks, Dan, *The Brutish Museums : The Benin Bronzes, Colonial Violence and Cultural Restitution*, Pluto Press, 2020.
Jenkins, Tiffany, 'From objects of enlightenment to objects of apology : Why you can't make amends for the past by plundering the present',（eds. by Pellew, Jill & Goldman, Lawrence）*Dethroning historical reputations : Universities, museums and the commemoration of benefactors*, University of London Press, 2018, pp. 81-91.
Kingsley, Mary Henrietta, *Travels in West Africa*, London : Macmillan, 1897.
――――, *West African Studies*, London : Macmillan, 1899.

Roscommon, 1847', *A Digital Journal of Irish Studies*, 28 Jan. 2018.
McKeon, John, 'How Sligo's Sarah Kaveney became Canada's Sarah Kavanagh', *The Corran Herald*, 2020/2021, pp. 60-63.
佐藤郁「暗黒の 1847 年――カナダにおけるアイルランド移民受け入れ」『国際地域学研究』第 9 号、2006 年 3 月、179-191 頁。
――――「大飢饉の犠牲者――カナダに渡ったアイルランド人の子供たち」『国際地域学研究』第 11 号、2008 年 3 月、21-30 頁。
三沢伸生「1890 年におけるオスマン朝に対する日本の義捐金募集活動――『エルトゥールル号事件』の義捐金と日本社会」『東洋大学社会学部紀要』第 40 巻第 1 号、2002 年 12 月、77-105 頁。

第 3 章

Blunt, Alison, *Travel, Gender, and Imperialism : Mary Kingsley and West Africa*, Guilford Press, 1994.
Bryant, William, *Roger Casement : A Biography*, New York : iUniverse, 2007.
Green, Alice Stopford, 'Our Boer Prisoners : A suggested object lesson', *The Nineteenth Century*, vol. XLIX, No. 291, May 1901.
――――, 'Mary Kingsley', *Journal of African Society*, vol. 1, No.1, Oct. 1901.
Gwynn, Stephen, *The Life of Mary Kingsley*, London : Macmillan, 1932.
Kingsley, Mary Henrietta, *Travels in West Africa*, London : Macmillan, 1897.
――――, *West African Studies*, London : Macmillan, 1899.
LeFanu, Sarah, *Something of Themselves : Kipling, Kingsley, Conan Doyle and the Anglo-Boer War*, London : Hurst & Company, 2020.
Myer, Valeri Grosvenor, *A Victorian Lady in Africa : The Story of Mary Kingsley*, Southampton : Ashford Press Publishing, 1989.
Robinson, Jane（selected by）, *Unsuitable for Ladies : An Anthology of Women Travellers*, Oxford University Press, 1994.
井野瀬久美惠『女たちの大英帝国』講談社現代新書、1998 年。
ミドルトン，D.（佐藤知津子訳）『世界を旅した女性たち――ヴィクトリア朝レディ・トラベラー物語』八坂書房、2002 年。

第 4 章

Delle, James A., *The Colonial Caribbean : Landscapes of Power in the Plantation System*, Cambridge University Press, 2014.
Schiebinger, Londa, *Secret Cures of Slaves*, Stanford University Press, 2017.（ロンダ・シービンガー〔小川眞里子・鶴田想人・並河葉子訳〕『奴隷たちの秘密の薬――18 世紀大西洋世界の医療と無知学』工作舎、2024 年）

参考文献

＊本文中や各章の注にあげたものは除く

はじめに

小川幸司・成田龍一編『世界史の考え方』〈シリーズ歴史総合を学ぶ①〉岩波新書、2022年。

佐藤卓己『八月十五日の神話――終戦記念日のメディア学』ちくま新書、2005年。

ノラ、ピエール編（谷川稔監訳）『記憶の場――フランス国民意識の文化＝社会史』全3巻、岩波書店、2002-2003年。

第1章

Dresser, Marge, 'Colston Revisited', *History Watch*, 27 June 2020（https://www.historyworkshop.org.uk/slavery/colston-revisited/）

阿部安成・小関隆・見市雅俊・光永雅明・森村敏己編『記憶のかたち――コメモレイションの文化史』柏書房、1999年。

井野瀬久美惠『大英帝国という経験』〈「興亡の世界史」第16巻〉講談社、2007年（講談社学術文庫、2017年）。

――――「コラム　歴史の風　歴史研究と生成AI」『史學雜誌』第132編第7号、2023年7月、38-40頁。

武内進一・中山智香子編『ブラック・ライヴズ・マターから学ぶ――アメリカからグローバル世界へ』東京外国語大学出版会、2022年。

山本紀夫『コロンブスの不平等交換――作物・奴隷・疫病の世界史』角川選書、2017年。

第2章

Anbinder, Tyler, 'Lord Parlmerston and the Irish Famine Emigration', *The Historical Journal*, 44-2, 2001, pp. 441-469.

Edwards, Jason A., & Luckie, Amber, 'British Prime Minister Tony Blair's Irish Potato Famine Apology', *Journal of Conflictology*, May 2014, pp. 43-51.

Mark-Fitzgerald, Emily, *Commemorating the Irish Famine : Memory and the Monument*, Liverpool University Press, 2013.

McGowan, Mark G., 'Migration, Mobility, and Murder : The Story of the 1,490 Assisted Immigrants, from the Mahon Estate, Strokestown, County

著者紹介

井野瀬久美恵（いのせ　くみえ）

1958年愛知県生まれ。人間文化研究機構監事・甲南大学名誉教授。京都大学大学院文学研究科西洋史学専攻単位取得退学。博士（文学）。第23期（2014-2017）日本学術会議副会長。大英帝国を中心に、（日本を含む）「帝国だった過去」とわれわれが生きる今という時空間との関係を多方向から問う研究を続けている。主な著書に『大英帝国はミュージック・ホールから』（朝日新聞社、1990）、『子どもたちの大英帝国』（中公新書、1992）、『女たちの大英帝国』（講談社現代新書、1998）、『黒人王、白人王に謁見す』（山川出版社、2002）、『植民地経験のゆくえ』（人文書院、2004、女性史青山なを賞受賞）、『大英帝国という経験』（講談社、2007；講談社学術文庫、2017）、『「近代」とは何か』（かもがわ出版、2023）、『イギリス文化史』（編著、昭和堂、2010）など。

〈初出〉「過去につながり、今を問え！」、世界思想社WEBマガジン「せかいしそう」にて2021年10月1日から2024年8月9日まで連載

奴隷・骨・ブロンズ——脱植民地化の歴史学

2025年3月20日　第1刷発行　　定価はカバーに表示しています

著　者　井野瀬久美恵

発行者　上　原　寿　明

世界思想社

京都市左京区岩倉南桑原町56　〒606-0031
電話　075(721)6500
振替　01000-6-2908
http://sekaishisosha.jp/

（印刷　太洋社）

ISBN978-4-7907-1797-3